高等学校营销类核心课程教材
创新型跨境电商人才培养精品课程教材

智能跨境网络营销

滕燊蕤 ◎ 著

首都经济贸易大学出版社
Capital University of Economics and Business Press

·北京·

图书在版编目（CIP）数据

智能跨境网络营销／滕燊蕤著. -- 北京：首都经济贸易大学出版社，2024.1

ISBN 978-7-5638-3612-3

Ⅰ.①智… Ⅱ.①滕… Ⅲ.①网络营销 Ⅳ.①F713.365.2

中国国家版本馆 CIP 数据核字（2023）第 255833 号

智能跨境网络营销
ZHINENG KUAJING WANGLUO YINGXIAO
滕燊蕤　著

责任编辑	潘　飞
封面设计	砚祥志远·激光照排　TEL：010-65976003
出版发行	首都经济贸易大学出版社
地　　址	北京市朝阳区红庙（邮编 100026）
电　　话	（010）65976483　65065761　65071505（传真）
网　　址	http://www.sjmcb.com
E-mail	publish@cueb.edu.cn
经　　销	全国新华书店
照　　排	北京砚祥志远激光照排技术有限公司
印　　刷	唐山玺诚印务有限公司
成品尺寸	170 毫米×240 毫米　1/16
字　　数	259 千字
印　　张	16.5
版　　次	2024 年 1 月第 1 版　2024 年 1 月第 1 次印刷
书　　号	ISBN 978-7-5638-3612-3
定　　价	45.00 元

图书印装若有质量问题，本社负责调换

版权所有　侵权必究

前　言

随着全球化进程的不断推进和互联网技术的快速发展，跨境网络营销已经成为企业在全球市场中获取商机和提高品牌知名度的重要手段。智能技术的应用更是加速了跨境网络营销的发展，使企业可以更加智能地开展跨境营销活动，更高效地实现营销目标。

本书将围绕跨境网络营销这一主题，系统地介绍跨境营销的基础知识、智能技术的应用、运营策略的设计与实施以及数据分析等方面的内容。本书旨在帮助学习者深入了解跨境网络营销的本质和核心，掌握智能技术在跨境营销中的应用方法，提升运营能力，优化营销成果。

本书内容共分为四部分。

第一部分为跨境网络营销基础。本部分概述了跨境网络营销的定义和背景，明确了本书的主旨和目标。跨境网络营销是指通过互联网以跨境形式进行商品或服务的推广和销售，其主要特点是无国界性、覆盖面广、成本低廉、反馈快速等。这部分还将介绍国际市场的发展趋势和机会，讲述中国跨境电商的现状和发展前景，以及如何利用跨境网络营销拓展海外市场等。

第二部分为跨境网络营销中的 AI（artificial intelligence，人工智能）技术应用。本部分的内容包括以下几方面。

第一，讲解数字媒体平台和搜索引擎营销（SEM）的基础知识，包括如何选择适合的平台，如何制定有效的搜索引擎营销计划等。其中，数字媒体平台包括社交媒体平台、视频分享平台、新闻门户网站等，这些平台能够帮助企业快速建立品牌形象，扩大影响力。搜索引擎营销包括搜索引擎优化（SEO)[①] 和搜索引擎广告这两种形式，可以提高企业在搜索结果中的排名，吸引更多的用户点击

---

① 搜索引擎优化（SEO）亦称搜索引擎最佳化、搜索引擎排名最佳优化、搜索引擎排名最佳化等。

访问。

第二，详细介绍社交媒体营销的方法，并针对不同社交媒体平台的特点，深入分析其使用方法和技巧。社交媒体平台包括微信、微博、脸书（Facebook）、推特（Twitter）、照片墙（Instagram）等。通过社交媒体平台，企业可以在短时间内快速积累粉丝，提高品牌知名度。

第三，讨论内容营销，介绍如何创建具有吸引力的内容并通过分享和传播扩大影响力。内容制作和管理是企业进行跨境网络营销必不可少的环节，因为优质的内容可以吸引目标用户的注意和兴趣，提高用户黏性和转换率。同时，企业还需要结合不同的营销渠道和工具来进行内容营销和传播。

第四，介绍 AI 技术在跨境网络营销中的应用，包括市场趋势分析和预测、用户画像和精准广告投放、社交媒体情感分析以及客户服务智能化等方面。其中，企业通过数据采集和处理、机器学习算法等手段，可以对全球市场的趋势和变化进行更精细化的分析和预测。AI 技术则能够帮助企业建立用户画像，更加精准地投放广告，并提高社交媒体情感分析的准确度和效率，从而更好地了解用户需求和行为特征。此外，AI 技术还可应用于客户服务智能化，通过自动化客服系统及语音识别和自然语言处理（NLP）技术等，提高客户服务质量和响应速度。

第三部分为跨境电子商务中的管理与实践。这部分重点介绍 AI 技术在跨境网络营销中的管理和实践，具体包括营销数据分析与决策支持、营销自动化和智能化管理以及跨境网络营销数据安全与隐私保护等方面。通过数据挖掘和算法分析，企业可以更加深入地了解市场、用户和产品等信息，为决策提供科学依据。营销自动化平台、智能化管理工具等则可使企业更加高效地完成整个营销过程。在跨境网络营销中，数据安全和隐私保护也是非常重要的问题，这部分将介绍相关的解决方案和最佳实践。

第四部分为跨境电商的未来趋势与实际案例分析。本部分内容包括以下几方面。

第一，介绍并分析智能跨境网络营销的企业案例和实践案例。在跨境网络营销企业案例中,本书将以亚马逊等跨境网络营销平台为代表,介绍其运营模式和成功经验。在跨境网络营销实践案例研究中,本书将结合不同行业和不同国家的案例,分析其营销策略和创新实践。

第二,讨论跨境网络营销未来的发展趋势,包括跨境网络营销新兴业态和发展趋势、AI 技术在跨境网络营销中的未来应用以及新型消费者行为和体验等方面。未来,跨境网络营销将更加智能化、个性化和多元化,AI 技术将成为跨境网络营销的重要辅助手段,为企业创造更大价值。

总之,本书致力于全面而深入地介绍跨境网络营销的基础知识、智能技术应用、运营策略设计与实施以及案例分析等方面的内容,旨在帮助高校营销及相关专业的学子深入了解跨境网络营销的本质和核心,并掌握其实现的关键技能和方法。掌握跨境网络营销和 AI 技术应用的关键技能和方法,对跨境电商综合应用技术人才的培养和企业竞争力具有重要的促进作用。

希望本书能够对跨境电商网络营销及相关专业的学习者有所启迪和帮助,不论是正在进行跨境网络营销的从业者,还是有意向了解跨境营销的初学者(尤其是跨境电商专业与国际贸易专业以及相关专业的高校学子),都可以通过本书深入了解跨境网络营销的核心要素,掌握智能技术的应用方法,并对国内外营销策略的不同之处有所了解,从而更好地开展跨境网络营销工作。

目 录

第一部分 跨境网络营销基础

第一章 跨境网络营销概述 ······················· 3
　　第一节 概念与定义 ························· 3
　　第二节 国际市场中的趋势和机会 ················· 4
　　第三节 跨境网络营销的特点和挑战 ················ 12

第二章 跨境网络营销策略 ······················· 16
　　第一节 市场研究和定位 ······················ 16
　　第二节 目标市场选择和进入模式 ················· 26
　　第三节 品牌建设和推广策略 ···················· 40

第三章 跨境网络营销渠道 ······················· 53
　　第一节 社交媒体平台的选择和使用方法 ············· 53
　　第二节 SEO 和搜索引擎广告的运营 ················ 59
　　第三节 电子邮件和直接邮件营销等线上推广渠道 ········ 80

第四章 跨境网络营销内容 ······················· 88
　　第一节 跨境电商市场的营销范围 ················· 88
　　第二节 跨境电商内容营销和传播 ················· 88
　　第三节 视频和影像营销 ······················ 92

第二部分　跨境网络营销中的 AI 技术应用

第五章　AI 技术在跨境网络营销中的应用　99
第一节　AI 技术在跨境电商中的应用范围　99
第二节　跨境电商市场的特点和趋势　102
第三节　跨境电商的竞争环境分析　105
第四节　消费者行为特征分析与 AI 算法的关系　108

第六章　智能跨境电商平台建设　112
第一节　智能跨境电商平台基础架构　112
第二节　智能营销相关技术及其实现方式　113
第三节　智能化平台运营管理与 AI 技术的辅助工具　116

第七章　跨境电商商品规划与设计　119
第一节　跨境电商商品规划与设计的 AI 技术思路　119
第二节　产品定价策略与 AI 算法的关联　126
第三节　商品信息管理中 AI 技术的作用　128

第八章　智能跨境电商推广　131
第一节　智能化推广策略的制定及其实现方式　131
第二节　社交媒体营销中 AI 技术的应用　133
第三节　跨境直播销售策略与 AI 技术的结合　135

第三部分　跨境电子商务的管理与实践

第九章　智能跨境电商渠道管理　143
第一节　渠道资源整合与融合　143

第二节　跨境电商平台联盟模式的优化 …………………………… 145

　　第三节　跨境物流的智能化布局及其实现方式 …………………… 147

第十章　智能跨境电商数据分析 ……………………………………………… 151

　　第一节　数据收集与处理 …………………………………………… 151

　　第二节　数据挖掘技术应用及其实现方式 ………………………… 152

　　第三节　数据驱动下的营销策略制定和 AI 算法的结合 ………… 153

第十一章　智能跨境电商服务体系建设 ……………………………………… 156

　　第一节　用户体验设计中 AI 技术的作用 ………………………… 156

　　第二节　售前售后服务管理及其实现方式 ………………………… 158

　　第三节　跨境电商投诉处理机制和 AI 算法的应用 ……………… 160

第十二章　智能跨境电商风险管理 …………………………………………… 164

　　第一节　跨境电商法律法规解读及其影响 ………………………… 164

　　第二节　知识产权保护和 AI 技术的应用 ………………………… 179

　　第三节　国际支付风险防范及其实现方式 ………………………… 180

第四部分　跨境电商的未来趋势与实际案例分析

第十三章　智能跨境电商发展趋势 …………………………………………… 185

　　第一节　智能跨境电商发展趋势预测 ……………………………… 185

　　第二节　智能跨境电商创新趋势分析 ……………………………… 187

　　第三节　智能跨境电商行业链整合展望 …………………………… 189

第十四章　跨境电商实践案例研究 …………………………………………… 192

　　第一节　易贝、亚马逊等六大跨境电商平台分析 ………………… 192

第二节　网易考拉、小红书等跨境电商品牌研究 …………………… 196
第三节　巴黎欧莱雅等跨境电商营销案例 ……………………………… 207

第十五章　跨境电商营销创业实践案例 …………………………………… 216
第一节　跨境电商平台运营模式和成功案例 …………………………… 216
第二节　跨境电商平台运营模式创业实践 ……………………………… 220

附　录 ……………………………………………………………………………… 251

第一部分
跨境网络营销基础

第一章　跨境网络营销概述

第一节　概念与定义

一、什么是跨境电商

跨境电商是指企业通过互联网平台实现商品或服务的跨国交易，并在全球范围内开展跨境贸易。具体来说，跨境电商是指分属不同关境的交易主体通过电子商务平台达成交易、进行支付结算，并通过跨境物流送达商品、完成交易的一种国际商业活动。跨境电商是一种新型贸易方式，具有全球性、无形性、匿名性、即时性、无纸化等特征。

二、跨境电商类别

按照不同划分标准，跨境电商可分为不同类别。

第一，根据货物流向，可分为出口跨境电商和进口跨境电商。

第二，根据交易主体属性，跨境电商主要分为 B2B（business to business，企业对企业）、B2C（business to consumer，企业对消费者）和 C2C（consumer to consumer，个人对个人）三类。其中，C2C 模式存在语言门槛、物流时效无法保证、管理成本较高等局限性。目前，跨境电商市场以 B2B 和 B2C 为主要模式。

第三，根据运营模式，跨境电商可分为第三方平台和独立站。其中，独立站是指一些品牌自己搭建网站平台，用以展示或销售自身产品，近年来发展势头强劲。

三、什么是跨境网络营销

跨境网络营销是指利用互联网技术和数字媒体平台，在不同国家或地区的市场中推广、销售产品或服务的营销活动,包括各种在线渠道,如 SEM(search engine marketing,搜索引擎营销)、社交媒体营销、电子邮件营销和内容营销等。从事跨境网络营销者需要具备跨文化和多语言交流能力。

四、跨境网络营销的具体内容

跨境网络营销需要综合考虑产品本身、目标市场的文化和消费习惯、数字媒体平台的特点以及营销策略的制定和实施等,具体包括以下几方面工作。

第一,研究目标市场。了解目标市场的文化、消费习惯和竞争情况,制定相应的营销策略。

第二,选择合适的平台。根据目标市场的特点,选择合适的数字媒体平台进行推广,如谷歌(Google)、脸书、微信等。

第三,制订有效的营销计划。基于目标市场的需求和偏好,制订有针对性的营销计划,包括 SEO(search engine optimization,搜索引擎优化)、社交媒体管理、内容营销等。

第四,多语言交流。在不同语言环境中进行营销活动需要具备多语言交流能力。如果从业者没有足够的语言能力,则可以借助翻译工具或者请专业的翻译人员协助。

第五,跨文化沟通。不同国家和地区的文化差异很大,需要适当调整营销策略和语言表达方式,以免造成误解或冲突。

第六,数据分析和优化。通过数据分析和评估营销效果并及时对其进行调整和优化,以提高营销效果和投资回报率。

第二节　国际市场中的趋势和机会

一、跨境电商市场的规模和增长趋势

随着全球经济的快速发展和互联网技术的逐步普及,跨境电商已经成为新的贸易形式。相比传统贸易而言,跨境电商具有很多优势,如低成本、高效率、低风险等。同时，跨境电商打破了国界限制，拓宽了企业的市场范围，提高了产品的知名度和销售额。因此，跨境电商市场已成为各国政府、企业和投资者关注的焦点。

在全球范围内，跨境电商市场规模不断扩大。海关总署最新发布的《中国跨境电商贸易年度报告》显示：2022年，中国跨境电商进出口规模首次突破2万亿元（人民币，下同），达到2.1万亿元，比2021年增长7.1%，跨境电商为中国外贸发展注入新动能。预计到2025年，中国跨境电商市场规模将达到9.6万亿元，全球B2C跨境电商将保持27%的增速。

🔗 **相关链接一：众多蓝海平台来华抢订单**

<h3 style="text-align:center">2023中国（厦门）国际跨境电商展览会启幕
打造合作共赢新平台</h3>

今年6月27日是第七届联合国"中小微企业日"，万里汇（World First）今天发布了2023年半年度跨境电商趋势盘点。数据显示：广大中国中小微卖家积极出海，今年1~6月使用万里汇全球远航服务的中国卖家，其海外开店申请量同比增长125.88%，平均客户申请平台数增长66.9%。

同时，众多海外蓝海电商平台上半年首次来华抢订单、拉客户，万里汇成为中国卖家和海外电商平台都青睐的"连接器"。

（摘自中国新闻网 2023-06-15 20：05）

🔗 **相关链接二：蓝海电商平台纷纷看好中国制造**

<h3 style="text-align:center">跨境电商新趋势：众多蓝海平台来华抢订单
首选万里汇当"红娘"</h3>

"今年上半年以来，包括法国Rakuten、英国Fruugo、波兰Allegro、韩国Gmarket&Auction等超过10家蓝海电商平台，纷纷通过万里汇等官方合作伙

伴，首次来华办线下招商会，和中国卖家现场面对面。"蚂蚁集团国际事业群副总裁石文宜表示。

作为接入海外电商平台最多的跨境支付机构之一，万里汇的全球远航服务可一键连接30多个海外电商平台，覆盖全球200多个国家和地区，可以帮助卖家快速开店，同时为其获取官方提供的开店权益及优惠。

"到法国开店贵不贵？""波兰人最爱哪款中国造？""韩国人喜欢小众潮牌，还是大众爆款？"今年上半年，在海外电商平台和万里汇合办的多次中国卖家招商会上，这些问题被反复提及。

"韩国消费者喜爱中国制造，尤其是家电、数码、水上运动、户外、家居等，这些中国产品的性价比高，在韩国很受欢迎。"作为跨境电商新沃土，预计到2024年韩国电商市场将突破250万亿韩元。在韩国 Gmarket&Auction 举办的首场中国招商会上，到场近300人，在线看直播的还有近600人，中国跨境卖家的参会热情，大大超出了 Gmarket&Auction 中国区负责人的预期。

"这次在深圳的招商会，现场就有卖家成功入驻并出单！中国卖家的加入，能大大扩充我们平台的货品品类。"波兰最大电商平台 Allegro 的亚太区主管如是说。目前，在 Allegro 上有数千家中国卖家活跃店铺，它们把中国产的家居和花园用品、汽配产品、宠物用品等新品类，通过 Allegro 卖到了欧盟24个国家超4.4亿消费者的手里。

"中国制造是高品质的代表！"覆盖全球46个国家、月活跃买家达6 000万的英国电商 Fruugo 大中华区域经理这样感叹道，"今年终于能和中国跨境电商卖家现场面对面，让我们了解到他们真正的痛点和需求。这几年中国货很受欢迎，中国卖家也希望寻找更多海外电商平台，我们很愿意助力优质中国货走向世界！"

"过去两年，中国卖家在我们平台上的占比和增长幅度都有显著提升。目前，法国 Rakuten 上的中国卖家虽然数量不足1 500家，却创造出了30%的商铺交易总额（GMV）！非常欢迎更多的中国卖家来法国的网络平台开店卖货！"法国 Rakuten 的销售总监对中国卖家现场发出了热情邀约。

中国卖家渴望更多数字服务助力全球卖货

一方面，海外电商平台都看好中国趋势，谁也不想错过来自中国的高质量卖家；另一方面，为继续深耕海外市场，中国的中小微跨境电商们也有心广开店、多撒网。

在广东做太阳能户外灯的跨境电商周建表示，此前因为吃不准怎么样才能到那么多市场去开店，一个个平台去研究也没那个精力，所以迟迟不敢多开。但今年以来，在自己常用的跨境收款工具（万里汇）的撮合下，越来越多的蓝海电商平台找上门来了，这让他感觉做生意更有底气了。他说："3年前，我们要自己花机票钱跑出国开展会，现在，人家主动来中国请我们！再加上万里汇的全球远航经理辅导，教会我们怎样一站式开店，并且只要交一份材料就能入驻多个海外电商平台，这大大减轻了我们卖家的负担。"

如何通过数字技术的方式来稳外贸、保增长？今年5月，万里汇正式成为商务部电子商务公共服务伙伴机构，为在该公共服务平台上注册的约10 000家跨境电商中小企业提供三大类优惠服务，包括：一份材料即可批量开店的全球远航快速开店服务、讲解跨境开店如何运营和收款的远航公开课，以及跨境收款入账结汇时的专享汇率优惠券等。

（摘自证券之星丨证券之星官方账号 2023-06-27 11：04：14）

二、中国跨境电商驱动因素

（一）政策：政策发展完善，"十四五"时期开启重要发展机遇

国内跨境电商政策和规范的建立，以及对其开放程度的规定是跨境电商发展的重要基础。我国跨境电商政策发展经历了三大阶段：政策萌芽期、政策发展期和政策爆发期。

2020年受疫情影响，跨境电商成为推动外贸转型升级、打造新经济增长点的重要突破口，获得众多政策支持。2021年，跨境电商在"十四五"时期开启了重要的战略发展机遇期。

（二）技术：数字技术快速发展，已成为跨境电商行业模式创新、效率变革的重要动力

近年来，大数据、云计算、AI（artificial intelligence，人工智能）、区块链等数字技术快速发展，全面渗透至跨境电商产业的各个环节，成为推动此类行业迭代创新的重要驱动力。

一方面，数字技术推动跨境电商模式创新。数字技术和数字工具的逐步成熟，催生了 SaaS（software as a service，跨境电商软件运营服务）、跨境营销等新服务领域。与此同时，随着大型跨境电商平台的规则限制增多、流量红利减弱，加之新技术降低了建站成本，越来越多的品牌开始转向自主搭建网站，独立站也由此成为跨境电商行业的发展新风向。另一方面，数字化变革推动跨境电商行业降本增效。数字技术在生产、采购、交易、支付、风控、结算、物流、仓储、营销等环节的深度应用，能够有效提高跨境电商物流效率、支付安全性、营销转化率以及企业生产运营决策质量等，从而提高各环节流转决策效率，实现全行业的降本增效。

1. 大数据

挖掘销售产品、用户行为等多类别数据，有效形成"数据池"，可为企业运营管理提供数据支持，提高企业决策的有效性和科学性。

2. 云计算

云计算是电商 SaaS 的重要技术支撑，能助力跨境电商企业实现生产、采购、物流、仓储、支付、营销等全链条数字化运营，提高供应链运作效率。

3. AI

AI 技术可识别货物信息，常被应用于智能入库、智能分拣、智能调拨等物流环节；可分析用户和产品信息，实现人货匹配，提高营销转化率；可辅助精准风险判断，更好防范交易风险。

4. 区块链

区块链技术具备去中心化、可追溯性、不可篡改性等特点，可应用于跨境物流监测、跨境电商产品追溯等场景，从而提高跨境支付结算交易速度，降低交易

成本。

（三）供需：中国经历了有效的疫情防控及较快的经济回暖，拥有稳定的外贸供应链优势

从"供"的角度来看，中国具有高效的疫情防控能力及较快的经济回暖能力，充分发挥了供应链优势。之前，在新冠疫情阻断国际贸易的不利局面下，中国是首个实现商品出口交易正向增长的国家。此外，区域全面经济伙伴关系（RCEP）、"一带一路"、国内国际双循环等政策导向型利好趋势，为中国跨境卖家成功出海奠定了良好基础。

从"需"的角度来看，新冠疫情席卷全球，"宅经济"成为主流，消费者大规模转型线上消费，刺激了全球电商零售行业的快速发展。对于出口跨境电商而言，这种消费习惯的转变降低了争取用户的成本，其线上获客的难度相较于疫情前也降低了。

三、跨境电商发展趋势

趋势一：资本加持、需求增加，跨境电商的支持服务商市场潜力巨大。

从技术发展看，随着跨境电商运营的日趋精细化，行业支撑体系也朝着多样化、数字化、智能化等方向发展。跨境电商物流、跨境支付、SaaS服务、数字营销等支持服务商以大数据、云计算、AI、区块链等数字技术为基础，加速推动供应链重塑，助力全流程优化提升，极大提高了行业运行效率和利润空间。

从资本加持看，资本不断加码，支持服务商市场持续升温。根据网经社数据，2021年至2022年一季度，中国跨境电商领域共发生92起投资事件。其中，与支持服务商相关的投资占比为67.4%，成为跨境电商领域最热门的投资方向，发展态势迅猛。

从独立站兴起看，独立站模式兴起，对支持服务商的需求不断增加。海外营销、跨境支付和独立运营是独立站面临的三大难题，与专业支持服务商合作、推动精细化运营成为独立站破局的关键。

趋势二：跨境电商从"产品出海"跨入"品牌出海"时代。

传统品牌企业将本土化的成熟品牌输入海外，借助当地的大型第三方平台销售产品；新兴互联网企业则优先考虑品牌价值，根据品牌的定位、文化、目标输入海外市场。后者多以独立站模式或兼顾第三方平台模式，通过树立品牌形象灌输品牌文化及理念，通过贴上有效的品牌标签扩大市场份额，获取品牌溢价带来的收益，并根据市场需求快速反应，提高产品更新换代的速度。同时借助供应链优势，和本土卖家站在同一起跑线上，甚至超越本土卖家，从而建立起有效的竞争壁垒。

趋势三：移动社交时代，跨境电商在流量变革趋势下朝精细化方向发展。

跨境电商经历了从流量的"野蛮变现"向精细化运营发展的过程，当前企业更加注重营销数据在构建整个营销闭环中的实际应用。移动社交时代，流量成为企业的宝贵财富，如何最大化成本效益、最优化购物体验成为跨境卖家关注的重点。结合国内发达的电商营销模式，跨境卖家基于社交平台规则，正逐步将直播带货等"中国模式"带往海外，推动移动社交的流量变革。

四、跨境电商引流模式

一般来说，可以通过考察跨境卖家的引流及运营方式、数据运营、内容运营、广告投放运营、直播运营、产品运营、社群运营、活动运营、会员运营、自媒体运营、全域营销运营等，来了解引流模式的变革、发展情况。

当前，跨境电商的引流模式是以消费者体验为基础的"4E"引流模式，具体如下（图1-1）。

第一，体验（Experience）。技术的差异化所带来的市场优势越来越小，尤其在电子产品领域，更新换代的速度极快。因此，卖家需要把营销重点从单一产品转向全面消费体验。

第二，全渠道（Everyplace）。跨境电商卖家越来越注重全渠道营销，在不同的场景下为消费者提供更多样的消费体验。例如，基于VR（virtual reality，虚拟现实）技术的沉浸式购物、直播购物、社交购物等多种模式。

第三，交换（Exchange）。价格已不是消费者购物选择的决定性因素，人们对价值的关注比重逐年升高。由于消费者对价值的判断因人而异，因此企业需有针对性地挖掘客户需求。

第四，"布道"（Evangelism）。随着电商领域竞争的加剧，跨境卖家的品牌意识也日益崛起，而好的品牌需要文化和理念的传递，推动消费者将品牌理念与产品相结合。因此，营销活动需要内容创意，促使消费者主动分享品牌文化。

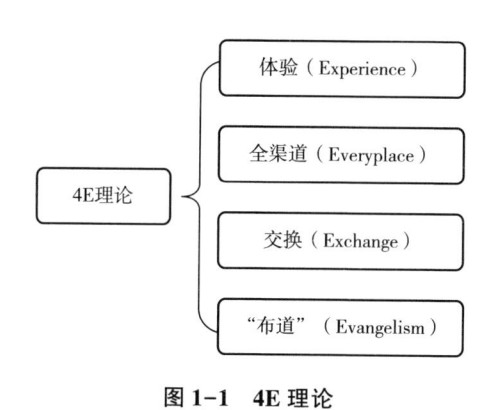

图 1-1　4E 理论

五、国际市场趋势和机会

跨境电商市场的发展，带来了巨大的机遇和前景。随着互联网技术的发展，企业可以更加方便地实现跨境贸易，拓展市场，提高产品知名度和销售额。同时，跨境电商市场也促进了全球贸易合作，推动了全球贸易的自由化和便利化。跨境电商市场正继续保持高速发展，已然成为全球贸易中最具活力和潜力的领域之一。

全球市场逐渐融合，跨境贸易和电子商务成为主流。跨境网络营销可以帮助企业打破地域限制，进入更广阔的国际市场。

亚洲和拉丁美洲等新兴市场的崛起，为跨境网络营销提供了巨大机遇。这些市场人口众多，消费需求快速增长，且其中的大多数人都具备互联网使用能力。

移动互联网的普及和快速发展，使得跨境网络营销更加便捷和高效。通过移动设备，企业可以随时随地与全球客户进行沟通并实现即时交易。

社交媒体的广泛应用，为跨境网络营销提供了更多的营销渠道和方式。通过社交媒体，企业可以更好地了解目标客户的喜好和需求，实时调整营销策略。

AI、大数据和区块链等新技术的应用，可以帮助企业更精准地锁定目标客户，并且实现更安全、更高效的跨境支付和物流管理。

六、跨境电商市场数据参考

- 《2021年全球跨境电商市场发展研究报告》，由中国国际电子商务中心发布。
- 《2021年中国跨境电商市场研究报告》，由艾瑞咨询发布。
- 《2021年美国跨境电商市场趋势报告》，由全球知名市场研究机构"电子营销家"（eMarketer）发布。
- 《2021年欧洲跨境电商市场报告》，由欧洲电子商务协会（Ecommerce Europe）发布。
- 《2021年东南亚跨境电商市场报告》，由马来西亚比价平台（iPrice Group）发布。
- 《2021年日本跨境电商市场报告》，由科滔公司（Criteo）发布。

此外，还可以关注一些权威机构的统计数据，如世界银行、联合国贸易和发展会议（UNCTAD）、中国海关等，在它们的官方网站上可以获取相关数据和报告。

第三节　跨境网络营销的特点和挑战

一、跨境网络营销的特点

第一，具有全球性。跨境网络营销通常能够覆盖全球范围的市场和潜在客户，并且通过网络平台实现全球范围的营销和销售。跨境网络营销可以打破地域限制，让企业轻松地进入新兴市场并扩大销售。

第二，多语言和文化差异。跨境网络营销需要考虑到不同国家和地区的文化和语言差异，以便更好地吸引目标受众并与之沟通。

第三，数字化程度高。跨境网络营销使用数字技术和平台，具有信息传播速度快、成本低廉、交互性强等优势。借助SEO、社交媒体、电子邮件和在线广告等数字渠道，企业可以更加精准地定位潜在客户，并以更低的成本触达更广泛的受众。

第四，个性化需求强烈。跨境网络营销需要满足消费者的个性化需求，为其提供个性化的产品和服务，以吸引和保持客户。例如，一些地方的顾客更注重环保和可持续发展，而一些地方的顾客更重视品牌和产品的奢华性。

二、跨境网络营销的挑战

第一，多语言和文化差异。如前所述，跨境网络营销需要克服不同国家和地区的文化和语言差异，以便更好地吸引和沟通目标受众。这涉及对当地市场和文化的深入研究，以确保企业的营销策略和信息能够准确地传达给潜在客户。

第二，跨越时区和地域限制。跨境网络营销需要克服时区和地理位置等的限制，以确保及时地与潜在客户进行接触，促成销售。企业需要考虑不同地区的工作时间和假期，以便在最佳时机与客户进行互动。

第三，支付和物流问题。跨境网络营销需要解决支付和物流等问题，以满足消费者的需求，提高客户满意度。为此，企业需要考虑不同国家和地区的货币、汇率和可达性等问题，并确保产品快速、安全地送达。

第四，法律法规和政策不同。跨境网络营销需要遵守不同国家和地区的法律法规和政策，以避免潜在的纠纷和损失。例如，企业需要了解当地的商业规则和税收要求，以确保其营销活动合法合规。

第五，竞争激烈。跨境网络营销市场竞争激烈，需要采用创新和差异化的策略来吸引潜在客户和维护现有客户。同时，企业需要密切关注竞争对手的动态，并不断改进自己的产品和提高服务。

第六，数据隐私和安全问题。跨境网络营销需要重视数据隐私和安全问题，以保护客户的个人信息和交易数据，防止数据泄露和欺诈行为。为此，企业需要采取适当的措施来保障数据安全，如使用加密技术，建立多层次的数据备份机制等。

第七，数字技术和平台飞速发展。跨境网络营销需要紧跟数字技术和平台的发展步伐，以利用新技术和平台为企业带来更多的商机和价值。但是，这也意味着企业需要不断更新自身的技术和知识，在新的数字渠道上获得足够的经验和能力。

总之，跨境网络营销具有广阔的市场和潜在客户，但同时也面临着许多挑战，需要企业积极应对，灵活调整策略，以确保经营成功。

三、跨境电商市场的发展瓶颈和挑战

虽然跨境电商市场规模不断扩大，但同时也存在着一些发展瓶颈和挑战，具体如下。

第一，政策风险。不同国家和地区的政策标准不一致，涉及关税、退税、知识产权保护等问题。因此，在跨境电商交易过程中，需要加强政策协同和沟通。

第二，贸易壁垒。一些国家和地区对跨境电商的认可度不高，存在贸易壁垒问题，如进出口受限、货物清关难度大等。

第三，支付安全。跨境电商涉及金融交易，支付安全是其中一个需要得到高度重视的问题。由于不同国家和地区的支付体系不同，因此需要加强支付安全方面的管理和保障。

第四，品牌知名度。在跨境电商市场中，品牌知名度是成功的关键之一。不同国家和地区的消费者具有不同的品牌偏好，因此，企业在开展跨境电商过程中需要进行有针对性的品牌推广和营销。

第五，物流服务。跨境电商的物流服务需要跨越国界开展配送，因此需要解决海外仓储、跨境运输、关税退税等问题，以提升物流服务的效率和质量。

总而言之，跨境电商市场是一个全球性的市场，对于各国政府、企业和投资者都具有重要意义。随着互联网技术的不断发展，跨境电商市场也在不断扩大，并带来了巨大的机遇和前景。虽然跨境电商市场也存在着一些发展瓶颈和挑战，但同时也为企业提供了各种商机，企业通过解决这些问题，可以提高自身竞争

力，获得更多的市场份额和利润。可以预见的是，在未来的发展中，跨境电商市场将成为全球贸易中最具活力和潜力的领域之一。

本章知识点

1. 跨境电商是指企业通过互联网平台实现商品或服务的跨国交易，以及在全球范围内开展的跨境贸易。

2. 跨境网络营销是指利用互联网技术和数字媒体平台，在不同国家或地区的市场中推广、销售产品或服务的营销活动。

3. "4E"引流模式：体验（Experience）+全渠道（Everyplace）+交换（Exchange）+ "布道"（Evangelism）。

本章思考题

1. 4E 理论包含哪些要素？
2. 跨境电商市场中的发展瓶颈有哪些？

第二章　跨境网络营销策略

第一节　市场研究和定位

一、传统营销理论

在本课之前的课程中，我们已经学习过传统营销四个基本策略的组合，即4P营销理论。4P指产品（product）、价格（price）、渠道（place）、促销（promotion）。在此，先重温一下4P营销理论的核心内涵（图2-1）。

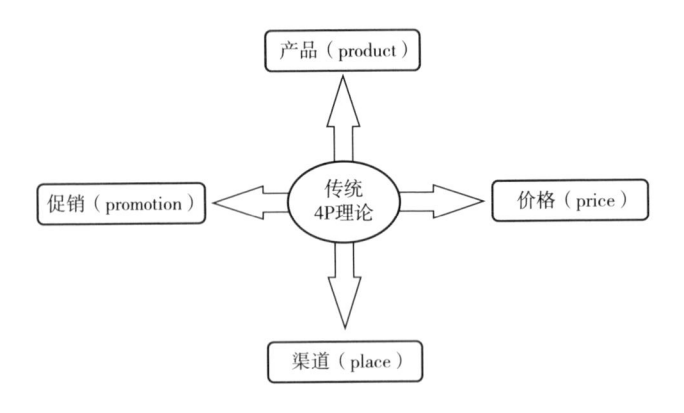

图2-1　4P营销理论

- 产品，指注重开发的功能，要求产品有独特的卖点，把产品的功能诉求放在第一位。
- 价格，指根据不同的市场定位制定不同的价格策略，产品的定价依据来自企业的品牌战略，应注重品牌的含金量。
- 渠道，指企业并不直接面对消费者，而是注重对经销商的培育和销售网络的建立，企业与消费者的联系主要是通过经销商来进行的。

● 促销，指企业注重通过销售行为的改变来刺激消费者，以有效的促销行为（如让利、买一送一、营造营销现场气氛等），吸引其他品牌的消费者或刺激提前消费来促进销售的增长。

2010年，营销界在4P基础上又提出了一个4M的市场组合概念，并认为这两者的结合（4P+4M）才能组成一个完整的大市场营销组合策略。

4M指市场调查（market research）、市场分析（market analysis）、市场细分（market segment）、市场定位（market position）。

二、跨境电商网络营销理论

（一）网络营销和传统营销的区别

大体上来说，网络营销和传统营销两者的区别主要体现在营销理念、信息传播及营销竞争等方面。

1. 营销理念的不同

传统的市场营销观念，如生产观念、产品观念、推销理念等，以企业的利益为中心，往往未能充分考虑消费者的需求，而是单纯追求低成本的规模生产，从而极易导致产销脱节现象的产生。

现代的营销观念，如市场营销观念、社会营销观念等，尽管提出了以"消费者需求为中心"的口号且努力付诸实施，但执行状况并不尽如人意。

2. 信息传播方式和内容的转变

在信息传播方面，传统营销争取客户的手段常常是单向的信息传播方式（如广告宣传），消费者处于被动地位，他们往往只能根据企业提供的固定信息来决定购买意向，也无法向企业反馈其真实需求。

反观网络营销，则采用了交互式双向信息的传播方式，企业与消费者之间的沟通及时而充分，消费者在信息传递过程中可主动查询自己需要的信息，也可以反馈自己的需求。

图2-2为网络营销体系示意图。

（1）现有的网络营销的方式。内容营销是网络营销的核心观点之一。这一

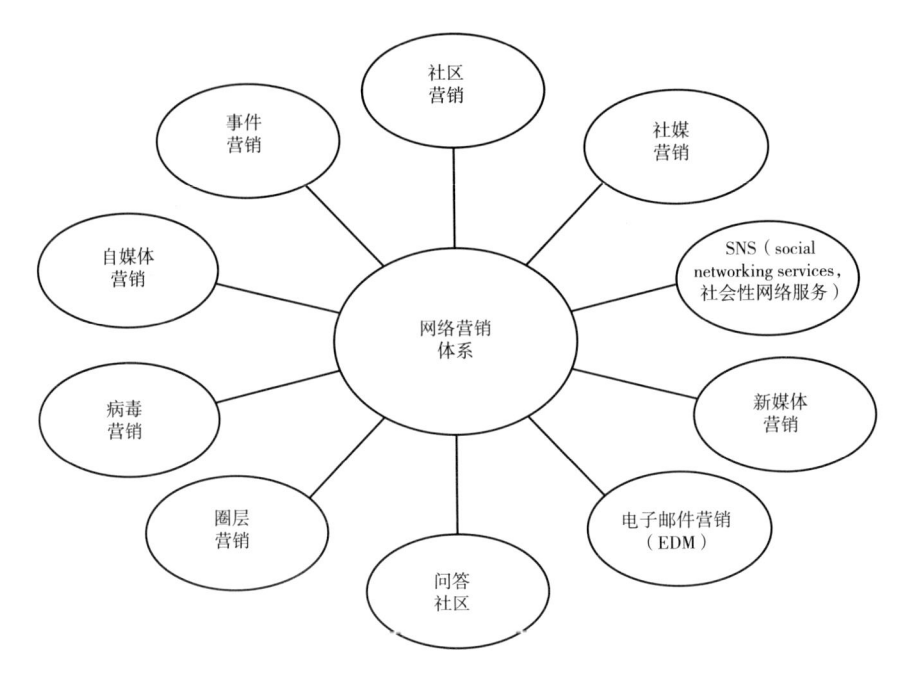

图 2-2　网络营销体系

观点出于"有态度的网络营销"理念，包括精准营销、全网营销、内容营销、态度营销这四种网络营销理念。

(2) 5A 内容营销。目前，受到普遍关注的全新营销理论——5A（即认知、吸引、问询、行动、拥护。该五方面内容的英文首字母大写均为"A"）内容营销理论，其重视消费者与品牌的互动、消费者与消费者之间的横向交流、消费者对品牌的拥护程度等，并鼓励品牌方在营销时把精力放到增强互动、改善渠道和用户体验上，通过优化品牌与消费者连接时的关键点，来促使消费者产生行为质变。

5A 内容营销模型如图 2-3 所示。

总体来说，内容营销的价值内涵正在丰富，其价值不仅仅是信息的传递，更是消费者关系重构。对此，品牌方应完善私域运营能力，打造"全域种草+私域拔草"的营销闭环。图 2-4 为 5A 体系中的营销活动思维。

第二章　跨境网络营销策略

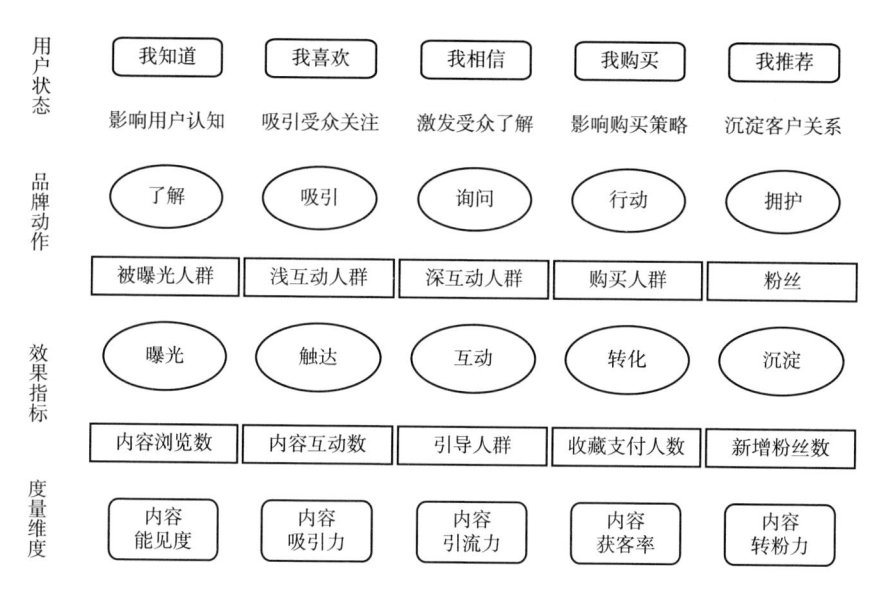

用户状态	我知道	我喜欢	我相信	我购买	我推荐
	影响用户认知	吸引受众关注	激发受众了解	影响购买策略	沉淀客户关系
品牌动作	了解	吸引	询问	行动	拥护
	被曝光人群	浅互动人群	深互动人群	购买人群	粉丝
效果指标	曝光	触达	互动	转化	沉淀
	内容浏览数	内容互动数	引导人群	收藏支付人数	新增粉丝数
度量维度	内容能见度	内容吸引力	内容引流力	内容获客率	内容转粉力

图 2-3　内容营销 5A 模型

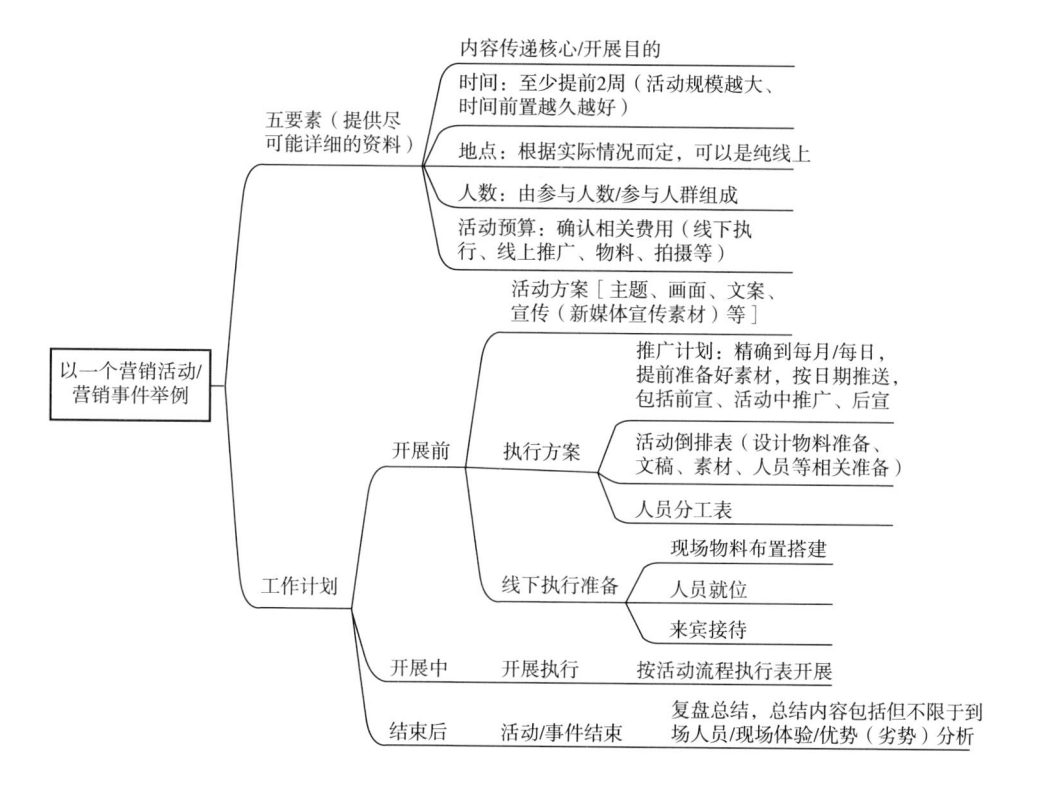

以一个营销活动/营销事件举例

- 五要素（提供尽可能详细的资料）
  - 内容传递核心/开展目的
  - 时间：至少提前2周（活动规模越大、时间前置越久越好）
  - 地点：根据实际情况而定，可以是纯线上
  - 人数：由参与人数/参与人群组成
  - 活动预算：确认相关费用（线下执行、线上推广、物料、拍摄等）
- 工作计划
  - 开展前
    - 活动方案[主题、画面、文案、宣传（新媒体宣传素材）等]
    - 执行方案
      - 推广计划：精确到每月/每日，提前准备好素材，按日期推送，包括前宣、活动中推广、后宣
      - 活动倒排表（设计物料准备、文稿、素材、人员等相关准备）
      - 人员分工表
    - 线下执行准备
      - 现场物料布置搭建
      - 人员就位
      - 来宾接待
  - 开展中　开展执行　按活动流程执行表开展
  - 结束后　活动/事件结束　复盘总结，总结内容包括但不限于到场人员/现场体验/优势（劣势）分析

图 2-4　5A 体系中的营销活动思维

19

3. 营销竞争方式的差异

传统营销是指在现实空间中各路厂商进行面对面的竞争，其游戏规则就像是"大鱼吃小鱼"。网络营销则是通过网络虚拟空间进入企业、家庭等现实空间，其游戏规则像是"快鱼吃慢鱼"。

从实物到虚拟市场的转变，使得具有雄厚资金实力的大规模企业不再是唯一不变的优胜者。在网络营销的场景下，所有的企业都站在同一条起跑线上，这就使小公司实现全球营销的梦想成为可能。

(二) 网络营销理论

由此我们发现，网络营销和传统营销在手段、方式、工具、渠道以及策略等方面都有本质的区别，但其营销目的具有一致性，都是为了销售、宣传商品及服务，加强和消费者的沟通与交流等。虽然网络营销不是简单的营销网络化，但是其仍然没有脱离传统营销理论，4P 和 4C① 原则（有关 4C 原则将在后文中展开叙述）仍在很大程度上适合网络营销理论。

1. 从产品和消费者来看

理论上，一般商品和服务都可以在网络上销售，但实际上情况并不是这样，电子产品、音像制品、书籍等较直观和容易识别的商品销售情况总体看要好一些。从营销角度来看，通过网络可以对大多数产品进行营销，即使不是通过网络达成的最终交易，网络营销的宣传和沟通作用仍值得引起重视。

网络营销可真正直接面对消费者，实施差异化营销（即一对一营销），可针对某一类型甚至某一个消费者制定相应的营销策略，并且消费者可以自由选择自己感兴趣的商品或服务。这是传统营销所不能及的。

2. 从价格和成本来看

由于网络营销直接面对消费者，减少了批发商、零售商等中间环节，节省了中间营销费用，降低了销售成本，所以其商品的价格通常都低于传统销售方式下的价格，从而形成较大的竞争优势。当然也要注意，尽管减少了销售的中间环节，但同时也会产生商品的邮寄和配送费用，而这也会在一定程度上影响商品的

---

① 4C 指消费者（consumer）、成本（cost）、便利（convenience）、沟通（conmmunication）。

销售成本和价格。

3. 从促销和便利来看

在促销方式上，网络营销可采用电子邮件、网页、网络广告等方式，也可以借鉴传统营销中的促销方式。促销活动要求有新意，能吸引消费者，所以网络营销同样应采用创意新颖的促销方式。

从便利角度看，虽然网络营销为消费者提供了足不出户即可挑选、购买自己所需的商品和服务的方便，但是由于缺少了消费者直接面对商品的直观性，又不能保证商家发布在网上信息的绝对真实性，加之网上购物须等待商家送货或邮寄，因此这在一定程度上又给消费者带来了不便。

4. 从渠道和沟通来看

显然，离开网络便不可能去谈网络营销，而传统营销的渠道则不限于此。但是，网络的优势在于其有很强的互动性和全球性，商家可以通过网络营销和消费者进行实时沟通，解答消费者的疑问，并可以通过网络论坛（BBS）、电子邮件等为消费者快速提供信息。

当然，万物各有所长，也各有所短。作为新兴的营销方式，网络营销具有强大的生命力，但也存在着某些不足。例如，网络营销尤其是网络分销往往无法满足消费者个人社交的心理需要，无法使消费者通过购物过程来显示自身的社会地位、成就或支付能力等。尽管如此，网络营销作为 21 世纪的营销新方式已势不可当，已经成为全球企业竞争中的一件利器。

三、宏观市场研究和定位

在制定跨境网络营销策略时，宏观市场研究和定位是非常重要的一环。

首先，需要确定跨境网络营销的目标市场，从而深入进行市场研究和定位。在确定目标市场时，需要考虑多种因素，包括产品和服务特点、目标客户、竞争情况以及当地的政治、经济、社会等宏观环境因素。

其次，在确定目标市场的基础上，需要对市场进行进一步细分和定位。市场细分可以根据消费者的需求、购买行为、人口统计学特征等因素进行，以更好地满足不同消费者群体的需求。市场定位则需要确定产品或服务在目标市场中的位置和差异化特点，以便与竞争对手区分开来。

最后，需要进行数据分析，以优化策略。

在跨境网络营销的宏观市场分析中，有一些经典的理论和模型可以作为参考，包括STP模型、波特五力模型、PESTEL分析等。下面分别对这些理论和模型进行详细介绍，并说明如何进行具体分析。

（一）STP模型

STP模型是由市场细分（segmentation）、目标客户（targeting）和定位（positioning）这三个环节组成的模型，可用于确定企业的市场策略和方向。在具体分析时，可以通过市场调查、数据分析等手段来实现。企业可以根据不同的市场细分特征，收集和整理相关的数据和信息，然后根据STP模型的原则进行分析和判断。

首先，进行市场细分。将整个市场按照不同的特征和需求进行划分，以更好地满足不同消费者的需求。例如，可以将消费者按照年龄、性别、收入、教育程度等因素进行分类。

其次，确定目标市场。从细分后的市场中选择一个或几个最具吸引力的市场作为企业的目标市场。选择目标市场时需要考虑市场规模、增长潜力、竞争情况等因素。

最后，进行定位。确定产品或服务在目标市场中的定位，以便与竞争对手区分开来。例如，可以将产品定位为面向高端、中端或低端市场。

（二）波特五力模型

波特五力模型（Porter's five forces model）是由麦肯锡咨询公司的波特（Porter）提出的一种分析竞争环境的方法，用于评估一个行业内企业的竞争情况和市场地位。该模型包括以下五个方面。

第一，供应商的议价能力。如果供应商比较集中、供给困难或者商品对于供应商来说有很大需求，则供应商的议价能力就相对较高。

第二，买家的议价能力。如果买家比较集中、购买量大或者产品对买家的影响很小，则买家的议价能力就相对较高。

第三，潜在的竞争者威胁。如果进入门槛不高、市场规模大、产品替代品多或者对手有政策法规等的支持，则潜在竞争者的威胁就相对较高。

第四，替代品的威胁。如果存在可替代产品或服务，并且替代品价格具有竞争性、质量和性能也相似，则替代品的威胁就相对较高。

第五，已有竞争者的竞争强度。如果已有竞争者数量多、规模大、专业化程度高或者存在过剩产能，则已有竞争者的竞争强度就相对较高。

在具体分析时，可以通过对不同竞争对手的供应商、买家、威胁、替代品及现有竞争者之间的关系进行深入调研和分析，来了解不同竞争对手的优劣势和市场地位。

(三) PESTEL 分析

PESTEL 分析是一种涵盖政治（political）、经济（economic）、社会文化（social cultural）、技术（technological）、环境（environmental）和法律（legal）等六个方面的宏观环境分析方法，可用于评估一个企业所处市场的宏观环境。

- 政治环境：包括政府政策、法规和法律环境等因素。
- 经济环境：包括货币政策、利率水平、通货膨胀率、国际贸易等因素。
- 社会环境：包括人口、文化、价值观念、生活方式、人口老龄化等因素。
- 技术环境：包括科技发展、创新能力、数字化转型等因素。
- 环境环境：包括环保法规、气候变化等因素。
- 法律环境：包括知识产权、竞争法、税法等方面的法规和法律环境。

在具体分析时，可以通过采集和整理不同环境方面的数据和信息，分析其对企业运营和营销活动的影响，并制定相应的营销策略。

在实际分析操作中，可以采用不同的方法和工具进行，如问卷调查、访谈、文献资料搜索、统计分析等。

例如，在进行 STP 模型分析时，可以通过市场调研和数据分析等手段来实现，以了解消费者的需求和偏好；在使用波特五力模型分析时，可以采用竞争分析和 SWOT 分析等方法，全面了解竞争环境和潜在威胁；在 PESTEL 分析时，则需要考虑宏观经济、政策法规等多方面的因素，识别行业发展趋势，以便更好地制定营销策略。

SWOT分析方法通过对优势（strengths）、劣势（weaknesses）、机会（opportunities）和威胁（threats）四个因素的考量，针对不同因素提出应对措施和营销策略，帮助企业确定品牌定位、市场竞争策略及企业的网络营销核心竞争力，从而优化网络营销方案，实现企业在目标市场中的长期发展。

综上所述，跨境网络营销宏观市场分析是制定跨境营销策略的重要步骤，对此需要深入了解目标市场的特点和趋势，以制定适宜的营销策略，降低市场风险。

四、常见的跨境电商数据分析与优化的策略、方法和理论模型

（一）根据企业实际情况选择最合适的数据进行分析与优化

- 统计学分析：利用统计学方法对跨境电商平台的用户数据进行分析，如用户行为、购物趋势等，以优化销售策略。

- 机器学习算法：通过机器学习算法分析大数据，挖掘用户隐含需求和购买意向，以提高商品精准推荐率和营销效果。

- A/B测试：将A和B两种方案进行比较实验，从而确定最佳的业务决策方案。

- 数据挖掘：通过数据挖掘技术开发模式，将数据转化成有价值的信息和知识，从而更深入和具体地洞察客户和市场。

- 清晰的关键绩效指标：建立明确的KPI（key performance indicator，关键绩效指标）体系，每个指标应该具有量化的数值目标和时间段；通过KPI的管理来达到数据分析和优化的目的。

- 数据分析与优化：将品牌推广过程中的数据进行收集、整理和分析，进行总结和优化；根据数据分析结果，不断调整和完善营销策略和品牌定位。

（二）常见的跨境电商品牌内容营销的策略、方法

- 视频营销：通过制作有趣、有吸引力的视频来宣传品牌和产品，提高用

户体验和转化率。

● 社交媒体营销：通过社交媒体平台推广品牌和产品，增加曝光率和用户黏性。

● KOL（key opinion leader，社交媒体上的关键意见领袖）合作营销：与KOL合作，利用其影响力和专业知识来宣传品牌和产品。

● 内容创意营销：通过独特、有趣、有价值的内容来吸引用户，提高用户留存率和转化率。

● 故事营销：将品牌故事融入内容中，让用户更好地了解品牌背后的文化和价值观念。

● "病毒"式营销：通过网络传播等方式将内容快速扩散，以提高品牌和产品的知名度和认知度。

● UGC（user generated content，用户生成内容）营销：鼓励用户参与品牌和产品的创意和宣传，提高用户参与度和品牌忠诚度。

（三）常见的跨境电商营销渠道选择的理论模型和分析方法

● 4P模型：以产品、价格、渠道和促销为核心，确定跨境电商品牌的营销策略，从而选择合适的销售渠道。

● 渠道成本分析：评估不同销售渠道的成本和效益，包括直接销售、代理商销售、电商平台销售等多种方式，从而选择最具投资回报率的渠道。

● 消费者洞察：通过调研消费者购物习惯、渠道偏好等信息，了解消费者主要在哪些渠道上购买跨境电商品牌的产品，从而选择最具吸引力的销售渠道。

● 新媒体营销：结合跨境电商特点，借助新媒体平台和社交媒体工具进行线上推广和品牌传播，增加销售渠道和曝光度。

总之，在进行跨境网络营销宏观市场分析时，可以结合上述理论和模型进行分析，以全面了解目标市场的特点和趋势，并制定相应的营销策略。在具体分析过程中，需要收集、整理和评估大量的信息和数据，包括政治、经济、社会、技术、环境和法律等方面的因素，从而找到企业的机遇和优势，并规避可能存在的威胁和风险。

第二节　目标市场选择和进入模式

一、目标市场选择

(一) 目标市场网络营销基本原则

1. 系统性原则

网络营销是以网络为工具的系统性的企业经营活动，它是在网络环境下对市场营销的信息流、商流、制造流、物流、资金流和服务流（以下简称"六流"）进行管理的。因此，网络营销方案的策划是一项复杂的系统工程。策划人员必须以系统论为指导，对企业网络营销活动的各种要素进行整合和优化，使"六流"皆备，相得益彰。

2. 创新性原则

网络为顾客对不同企业之产品和服务的效用和价值进行比较带来了极大的便利。在个性化消费需求日益明显的网络营销环境中，企业通过不断创新，创造与顾客的个性化需求相适应的特色产品和特色服务，是提高效用和价值的关键。特别的奉献才能换来特别的回报。创新带来特色，特色不仅意味着与众不同，而且意味着额外的价值。企业在网络营销方案的策划过程中，必须在深入了解网络营销环境尤其是顾客需求和竞争者动向的基础上，努力营造旨在增加顾客价值和效用、为顾客所欢迎的特色产品和特色服务。

3. 操作性原则

网络营销策划的一个重要结果是形成网络营销方案。网络营销方案必须具有可操作性，否则毫无价值可言。这种可操作性表现为，策划者在网络营销方案中根据企业网络营销的目标和环境条件，就企业在未来的网络营销活动中做什么、何时做、何地做、何人做、如何做等问题进行周密部署、详细阐述和具体安排。也就是说，网络营销方案是一系列具体的、明确的、直接的、相互联系的行动计划指令，只要付诸实施，企业的每一个部门、每一个员工就能明确自己的目标、任务、责任以及完成任务的途径和方法，并懂得如何与其他部门或员工相互协作。

4. 经济性原则

网络营销策划必须以经济效益为核心。网络营销策划不仅本身会消耗一定的资源，而且会通过网络营销方案的实施改变企业经营资源的配置状态和利用效率。网络营销策划的经济效益，是策划所带来的经济收益与策划和方案实施成本之间的比率。

成功的网络营销策划，应当是在策划和方案实施成本既定的情况下取得最大的经济收益，或是在花费最小的策划和方案实施成本情况下取得目标经济收益。

5. 协同性原则

网络营销策划应该是各种营销手段的协同应用，而不是某一方法的孤立使用。诸如论坛、博客、社区、网媒等资源，要协同应用才能真正达到网络营销的效果。

(二) 网络营销市场细分中的三大原则

总体来说，要根据每个行业和公司的不同特点对网络营销市场进行细分。以生活消费品为例，企业和营销策划人员可以选择地理、人文、心理和消费行为等四个因素作为细分标准。

营销具有很强的个性化创意特点。但是，没有规矩不成方圆，再个性化的营销也都有一定的原则性。网络营销市场细分应遵循以下三个原则。

1. 可衡量性原则

进行市场细分（segmentation），就是对一部分市场进行全面和彻底的开发与运用，因此在做细分市场时一定要考虑可衡量性，也就是说要有可控性。主要表现为：要明确了解细分市场上消费者对商品差异性的各项需求，并通过产品或服务让消费者感觉到这种差异。

一是清楚界定细分后的市场范围。例如，礼品市场可分为国内市场、国际市场，其中国内市场还可进一步细分为华中市场、西南市场、东北市场等；也可根据消费行为细分为青年人礼品市场、儿童礼品市场、老年人礼品市场等。如果要对生产资料市场进行细分，则可选择最终用户、用户规模和生产能力、用户地点等因素作为细分标准。

二是衡量市场容量。在细分市场后，企业就要进一步明确细分范围内的市场容量有多大，因为细分市场就是为了对市场进行全面彻底的开发和利用。

三是衡量市场潜力。成功营销的最重要定律就是不断开发新的有需求的市场。对于某种商品或服务来说，并不是所有的地区都有其无限的市场。所以在细分市场时，我们除了考虑现有的市场容量外，还要考虑在将来的很长一段时间内，这个细分范围内诸多潜在的市场需求。

2. 可占据性原则

不管处于多么好的市场环境之中，如果企业及其商品、服务没法占据这块市场，那么再细分也是没有意义的。所以在细分市场时，一定要考虑到企业在这个市场中有多大的销售额。根据这一要求，我们要从各个细分市场的规模、发展潜力、购买力等方面着手。通常，如果企业对其营销策略和商品、服务具有绝对信心，其所处市场的规模、发展潜力、购买力等也都很大，那么企业进入这个市场后的地位就会更高，销售额就会更大。

3. 相对稳定性原则

任何一个企业，在做一项产品或服务时，都希望在进入市场后能够有一个长期、稳定的市场。所以，一定要考虑占领后的目标市场能够保证企业在相当长的一个时期内稳定经营，以避免目标市场变动过快而给企业带来风险和损失，保证企业取得长期稳定的利润。

（三）网络营销目标市场评估

当营销市场面临投资者信心和投入双双下降的巨大挑战时，企业内部如何实施营销数字化，外部如何提升营销实效，是解决当前环境下营销困难的主要问题。在商战过程中，市场细分可以提高目标市场的准确度。

市场细分维度的选择标准，是如何细分才能更快地推动企业的业务增长。市场细分中的一个重要思维在于做减法，做减法实际上是在反向做加法。市场细分完成了之后，每个企业都会去选择自己的目标市场，此时需要判断细分市场的吸引力和获利性，并根据相应的标准做评估。这个目标市场评估标准（check list）需要考虑两个方面：其一，外部的市场机会是不是足够大？其二，企业应该具有怎样的竞争能力去满足目标市场？

（四）目标市场定位

目标市场定位（positioning）决定了策略方向。不同的定位决定了不同的策略方向、不同的成长重点。定位不仅会影响决策，而且会影响企业成长的速度。定位准确，就等于选对了方向，锁定了重点；如果定位不准，后面做得再多都只能是无用功。

评估完不同的细分市场之后，就要选择目标市场了。网络营销要想达到预期的产品和服务推广效果，就需要做好战略定位。依据STP战略，市场细分的关键在于找到企业的战略目的和需要，并促进业务增长。

目标市场选择（targeting）的本质是在细分市场后挑选出符合企业需要的"战场"，并进行聚焦，使企业获得深度增长的市场机会。

（五）网络营销五大核心定位

为了做好企业网络营销的核心定位，需要考量网络营销五大核心定位的相关内容。

1. 网络盈利模式定位

在市场经济条件下，任何一个国家、地区或企业提供的符合市场需要的产品、服务，只有通过一定的分销渠道，才能在适当的时间、地点，以适当的价格销售给广大用户和消费者以满足他们的需要，从而实现企业的营销目标。

例如，如今我们要去某一个地方时，可以选择的交通方式有很多。如果距离比较远，我们可以坐飞机，可以乘火车，还可以坐轮船；如果距离比较近，我们可以坐汽车，可以骑单车，或者可以选择步行。

在营销工作中，这些到达目的地的方式就相当于可以选择的盈利模式。选择的过程，就是进行定位的过程。我们的选择不同，结果就可能不同。

2. 核心竞争力定位

如前所述，SWOT分析通过对优势、劣势、机会和威胁这四个因素的考量，并针对不同因素提出应对措施和营销策略，确定企业的网络营销核心竞争力，从而优化网络营销方案。

将上述四个因素运用到网络营销中时,优势是指企业产品、服务的独特卖点,劣势是指企业的不足之处,机会是指网络市场的前景,威胁是指企业在网络市场竞争中需要避开的种种风险。

3. 目标客户定位

网络营销目标客户定位,具体要考虑以下内容。

(1)客户群体。这是指要考虑产品特点与客户群体特点最接近的点。例如,假设"训练型跑步鞋"是你所在公司的产品,如果你把需要运动鞋的客户群体定位成自己的目标客户群体,那么就是不正确的。由于产品的特点是"训练型",因此直接针对的目标客户群体应当是对训练型跑步鞋有需求的群体。

(2)客户群体的活动范围。企业想真正找准客户的活动范围,就需要做详细的分析,为此可以从客户的性别、年龄、社会阶层、消费能力、兴趣爱好等入手。例如,假设爱好军事是某个客户群体的特征,这个群体可能大多聚集在"铁血"等专业的军事论坛上,但因为性别、年龄等的不同,其中的一部分人可能去了新浪的论坛,而另一部分人去了网易的论坛。

(3)客户的兴趣爱好和性格特征。分析客户的兴趣爱好和性格特征,是为了帮助企业做有针对性的宣传。当然,性格、爱好涉及的范围实在太过宽泛,企业只要分析其目标客户群体的爱好就足够了。

(4)客户的根本需求。客户之所以会成为你的客户,是因为你满足了他们的需求。客户需要你是因为他们有自身无法满足的需求,而你那儿刚好有能够满足他们的需求的方案。人人都有需求,谁能帮助别人满足需求,谁就能吸引到更多的客户。

(5)细分客户群体。对于企业来说,不同的价格对应不同的消费群体。如果想做高端群体的话,就应该细分出大客户群体中的高端群体,并定出一个适合高端客户的价格。千万不要试图把整个群体的生意都做了,因为不同阶层的人消费观念是不同的。

4. 核心产品定位

进行网络营销,最终的目的是推出产品。在网络上塑造形象、发布招商加盟广告等都只是推介产品的途径。因此,在进行网络营销和广告投放之前,一定要准确定位企业的核心产品。

5. 品牌差异化定位

如果一家企业自身的产品和别的企业的产品没有任何差别，就无法让人从海量的市场信息中找到它。因此，差异化是更基本的策略。只有实行品牌差异化定位，才能够强化客户记忆，才能够在大量的同质化产品中突出重围。

在进行品牌差异化定位的时候，不需要四处出击，而只需要确定一个市场空间，并在里面成为"特别的一个"就好了。这是因为，当行业中已经有很多品牌企业时，再去占领市场会很难。但是如果细分一下，在某个空间、某个区域中做出特色，那么企业的品牌就凸显出来了。

（六）市场定位

市场定位不是简单地把人群进行分割，还需要找出这个人群的特点，所以，市场定位需要利用一些方法和技巧。

众所周知，企业所处的竞争环境不一样，有些产品的市场已经很成熟，有些则是刚刚启动；有些产品的效果很容易被消费者关注，有些则需要借助必要的情感利益来引发消费者产生需求。

所以，针对不同的产品，市场定位的方式也存在差异。这种差异体现在对市场的了解角度和程度上，有些人关注市场的时候运用的是理性思维，有些人则更多运用的是感性思维。无论如何，只有先了解产品的属性和特点，才能有针对性地把握市场，准确定位。

所谓市场定位，本质上就是定位企业的产品市场人群，而定位这个人群的目的，就是针对其需求习惯和方式，把产品包装起来并销售出去，以满足他们的需求。这一概念与营销学中的产品商业化设计类同，因此，可以将其作为产品的概念设计或者产品的原点设计来看待。

市场定位是营销中需要优先考虑的内容，只有企业的市场定位准确，其在营销过程中所涉及的产品包装、概念设计、诉求、价格设计以及所采用的渠道方式和推广行为才能与群体的特点和时代性相配套。

在进行跨境网络营销的宏观市场研究和定位时，需要系统性地描述所选目标市场的特点和趋势，深入了解市场细分和定位等情况，同时评估企业在目标市场中的优劣势和竞争地位，从而为后续的营销策略制定提供依据。

1. 市场定位的步骤

第一，确定产品的属性和产品所处的阶段。

产品属性：用以确定产品属于快速流转品还是耐用消费品，属于感性消费的产品还是理性消费的产品。

产品所处的阶段：用以确定消费者是因为需要、需求还是出于某种特定动机或欲望来购买产品的，以此确定实际需求潜量的大小。

第二，根据产品的属性或者阶段设定产品的需求方式。

以碳酸饮料为例，其在产品属性上属于快速流转品，也是感性消费品；此类产品所处阶段则是成熟阶段；其市场特点是已经细分的市场。

总结以上特点可以知道：饮料产品的核心概念是"解渴"，解渴属于生理需求，即属于感性需求，市场潜力很大；由于饮料市场已经成熟，碳酸饮料在该成熟市场中属于个性化产品，属于已经细分的市场。

第三，根据产品的需求方式设计企业产品可能对应的群体。

仍以碳酸饮料为例，该产品满足的是人的生理需求，那么其所对应的群体应该是所有有这类生理需求的人群。

第四，根据群体的设定找出该群体的特征及需求习惯。

同样以碳酸饮料为例，该产品不属于需求或欲望型产品，而是生活必需品类中的个性化产品，所以不存在市场的区隔方式，即不限于高中低档等的定位方式。

当然，尽管该产品的消费人群是所有人群，但其所重点指向的培育和推广人群却又有所不同。根据此类群体的特征和需求习惯，应当将其设定为所有人群中最容易接受培育、最容易产生口碑、最容易引发感性消费、最适合陪伴产品成长且已经具备最基本决策能力的群体。

由此可知，该产品的群体应该是中学生（中学生已经具备了对感性产品的基本决策能力，属于该产品消费者中的"最低人群"）。由于该产品的消费人群是所有人群，按照"需要产品找最低人群"的原则，中学生应当是该产品的重点培育和推广群体。因此,可以充分挖掘中学生的特征及时代性,以便围绕该群体进行产品的包装及推广定位。

第五,根据该群体的特征和需求习惯进一步对其进行细分。

还是以碳酸饮料为例,该产品消费人群中还有各类不同特征表现的群体,企业应该对此进一步细分,找出自己产品的特点,以对应适合的群体,从而进一步细分市场,彰显产品的个性。例如,应确定自己的碳酸饮料产品口感是比较温和的还是比较劲爆的,款式是比较中性的还是比较前卫的,再根据这些特点设定产品的消费群体。

综上可知,这其实就是当下营销领域所说的客户画像:对所设定的群体特征进行描述,然后据此对产品实施定位、包装等一系列市场化行为,以促成该群体对产品的喜好。

2. 市场定位的类型

需要型产品:或以不同年龄消费者的接受程度定位,或以消费者的经济能力定位,或以其性别的不同定位。

需求型产品:或以消费者年龄跨度的底线定位,或以消费者性别进行定位,或以产品功能的对应人群定位。

欲望型产品:或以时代的动感和激情人群定位,或以主流人群定位,或以大众群体定位。

二、目标市场进入模式

(一)跨境网络营销市场环境分析

1. 国际市场环境分析

目标市场的政治、经济、文化、法律等方面因素对于跨境网络营销策略的制定而言至关重要。例如,某些国家会对进口产品进行严格的检验和认证,如果企业的产品不符合相关标准,就无法进入该市场。又如,一些国家的语言和文化与产品生产国的差异较大,在跨境营销时就要考虑对产品的名称、包装、广告等进行本地化处理。

2. 本国企业自身条件分析

企业的核心竞争力、资金实力、运营能力、品牌知名度等都会影响其在目标市场上的表现。企业需要通过自我评估和市场研究来确定自己是否具备进入目标市场的能力和资源。

3. 竞争对手分析

应了解目标市场上已有的竞争者情况，包括其产品、价格、营销策略等，从而确定如何开展差异化竞争。换言之，企业需要分析竞争者的优劣势，寻找突破口和差异化所在，从而制定适合自己的营销策略。

(二) 目标市场选择的理论依据

在选择进入目标市场的方式时，企业需要综合考虑成本、风险、控制权等因素。不同的进入模式有不同的优缺点，企业应该根据自身情况和市场需求来选择最合适的方式。例如，通过出口贸易可以快速进入目标市场，但是存在汇率波动和国际贸易壁垒的风险；独立创业需要承担较高的市场开发成本和风险，但是可以保持较高的控制权。对此，4C 营销理论可以作为目标市场选择的参考依据。

如前所述，4C 指顾客、成本、便利、沟通。

此处的"顾客"主要指顾客的需求。企业必须先了解和研究顾客，根据顾客的需求来提供产品。同时，企业提供的不仅仅是产品和服务，更重要的是由此产生的客户价值（customer value）。

此处的"成本"不单是指企业的生产成本，或者说仅指 4P 中的价格，还包括顾客的购买成本，同时也意味着理想的产品定价情况：既低于顾客的心理价格，又能够让企业有所盈利。此外，这里的顾客购买成本不仅包括其货币支出，而且包括其为此耗费的时间、体力和精力以及可能的购买风险等。

此处的"便利"，指为顾客提供最大的购物便利和使用便利。4C 营销理论强调企业在制定分销策略时，要更多地考虑顾客的便利，而不是企业自己的便利。因此，企业要通过提供良好的售前、售中和售后服务使顾客在购物的同时也享受到便利。总之，便利是客户价值中不可或缺的一部分。

此处的"沟通"则用以取代 4P 营销理论中的促销。4C 营销理论认为，企业应通过同顾客进行积极有效的双向沟通，建立基于共同利益的新型企业-顾客关系。这不再是企业单向地促销和劝导顾客，而是在双方的沟通中找到能同时实现各自目标的通途。

在网络营销中，产品的整体概念可分为 5 个层次，相应地，存在不同的目标市场选择。为此，企业应关注以下几个方面。

第一，核心价值或服务层次。企业在设计和开发产品核心价值时要从顾客的角度出发，根据之前的营销效果来制定本次产品的设计开发策略。在此应注意网络营销的全球性，即企业在提供核心价值和服务时要着眼全球市场来进行，如在提供医疗服务时应注意是否可借助网络实现远程医疗。

第二，有形产品层次。对于有形产品来说，必须保证产品品质，注重产品品牌，注意产品包装。在式样和特征方面，则要根据不同地区的文化来进行有针对性的加工。

第三，期望产品层次。在网络营销中，顾客处于主导地位，消费呈现出个性化的特征，不同的消费者对产品的要求可能不一样。因此，产品的设计和开发应当注重满足顾客这种个性化的消费需求。

第四，延伸产品层次。在网络营销中，对于有形产品来说，延伸产品层次时要注意提供令顾客满意的质量保证和售后服务等。

第五，潜在产品层次。在延伸产品层次之外，企业还应注重提供能满足顾客潜在需求的产品。

从客户角度出发，可以确定的是：在目标市场的选择中，必须有针对性地选择目标人群，尤其是要重视数字化时代的关键目标客户。具体分析如下。

第一，选择目标人群，确定消费者。从客户群体的自身特点来看，企业的产品特点与客户群体的特点最接近。从客户群体的活动范围来看，企业必须找准客户的活动范围。例如，具有某类爱好的客户群体常常会聚集在某些专业论坛上，但因为性别、年龄等的不同，其中一部分可能去的是新浪论坛，而另一部分去了网易论坛。对此企业需要做详细分析，通常可以从性别、年龄、职业、消费能力、兴趣爱好等入手，对客户群体加以分类。

第二，了解目标人群的具体需求。从客户的兴趣爱好、性格特征等来看，分析客户的兴趣爱好和性格特征，可以帮助企业做有针对性的宣传。

从客户的根本需求来看，跨境电商市场的消费者具有多样性，他们来自于不同的国家和地区，有着不同的语言、文化、经济水平和购物习惯等。例如，在我国国内市场中，拼多多等社交电商平台受到了越来越多年轻消费者的青睐，因为这种平台更能满足他们对互动、分享和个性化的需求。

从细分客户群体的角度来看，某个品牌或者产品，通常满足的是某类客户的需求。因此，如果期望某个品牌或者产品能够覆盖所有人（即将所有人都作为目标客户），其结果可能是反而没有一个人会在意它。以汽车为例，跑运输的需要"结实"的货车，"二次元"新锐可能需要的是卡通萌宝型、足以点燃其梦想的未来之车，赛车手则想要发动机"最牛"的车……换言之，不同的顾客有不同的需求，企业要做的就是根据不同人的需求来设计不同的车。如果企业试图兼顾所有人的需求并将其整合在一个车型里，那么这种车大概率会成为"一锅大杂烩"，不仅没有"型"，而且到头来恐怕会失去所有客户。

从客户群体的消费观来看，不同人的消费观念往往是很不同的。如果企业想做高端群体，就应该细分出大客户群体中的高端群体，并定出一个适合高端客户的价格。那种把所有客户群体的生意都收入囊中的想法，是非常不现实的。

第三，产品应当与客户群体相匹配。在这之中，应重点考虑产品标准和企业能力是否与目标人群的需求相匹配。例如，产品的推出时间是否恰当，产品推广度是否与消费人群的可接触范围相匹配，产品是否在人们需要且方便获取的时候恰到好处地出现，以及产品的售后服务是否便利，等等。

那么，如何理解数字化时代的关键目标客户呢？

在数字化时代，有一类目标客户非常关键，这就是种子用户（又叫天使用户）。种子用户高度热爱其所选择的产品，并愿意积极参与产品的传播和推介，他们就像种子一样会发芽、长大。

种子用户对企业及其产品有着至关重要的意义。小米公司最开始做手机系统的时候，其首席执行官（CEO）下达了一个指标：在不花钱的情况下将小米系统的用户做到100万人。当时，小米手机系统的几位负责人通过论坛去做口碑。他们成天"泡"在全球互联网的各种论坛里，注册了上百个账户，天天在论坛"灌水"，目的就是寻找资深用户，最终精心挑选出了100位超级用户。这些超级用户深度参与了小米手机系统的设计、研发和反馈。星星之火可以燎原，正是基于这100位种子用户，小米手机迅速获得了成功。

当时，小米公司的首席执行官每天至少会花上一个小时在微博上回复评论，并要求工程师也按时回复发布在论坛上的各类帖子。当时，每天发布于小米论坛上、有实质内容的帖子多达8 000条，每个工程师平均每天要回复约150个帖子，每个帖子之后都会附相应的状态，以显示这个帖子被采纳的程度以及相关工程师的身份标识（ID），从而使发帖用户有被高度重视的感觉。如前所述，正是这些种子用户，成为小米手机迅速爆红的星星之火。

种子用户的特点包括以下几个方面。

第一，高感知度。这就是说，种子用户对你的产品非常了解，称得上是这个行业里的顶级专家。

第二，高参与度。种子用户愿意参与你的品牌创建过程，与你共建共创。

第三，高扩散度。种子用户能够积极去传播你的产品，处于企业品牌与战略传播之信息节点中的关键位置。

(三) 进入目标市场的五种模式

第一种：集中单一细分市场策略（见图2-5）。采取这种策略的公司集中于

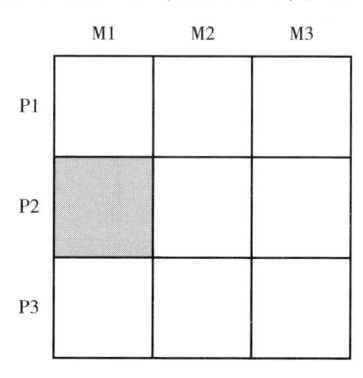

图2-5 集中单一细分市场策略

注：图中的"P"代表企业的产品或服务，"M"代表企业面对的市场。下同。

单一细分市场。例如，保时捷公司就聚焦于跑车市场，它不会轻易做市场延伸；我国地产行业中的星河湾公司也是如此，其始终聚焦于豪宅市场。

第二种：有选择的专业化策略（见图2-6）。采取这种策略的企业一般会选择若干个细分市场（也就是在细分出来的市场当中，有几个目标市场都对其具备吸引力），因此这类企业常常会涉足多个细分市场，其中最典型的就是宝洁公司，其每一款洗发水都针对不同需求的人群——飘柔主打的是柔发，海飞丝主打的是去屑，沙宣主打的是专业美发。

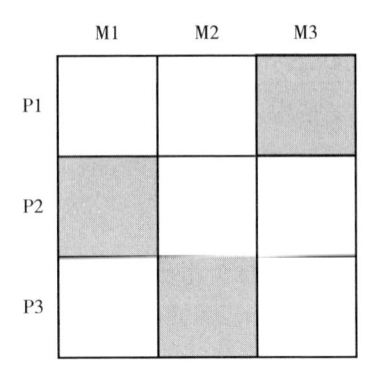

图 2-6　有选择的专业化策略

第三种：产品的专业化策略（见图2-7）。这种策略的重点，是把产品卖给不同的市场，其中最典型的就是可口可乐。不论贫富贵贱，都是可口可乐的目标人群，可口可乐对此不做细分，不做差异化，而是致力于把产品做得足够专业，使之为不同的市场所接受。

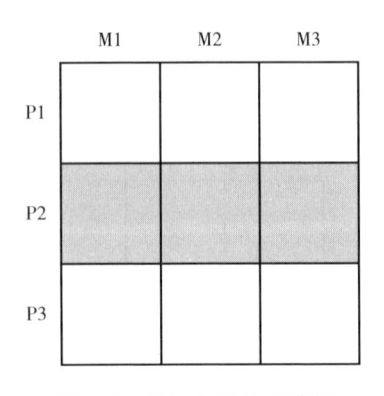

图 2-7　产品的专业化策略

第四种：市场专业化策略（见图2-8）。这种策略是指企业集中为某个特定的顾客人群提供多种服务，这是典型的以客户为中心的市场策略。以华为为例，其根据客户的需求不断为其提供系列产品，并且其云管端（华为推出的未来信息服务架构）对这些产品都进行了覆盖。

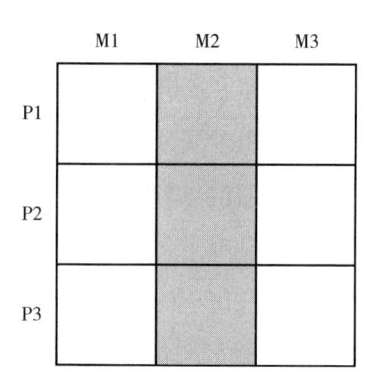

图2-8 市场专业化策略

第五种：全覆盖策略（见图2-9）。这是一种无差异的营销策略，在今天竞争日趋激烈的市场当中已经很少能见到了。

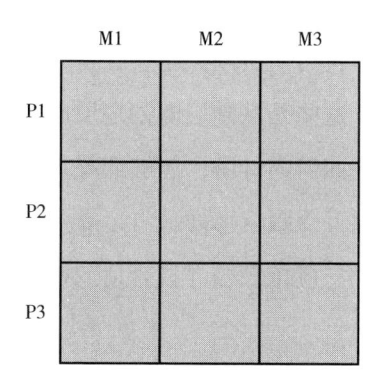

图2-9 全覆盖策略

第三节　品牌建设和推广策略

一、品牌的概念

美国著名的营销学者、被誉为"现代营销学之父"的科特勒（Kotler）将品牌的定义表述为："品牌是一种名称、术语、标记、符号或设计，或是它们的组合运用，其目的是借以辨认某个销售者或某类销售者的产品或服务，并使之同竞争对手的产品和服务区别开来。"现代品牌理论则认为：品牌是一个以消费者为中心的概念，没有消费者，就没有品牌。

本书认为：品牌就是消费者所经历、体验的有关某种产品或服务总和。简而言之，品牌就是人们对企业产品、服务的评价。互联网时代的人"生在电脑前，长在网络中"，怎样才能引起他们的关注并选择相应的产品、服务，这一点对企业而言至关重要。

现在的消费者不缺信息，而能帮助他们从几十上百种产品、服务信息中"沙里淘金"的正是品牌。所以，品牌和销售不是平行的关系。

换言之，品牌是在上游引领信息的流动、重新聚合，其与销售是上下层级的关系。品牌有很强的助力、拉力。所以，企业在排兵布阵、选择媒介的时候，覆盖到什么程度，触达多少，这些是基础层即销售层面要做的。接下来就是品牌的层面，品牌就像是一个光芒四射的灯塔，能够照亮黑暗，凸显聚焦效果。就像足球世界杯等重大赛事能引起万众瞩目那样，有足够规模的企业，就需要这种能引起千万人瞩目的平台，为此它应该积极寻找合适的媒介或平台，来完成它的品牌故事。

二、品牌的重要性

（一）品牌解决了我们什么问题

品牌解决了企业与消费者沟通的问题。品牌的信息、体验、品质让用户感受到了品牌的价值、良好的口碑，企业也达到了与用户沟通，与之产生共鸣，从而让更多的消费者心甘情愿地选择其产品、服务的目的。

(二) 品牌的作用是什么

品牌的主要目的是满足人的需求，使之有需求时会想起并选择它。例如，当我们饿了的时候，那么吃饭就是我们此刻的需求，而吃什么，就是对某种品类的选择。以吃火锅为例，是去海底捞呢，还是去巴奴呢？这就需要选择。品牌的作用是在用户产生需求的时候能够想到它并增进其购买意愿。

(三) 数字化时代消费者需要什么样的品牌

品牌与消费者是紧紧相关的，要抓住消费者的需求和他们的特点。例如，"90后"是品牌购买的核心力量。他们的特性是爱玩、很宅、崇尚"懒人经济"图方便，淘宝、饿了么、支付宝就抓住了这一特点，"投其所好"。"00后"则是一个追求时尚、追求科技、追求品质、追求快乐的年轻群体，因而就有了小米、汇源、飒拉（Zara）、安踏等品牌的成功案例。所以，抓住这个时代的中坚力量，了解他们的特点和需求，是品牌迈向成功的一大步。品牌不仅仅是商标（LOGO）、广告语、企业文化、产品包装……而是它们的综合体。品牌不是空洞的，而是可以解决实际问题的。

三、如何做好品牌建设

(一) 品牌建设的误区

有些企业虽有品牌意识但缺乏长远的战略性目光，若不能围绕品牌核心价值进行科学的品牌战略规划，便极有可能出现"各领风骚没几年"的情况。许多企业对销售的重视远远超过了对品牌的重视，但一时火爆的销售局面并不意味着品牌的增值。销售额只是企业当前生存状况的某种反映，品牌价值才是企业的长久生命力所在。

所以，品牌建设的误区在于：一味地做销量，盲目地打广告。实际上，品牌建设不需要投入巨大的资金，而是需要与消费者产生共鸣，时刻掌握消费者的心理，并一直跟踪下去。

每个时代都有符合其特色的品牌。现在品牌的发展已越来越人性化，从曾经的现实主义到如今的感性主义，品牌的每一次跨越，都与我们更近了，与我们更加亲密了。不同的时代造就了不同的人，不同时代的人创造了属于那个时代的品牌。品牌如果不能随着时代的更迭而演进，则终究会被新的时代抛弃。所以，在数字化时代，我们要致力于建设属于这个时代的品牌。

(二) 利用网络迅速做好品牌建设

1. 了解品牌

建设品牌的时候要保持清晰的理论，建设品牌的过程就是让产品"更好卖"的过程。要与用户产生情感共鸣，然后激发他们的购买需求；要增加消费者的注意力，创造更多购买机会并促成购买需求。

(1) 品牌化成为供应商实现增长的重要突破点。目前，欧美地区对跨境电商平台的监管正在趋严。2021年3月，亚马逊（Amazon）对不实评论店家行为处以封号、下架等惩罚。此举对违规卖家影响巨大，从而倒逼供应商提高产品质量，扩大品牌影响力。

这种情况下，品牌力薄弱的供应商易陷入同质化竞争，其往往只能通过降低价格、挤压利润等方式扩大市场份额。品牌化的运营方式则更为精细，其能够为商家积累起高黏性的私域流量，从而推动商家建立自有供应链体系，保障产品质量，形成正向循环的持久竞争优势。

(2) 多渠道布局助力供应商拓宽收入渠道、提升品牌影响力。在外部环境不确定性增加的背景下，采用三方平台与独立站协同布局等方式能够降低风险，拓宽企业的收入渠道。

2022年，在无数突发事件和不确定性中，营销环境多变，投资者信心减弱，营销预算收紧，广告流量下滑。这一年，尽管人们的生活随着疫情起伏，但品牌营销的热度却一如既往：年初的冬奥会、年末的世界杯，处处可见中国品牌的身影；短视频直播炙手可热，"618"和"双11"回归稳定，元宇宙营销方兴未艾，蜜雪冰城"黑化"，椰树椰汁"叫停"，五菱MINI"卖萌"，新老品牌各显神通，力求破局。

(3) 企业打造品牌的重点。当前环境下，企业打造品牌的重点有两个方向：

一是回归品牌初心，进一步梳理并明确品牌核心理念；二是结合IP[①]、元宇宙、虚拟人等，积累品牌自有资产。

首先，打造形象。加强自有品牌的出镜率，力争使自有品牌成为该品类中的前三强。要找到属于自己品牌的品牌形象，就应注重品牌形象和消费者价值观的契合，并深化这方面的宣传，并关注品牌在消费者心目中的可持续性发展。同时，应避免网红品牌起伏太快的短期行为。

其次，打造品牌的方式要与其所属品类、自身体量密切相关。例如，对化妆品、面膜、口红、美妆和某些以产品销售为导向的快消品品类，品牌或许不是其关键，即其对销量的需求多过对品牌建设的需求，因此可用效果广告来带动销量。

最后，做好营销。例如，对奢侈品、汽车等品类主要应由品牌来带动销量。这些以品牌来决定消费的品类并不在乎短期效果，而是致力于不断塑造品牌形象，因其品牌形象的存在必然能带动销售。

企业打造品牌的重点各有不同。就品牌传播而言，许多头部大体量广告投放者更注重对品牌形象的维护，避免品牌形象老化，所以往往会打造贴近年轻人的品牌形象，再由品牌形象带动销售转化。例如，啤酒、可乐等品类中的大品牌就非常注重对其品牌形象的维护。

在当前的市场环境下，原先那种"品牌+大单品"的逻辑，主要满足了消费者最突出的几类需求。未来企业需要增加更多的爆款产品，即针对长尾理论中的小需求，利用数字化平台的交互决策等，综合打造品牌。

2. 了解用户

品牌的功能性价值主要体现在产品上。如果产品不能满足用户需求，那么品牌就不会成功。因此，企业要在对目标用户的分析基础上继续优化产品。

（1）注意反思以下问题：

- 你的主要用户是不是你一开始就已经定位的用户？

[①] IP是英文"intellectual property"的缩写，其原意为"知识产权"。有观点认为，在目前的语境中，IP更多是指基于原创、适合二次或多次改编及开发，并可由此产生价值增值的文化符号。

- 你的用户对你的产品满意吗？
- 你的用户喜欢你的品牌吗？
- 你的用户还会使用你的产品、服务吗？
- 你的用户给你提了哪些建议？

（2）形象设计。据心理学家分析，人们的信息 85% 是从视觉中获得的，而用户关注你的时间通常只有 3.8 秒。视觉设计作为艺术的一种商业化形式，继承了艺术所具有的感染力。好的视觉设计能够使用户迅速对品牌产生兴趣，甚至爱上品牌。因此，企业要注重收集用户回馈，融入用户语境，发挥创意，创作用户喜欢的内容。

（3）与用户互动。品牌应时刻保持与用户的互动，使自身保持新鲜度。社会化营销媒体（微博、微信等）与互动工具（H5 等）的出现让品牌与用户的互动变得更容易、更频繁。在这个时代，如果你不能保持与用户的互动，极有可能很快就被用户迅速遗忘。并且，好的互动是可以直接带动销售的。发布信息用户反馈是品牌调整的主要依据，把它做好，品牌就有了自己的用户数据库。

3. 品牌（KPI）管理

品牌非常重要，但品牌 KPI 却难以管理，品牌营销的效果也难以验证。对此，企业需要不断探索数字时代的品牌测量管理方式和营销评估方法。

KPI 是用于衡量企业或组织在特定目标方面绩效的指标。在跨境电商中，建立明确的 KPI 体系可以帮助企业了解产品销售、品牌营销、客户服务等各方面的表现情况，并提供数据驱动的参考依据，以便于企业制定战略和做出决策。

（1）跨境电商中常用的 KPI 包括：

- 销售额：反映企业销售业绩的指标，体现企业的盈利能力；
- 客户留存率：反映企业吸引和留住客户的能力（留住老客户比获取新客户的成本更低）；
- 客单价：反映客户购买力的指标，体现商品和价格的优劣；
- 转换率：反映用户在跨境电商平台上完成交易的比例，是衡量销售效果的核心指标；

- 购物车放弃率：反映用户在将商品添加至购物车后最终未完成交易的比例，这是衡量用户流失的重要指标；

- 网站访问量：反映网站流量的指标，高访问量可能意味着良好的市场知名度和用户体验；

- 用户满意度：反映客户对企业服务和产品的满意程度，企业通常通过调查问卷等方式收集此类数据。

一般情况下，企业可根据自身情况选择和适当扩展绩效指标。需要注意的是，建立 KPI 体系不仅仅是为了"盯着"数字和数据，而是通过数字化的手段，更精准地把握市场、客户、产品等诸多信息，从而帮助企业做出更明智的战略决策。

（2）借助大数据评估品牌。传统的品牌测量体系，主要基于对消费者调研后的"小数据"，定期对品牌健康度表现进行追踪。在数字化时代，除了小数据，更要基于大数据来评估品牌在"外脑"的表现，以实现数字品牌监测的闭环。在评估时，需要具体到品牌形象、品牌认知度、品牌接受度、品牌偏好度、品牌忠诚度、品牌形象感知、品牌声量、品牌互动量、品牌搜索量、品牌美誉度（NSR）等各方面。

近年来，营销市场正面临投资信心和投入水平双双下降的巨大挑战。对此，不同的品牌采取的策略各有不同。其中，很多品牌都在加强效果、竞价、销售类广告的投放，以期更扎实、更稳健地度过挑战期。

面对市场信心下降、诸多企业减少营销投入的情况，对于品牌来说其实反倒是个很好的机会：此时如果加强营销投入，无异于股市抄底。当然，如何用好有限的资金是一个很大的挑战。每家企业都需要在投资前更深入地对市场、消费者进行深入调研，以找到机会点。

当宏观经济从增量转为存量时，企业也需要顺应市场和消费者的变化而改变。其变化之一，是通过精细化营造客户体验和创造良好的口碑来促进企业增长的良性循环，而创新直播、私域、社群营销等已经成为其中的"必选动作"。

例如，元宇宙的未来应用预期较高，元宇宙营销中应用虚拟人、虚拟场景的比例也最高。从 1.0 初代歌姬到 2.0 文娱 IP 偶像化，再到 3.0 虚拟关键意见领袖（Vkol），直至进入 4.0 工业化产线，虚拟人是品牌全宇宙应用经验最成熟的实践。目前，包括仿真人、三维立体（3D）、二次元、多种形态虚拟品牌代言人、虚拟服务助手、虚拟偶像等在内的虚拟人已为大家普遍接受。虚拟人类型、虚拟人形式不断迭代，在游戏等公共虚拟空间进行品牌植入、在直播中应用虚拟场景介绍产品功能等做法也屡见不鲜。

（3）做好互联网时代品牌传播的几个要点：

- 确定传播主题，确定用户选择你的理由；
- 选择平台发布（从消费者关注的媒介平台中选择、确定）；
- 了解用户语境，掌握消费者中的流行语；
- 找到传播热点，即消费者所关注的热门话题；
- 创作传播创意，用好的创意在消费者心中打下烙印，使之记忆深刻；
- 制作及发布、传播内容（内容制作及发布、传播平台见上述指引）；
- 尊重消费者，通过互动及时了解用户对产品的喜爱程度。

不论是品牌建设还是品牌传播，其实最重要的一点就是尊重消费者。当你做到这一点的时候，你的品牌就已经成功了。

（4）做好网络营销推广。网络营销指利用互联网平台进行的各种营销活动，这是电子商务中的一个重要环节。网络营销是一种营销手段，做好网络营销推广需要做好精准定位、完善页面形象、展示实力、营销辐射、成本控制、持续更新、体验优化等环节。

第一，精准定位。市场定位的目的是指企业力求其产品和服务在目标消费者心目中占有独特的位置。只有定位精准，才能高效、快速、有针对性地将产品推广出去，才能牢牢抓住目标客户群。以企业网站为例，如果其中的图片风格和文字内容都是消费者想要看到的，则更容易打动他们，也更容易带来订单。

第二，完善页面形象。良好的企业和产品形象是营销型网站的基本要求。只有具有让人信服的视觉效果，才能在第一时间抓住消费者的眼球。当然，页面风格的基础一定要稳定，因为消费者真正需要企业解决的是他们的需求，而不是把主要精力放在页面有多炫酷上。一定的视觉效果固然可以起到醒目的作用，但这一定要建立在服务好基础营销功能的基础之上，偏离了这个基础只会让访客的跳出率飙升。因此，只有页面视觉效果和营销功能性都完备的网站，才能引导消费者进一步决策并为企业带来营销回报。

第三，展示实力。企业一定要在其网站页面里体现自身的实力，并让消费者看到使之放心的信息，从而打消消费者购买决策中的各种疑虑。一个网站上是否全面地展现出了企业的实力，是其产品能否得到消费者信赖与支持的关键。

第四，营销辐射。传统的营销模式往往渠道单一，持续性以及记忆性较差。营销型网站则不然，其经过了全方位的分析策划，线上线下周密配合，因此运营的广度和深度都得到了很大提高。需要注意的是，当网络上不能直接成单的时候，就要通过线上引流和电话销售等方式及时跟进，来及时锁定那些还有疑惑的消费者。网站上的咨询电话是否醒目和浏览者的信息引入方式是否便捷等都是企业获取订单的关键，因此千万别小看网站上的一个图标或者栏目，有可能这就是一个千万元级别大单的"引子"。至于各种营销的手段，能用上的就用上，只要可以带来订单就行。企业不要局限于使用哪种特定的营销方式，毕竟生存才是硬道理。

第五，成本控制。当然，营销投入与营销产出不一定成正比。因此，营销型网站在致力于通过对市场的调查分析进行媒体整合时，其投入和产出一定要在企业可接受的范围内。这样，企业才能对网络运营做到心中有数，才能在持续不断的更新过程中不断优化营销手段，带来更多的订单和销售量，做到可持续发展，进而走上健康的发展之路。

第六，持续更新。面对不断变化的市场和不断发展的外部环境，企业要有周期性的更新和优化营销方案。很多时候，企业如果找到了一个合适的运营方案，在效果好且运营顺畅的情况下往往不愿主动更新。然而，企业要认识到，这个方案只是当时情况下的解决方案，市场的变化要求我们不断更新解决方案。因此，企业在开始阶段就要建立自身更新的意识，因为这才是长久立足市场的核心竞争优势。

第七，体验优化。企业提供产品或服务都是为了满足消费者的需求。因此，当企业与消费者通过网络交互的方式进行沟通和交流时，就要不断优化消费者的使用体验，使企业与消费者由纯粹的传播者与受传者关系变为互相传播关系，从而让消费者的地位由被动变为主动，以此获得更好的体验与享受，而这也为企业锁定消费者增加了更多筹码。

（5）品牌网络营销策略。网络营销策略是指企业根据自身特点设计的网络营销组合，其与基本的营销手段有一些差异。良好的网络营销策略会给企业或网站带来巨大的回报。以下为实践中常用的八大策略。

第一，公司品牌策略。公司先要确定自己的产品品牌，然后再进行推广。如果企业很知名，则它旗下的品牌往往很快可以得到宣传，并通过互联网快速建立品牌形象，通过网站提升企业整体形象。网站的建设是以企业品牌建设为基础的，网络品牌的价值甚至可能高于企业通过网络获得的直接利益。在企业建立品牌后，就要通过一系列推广措施来提高顾客对企业的认知度和认可度。

第二，公司产品策略。企业使用网络营销方法时，要先明确其所销售的产品或者服务项目，从而有目的地寻找消费群体。产品的选择是很重要的，产品的选择决定了网络营销所面向的消费群体。选择对的产品，可以使企业通过网络营销获得更大的利润。

第三，产品价格策略。价格是每个消费者都最关注的方面之一，以最低价格购买到最高质量的产品或服务是每个消费者的希望。网络营销价格策略是成本和价格的直接对话。由于互联网上信息的公开化，消费者很容易摸清其所要购买产品的价格。可见，一个企业要想在价格方面取胜，就要注重宣传自己产品的性价比及其与竞品相比的优势，并适时调整价格。

在品牌推广阶段，企业可以也经常用低价来吸引消费者（当然要以保证质量为前提），并通过这样的方式来占领市场。在品牌推广累积到一定阶段后，企业就可以启动自动价格调整系统来降低成本，并根据市场需求状况以及竞争对手报价适时调整价格。

第四，促销策略。网上促销不同于传统营销模式，它没有也不可能采用人员促销或直接促销的方式，而是利用大量的网络广告这种软营销模式来达到促销效果。这种做法的最大优点，是可以节省大量人力和财力支出。

通过网络广告效应，企业可以在互联网的角角落落里挖掘潜在的客户。通过这样的做法，企业还可以与非竞争对手达成合作，拓宽产品销路。在多数情况下，网络营销对于促进线下销售也十分有价值，且避免了传统促销手段的千篇一律。

第五，产品渠道策略。网络营销中的产品渠道策略要从消费者的角度出发来制定。例如，为吸引消费者购买，应该及时在企业网站发布促销信息、新产品信息、企业动态。为方便消费者购买，建议企业开通多种支付模式，让消费者有选择的余地；有能力的企业，还可以在其网站上设置人工客服；等等。为了在网络中吸引消费者关注产品，可以拓展企业产品的外延，如在网站建设的同时还可以及时建立网络店铺，拓宽销售途径。

第六，顾客服务策略。网络营销与传统营销模式的明显不同之处在于前者特有的互动方式。在网络营销中，可以根据企业自身的产品特性并针对特定的目标客户群等加强互动，节约开支，传统营销模式的营销手法则较为单一。

第七，网页策略。网络营销是基于互联网而进行的，所以企业可以择优挑选网址来建立自己的网站，然后由专人进行维护、管理，此举相比传统市场营销而言可节省很多广告费用。搜索引擎也会关注网站搜索率，一定程度上来说比传统广告的效果好。

第八，SNS（social networking services，社交网络服务）营销策略。现在的SNS社交网站很多也很火爆。SNS营销策略的优势在于可以找到精准的目标用户，并且客户群比较稳定，也很庞大。SNS社交网站除了有很大的用户群外，用户黏度也很高，且传播速度快，诸如通过朋友、同学等关系网络建立的社会圈可以形成巨大的口碑宣传。

企业在SNS社交网站上，可以通过以下三种方式来进行SNS营销。

一是打造企业公共主页。公共主页可以扩大企业的影响力，也可以通过用户之间的口碑传播来吸引更多用户，提高用户黏度，成为粉丝好友并关注其动态，从而培养具有深度的客户群体。

二是投放广告。SNS 社交网站用户很多，企业可以利用这个特点在上面投放广告。更重要的是，此类网站上的用户大部分都是电子商务的主力军，也许他们中的某一些就会成为企业的下一批客户。

三是植入游戏。这个做法适用于有能力开发游戏应用软件等的公司。通过植入游戏，企业可将其产品广告也附加于其中，从而使用户边玩游戏边认识公司产品，并最终达到网络营销目的。

四、网络营销的推广策略

(一) 网络推广的现状

虽然电子商务在国内已有多年发展，但其衍生行业（如 SEO、网络推广等）对不少人来说仍是比较新鲜的概念。国内在这方面的专业公司及专业人才非常缺少，无法满足现有行业的发展需求。

有实力的公司常采取"花钱推广"的方式，大多数刚起步的中小型公司则往往通过有针对性且成本较低的网络推广来达到提高品牌知名度的目的。实践证明，网络推广可根据各个企业的不同特点制定不同的推广方案，并已经取得了一定的成效。

(二) 网络营销的推广方法

1. 网上折价促销

折价亦称打折、折扣，是目前网上最常用的促销方式之一。因为早期网民在网上购物的热情远低于其在商场、超市等传统购物场所的购物热情，所以网上商品的价格一般都要比传统方式销售时低，以吸引人们购买。

但是，网上销售商品不能给人以全面、直观的印象，也不可试用、触摸，再加上配送成本和付款方式的复杂性，从而容易造成消费者在网上购物和订货的积极性下降，而幅度比较大的折扣可以促使消费者进行网上购物的尝试并做出购买决定。现实中，大部分网上销售商品都有不同程度的价格折扣。

2. 网上赠品促销

赠品促销在网上的应用不算太多。通常，在新产品推出试用、产品更新、对

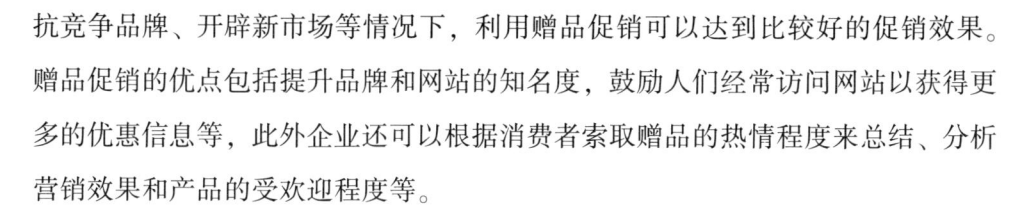

抗竞争品牌、开辟新市场等情况下，利用赠品促销可以达到比较好的促销效果。赠品促销的优点包括提升品牌和网站的知名度，鼓励人们经常访问网站以获得更多的优惠信息等，此外企业还可以根据消费者索取赠品的热情程度来总结、分析营销效果和产品的受欢迎程度等。

3. 网上抽奖促销

抽奖促销是网上应用较广泛的促销形式之一。

所谓抽奖促销，是指企业以一人或多人获得超出其参加活动成本的奖品为手段进行商品或服务的促销。网上抽奖活动主要穿插于产品调查、产品销售、扩大用户群、庆典、推广等活动之中。消费者或访问者通过填写网络问卷、网上注册、在线购买产品或参加网上活动等方式获得抽奖机会。

4. 网上积分促销

积分促销在网络上的应用相比传统营销方式要简单且更易操作。网上积分活动很容易通过编程和数据库等方式来实现，并且其结果的可信度很高，操作起来也较为简便。

网上积分促销一般会设置价值较高的奖品，消费者可通过多次购买某种产品或多次参加某项活动来增加积分以获得奖品。积分促销可以增加消费者访问企业网站和参加企业活动的次数，可以提高消费者对产品的忠诚度，还可以提高企业活动的知名度。

5. SEM

中国互联网络信息中心（CNNIC）《2007年中国搜索引擎市场调查报告》显示，44.71%的网民经常使用（即每天使用三次以上）搜索引擎，每天使用一次搜索引擎的用户比例也有17.2%，每日至少使用一次（即每天使用一到两次）搜索引擎的用户数则高达69.4%，这意味着搜索引擎已进入超过半数网民的生活中。

本章知识点

1. 4P 理论的核心内涵：产品（product）、价格（price）、渠道（place）、促

销（promotion）。

2. 4M 的市场组合：4M 指市场调查（market research）、市场分析（market analysis）、市场细分（market segment）、市场定位（market position）。

3. 5A 内容营销理论与模型。5A 是指了解（aware）、吸引（appeal）、问询（ask）、行动（act）、拥护（advocate），用以体现该内容营销理论与模型中的五个环节。该模型具有以用户行为学（AIPL）模型为基础的内容表达，其目的是通过运营优质的内容而在用户中产生"病毒式"的迅速传播。通过上述五个环节，一方面，可以让用户在记住品牌的同时实现消费转化，并主动进行二次传播；另一方面，企业可借此追踪不同阶段、环节的品牌营销效果，从而进一步评估其自身营销能力，并在整个内容营销过程中查缺补漏，优中调优。

4. STP 模型是由市场细分（segmentation）、目标客户（targeting）和定位（positioning）三个环节组成的模型，可用于确定企业的市场策略和方向。

5. 波特五力模型（Porter's five forces model）是由麦肯锡咨询公司的波特提出的一种分析竞争环境的方法，用于评估一个行业内企业的竞争情况和市场地位。

6. PESTEL 分析是一种涵盖政治、经济、社会、技术、环境和法律等六个方面的宏观环境分析方法，可用于评估一个企业所处的宏观市场环境。

7. SWOT 分析方法通过评估企业内外部环境的优势（strengths）、劣势（weaknesses）、机会（opportunities）和威胁（threats），帮助企业确定品牌定位和市场竞争策略。

本章思考题

1. 市场竞争来自哪些方面？
2. 企业根据自身实际情况，可以选择哪些最合适的数据分析与优化方式？
3. 常见的内容营销有哪些策略、方法？
4. 跨境电商营销的多元渠道包括哪些方面？
5. PESTEL 分析的具体内容包括哪些方面？

第三章　跨境网络营销渠道

第一节　社交媒体平台的选择和使用方法

一、网络营销渠道和传统营销渠道的区别

首先，从作用分析看，传统营销渠道作用单一，仅仅是商品从生产者向消费者转移的通道。网络营销渠道的作用则比较多：它是信息发布的渠道，是销售产品、提供服务的快捷途径，是企业洽谈业务、开展商务活动的场所，是进行客户技术培训和售后服务的园地。

其次，从结构分析看，传统渠道结构复杂，有一级渠道、二级渠道、三级渠道等。网络营销渠道则多是直接面对消费者，因此其多为一级渠道。

传统营销中根据中间商数目的多少，将营销渠道分为若干级别。其中，直接分销渠道没有中间商，因而被称为零级分销渠道；间接分销渠道则包括一级、二级、三级乃至级数更高的渠道。网络营销中的直接分销渠道和传统营销中的直接分销渠道一样，都是零级分销渠道，而其间接分销渠道的结构要比传统营销渠道简单得多。

网络营销中只有一级分销渠道，即只存在一个电子中间商来沟通买卖双方的信息，而不存在多个批发商和零售商的情况，因而也就不存在多级分销渠道。

最后，从费用分析看，在网络营销中，不论是直接分销渠道还是间接分销渠道，较之传统营销的渠道结构而言都大大减少了流通环节，从而有效降低了交易成本。

企业通过传统营销中的直接分销渠道销售产品时，通常采用以下两种具体实施方法。

第一种方法是直接销售，不设仓库。例如，企业在外地派驻推销人员，但在

当地不设仓库。推销人员在当地卖出产品后,将订单发回企业,再由企业直接把货物发送给购物者。采用这种方法时,企业需要支付推销人员的工资和日常推销开支。

第二种方法也是直接销售,但设立仓库。采用这种方法时,企业一方面要支付推销人员的工资和费用,另一方面还需要支付仓库的租赁费。

当企业通过网络营销中的直接分销渠道销售产品时,则可以从网上直接受理来自全球各地的定货单,然后直接将货物寄给购买者。采用这种方法所需的费用仅包括网络管理人员的工资和低廉的网络费用,驻外人员的差旅费及仓库的租赁费用等则都不需要了。

二、跨境电商网络营销的具体步骤

第一,确定品牌定位:对企业的核心竞争力、目标客户群体和市场定位等进行深入研究,以明确品牌定位。

第二,设计品牌形象:根据品牌定位、目标客户和市场需求,设计适合的品牌形象,如商标、标识、口号、色彩等。

第三,选择营销渠道:按照品牌定位和目标客户的特点,选择适合的营销渠道,并制定相应的营销策略。

第四,制定内容/平台营销策略:根据目标客户的需求和兴趣,制定相应的内容/平台策略,如博客、微信、视频、图片等。

第五,进行数据分析和优化:对品牌推广过程中的数据进行监测和分析,对策略进行持续优化和调整。

第六,监测与改进:持续监测品牌的声誉和竞争情况,及时进行调整和改进,以满足不断变化的市场需求和客户需求。

三、网络营销社交媒体推广渠道

(一)推广工具

单一网络营销软件:也就是第三代资源类营销软件。这类软件通常只针对特定的平台，因而具备特定的功能，如常见的论坛营销软件、博客营销软件、邮件营销软件等。由于这类营销软件功能单一，信息覆盖面不广，因此效果往往并不明显。

多方位网络营销软件：也就是第四代营销软件。其将多种有效营销方式组合到一套软件中，将各种优势结合到一起，只需要简单操作就能实现多方位的网络营销效果。这类软件信息覆盖面广，操作简单，管理方便，且效果特别显著。

（二）搜索竞价

搜索竞价是一种得到广泛使用的推广方式，备受中小企业的青睐。搜索竞价通过把词义与目标客户群的距离不断拉近的方式进行推广。搜索引擎服务商常爱向广告主"吹嘘"："我们是做精准营销的。"但到底精准与否，还得靠使用者自己去判断。

搜索竞价的网络营销方法的初期推广费用不是很高，大多数企业都能够支付得起，且这种方法具有一定的精准程度。像谷歌、百度等搜索引擎服务商都能从中盈利丰厚。

（三）PPC（pay per click，点击付费广告）

PPC是很多企业采用的一种营销方法，其主要目的是得到最核心客户的点击。百度、谷歌、搜狐、腾讯、雅虎等及一些电子商务网站均采用该推广模式。PPC最大的优势是把每一分钱都花在了刀刃上。

（四）B2B平台推广

对于中小企业来说，B2B电子商务平台也是比较火的一种推广方式，因为它能够直接实现产品的传递和销售。针对全国B2B数量急速增加的情况，我们需要做的就是采用2/8原则，把大量有效的时间花在有价值的B2B上，而只将其他网站作为信息发布平台。

（五）QQ群推广

腾迅QQ作为中国使用群体最多的即时通信工具，对推广工作起到了很大的帮助。特别是QQ群的应用更是广泛，其主要方式有QQ群邮箱和QQ群信息发布等。

除了上述几种方法外，在营销活动中还可以通过新闻等形式和手法，多角度、多层面地诠释企业文化、品牌内涵、产品机理、利益承诺，并传播行业资讯，引领消费时尚，指导购买决策。这种模式非常有利于引导市场消费，能够在短期内提升企业品牌的曝光率和产品的知名度，塑造品牌的美誉度和公信力。

四、网络营销中的社交媒体推广方法

营销与推广是紧密相连的。有不少中小企业或个体卖家都是以营销带动推广的，也就是说他们在不懂得怎样去推广时，会先照线下惯例踏实地去做，先赢人脉、赢人气，用口碑来推广，这样他们在不知不觉间就为自己的产品和品牌做了推广。

网络营销推广可分为区域推广、时效性推广、持久推广及综合推广等。

根据有无中间环节这一点，营销渠道可分为直接分销渠道和间接分销渠道。其中，由生产者直接将商品卖给消费者的营销渠道被称为直接分销渠道，至少包括一个中间商的营销渠道则被称为间接分销渠道。

通过传统的间接分销渠道销售产品，必须依靠中介机构，且在产品由生产单位流转至最终用户的过程中，所经手的中介机构常常还不止一个。中介机构越多，流通费用就越高，产品的竞争力也就在这种流转过程中逐渐丧失了。

网络的间接分销渠道则完全克服了传统间接分销渠道的上述弱点。例如，网上商品交易中心之类的中介型电子商务网站可完全承担起信息中介机构的职能，同时也可利用其在各地的分支机构承担起批发商和零售商这类传统中间商的职能。网上商品交易中心合并了众多的中介机构并使其数目减少到一个，从而使商品流通的费用降到最低。

合理的分销渠道，一方面可以有效的方式把产品及时提供给消费者，满足人们的需要；另一方面也有利于扩大销售，加速商品和资金的流转速度，降低营销费用。有些企业的产品尽管有质量和价格上的优势，但因缺乏分销渠道或分销渠道不畅而无法扩大销售，这样的例子屡见不鲜。

在市场经济条件下，不论是哪一个国家或地区生产出来的产品，都只有通过

一定的分销渠道，才能在适当的时间、地点，以适当的价格销售给广大消费者，满足他们的需要，从而实现企业的营销目标。在网络营销组合策略中，销售渠道策略与产品策略、定价策略等一样，是关系到企业能否成功地通过网络将产品打入市场、扩大销售的重要策略。

搜索引擎在互联网上的作用非常重要，大多数网民在寻找某个信息的时候都会使用搜索引擎来寻找。因此，将自家网站地址排在搜索结果的第一名就成为搜索引擎营销推广的最终目标。

从目前的发展趋势来看，搜索引擎在网络营销中的地位依然重要，甚至受到越来越多企业的认可。SEM 的方式也在不断发展演变中，因此商家应根据环境的变化选择 SEM 的合适方式。

关键词广告是充分利用搜索引擎开展网络营销活动的一种手段，也是付费搜索引擎营销的主要形式，近年来它已成为 SEM 各种形式中发展最快的一种。关键词广告有以下特点。

第一，形式比较简单。其通常是文字广告，主要包括广告标题、简介和网址等。

第二，显示方法比较合理。其出现形式与搜索结果分离，且一般不影响后者。

第三，一般采用 PPC 计价，费用可控。

第四，可以随时查看流量统计。购买此类广告之后可以获得一个管理入口，可以实时查看广告流量和费用情况。在转化统计方面，百度统计和百度推广是集成的，谷歌分析和谷歌 adwords（一种通过使用谷歌关键字广告等来推广网站的付费网络推广方式）也是集成的。360 和搜狗则暂时没有官方的转化统计系统，不过我们可以通过一些第三方的搜索统计平台进行转化统计，当然这些第三方平台通常每天只能和搜索引擎同步一次数据，因此无法看到实时的转化情况，而是只能看到昨天之前的转化效果。

第五，便于管理。广告主可以根据统计的关键情况和竞争对手情况来调整自己的广告策略。

付费广告投放一段时间之后,我们就可以通过数据报表来分析各个关键词的转化情况了。关键词的效果分析可以用关键词的总消费金额除以关键词的总转化量来衡量。如果该数字高于平均数,则表示这个关键词的转化效果不好,需要优化(如降低出价、增加否定关键词、修改匹配方式为精确匹配等);如果该数字低于平均数,则表示这个关键词的转化效果好,需要进行拓展(如增加同类关键词、提高出价、修改匹配方式为短语匹配或广泛匹配等)。

五、智能营销工具软件对比分析及其优缺点

智能营销工具软件是一类利用 AI、大数据和机器学习等技术,辅助企业进行个性化广告投放、内容推荐、客户维护等业务的软件。以下是几种常见的智能营销工具软件及其优缺点的对比分析。

(一)唯品会"智鹰"

1. 优点

(1)支持多渠道广告投放,并可根据不同渠道、不同目标人群进行定向投放。

(2)其采用机器学习算法对用户行为进行分析,实现个性化推荐。

(3)可以对广告效果进行实时监控和优化。

2. 缺点

(1)需要付费使用,且价格较高。

(2)只适用于在唯品会平台上进行广告投放。

(二)腾讯"智慧广告"

1. 优点

(1)支持多种广告形式,包括搜索广告、信息流广告、横幅(banner)广告等。

(2)采用深度学习算法对用户兴趣、意图进行分析,实现精准投放。

(3)可提供完整的广告服务链条,包括创意制作、投放管理、效果评估等。

2. 缺点

(1)使用门槛较高,需要具备一定的技术水平和设计能力。

(2）需要付费使用，价格较高。

（三）谷歌"广告平台"

1. 优点

（1）支持多种广告形式，包括搜索广告、应用广告、视频广告等。

（2）提供强大的定向投放功能，可以根据位置、时间、兴趣等维度进行定向投放。

（3）可以使用机器学习算法对广告效果进行实时监控和优化。

2. 缺点

（1）使用门槛较高，需要具备一定的技术水平和英语能力。

（2）需要付费使用，价格较高。

总体来说，智能营销工具软件在提高广告效果、降低广告成本、提高客户黏性等方面具有明显的优势。但是，不同的工具软件在适用范围、功能特点、价格等方面存在差异，企业需要根据自身需求和预算选择合适的工具软件。

第二节　SEO 和搜索引擎广告的运营

一、SEO 优化的概念

SEO 是指通过提高搜索引擎页面排名来增加网站流量的方法。具体而言，SEO 是一种通过分析搜索引擎的排名规律，了解各种搜索引擎怎样进行搜索、怎样抓取互联网页面、怎样确定特定关键词之搜索结果排名的技术。搜索引擎尝试根据给定搜索与主题的相关性以及站点被判断为具有何种质量和可靠性等方式，对给定搜索的结果进行排名。

实施 SEO 的时候，最重要的是制造出用户想要的内容。那些致力于解决问题或提供新信息和专业知识的网站很容易占据靠前的搜索位置。可以说，SEO 是网络营销中最重要的角色。

谷歌是目前世界上最受欢迎的搜索引擎之一，它采用了一种不断发展的算法，旨在以人类读者的方式评估网站。这意味着 SEO 的关键部分涉及确保网站是读者的独特资源。在搜索引擎中，有大量关于 SEO 的定义。尽管这些定义的表述各有不同，但其含义大同小异，即都是"为提升关键词自然排名以达到营销目的所做的工作"。

综上，SEO 是一种网络营销渠道，而营销渠道是海量的。将合适的渠道搭建完毕，把 SEO、竞价、垂直平台、分类信息平台等组合起来，使之发挥对企业来讲最大的价值，这就足够了。

二、SEO 的重要性

如前所述，SEO 是指利用搜索引擎规则提高网页（以及网站）在有关搜索引擎内自然排名的方式。

在此，需要先区分一下 SEO 和搜索引擎营销（search engine marketing，SEM）。简单而言，SEM 是指基于搜索引擎平台的网络营销。

事实上，SEO 只是 SEM 一个子集，SEM 还包括竞价广告、新闻源营销、百科营销、问答营销等多个分支。任何可在搜索结果页加以展现的营销手段都可以被纳入 SEM 的范畴。

截至目前，SEO 作为网络营销的核心技能仍然被严重低估了。推广引流板块是跨境电商网络营销项目的左膀右臂，其重要性不言而喻。事实上，SEO 的核心思想可以融入任何一种引流方式之中。

（一）推广流量板块的本质

扩大引流的核心秘诀是什么？流量的本质是网民的注意力，基于互联网信息的展示特质推广流量，主要表现为在各个平台上对空间和时间的争夺，只有确保自己的信息尽可能久地占据平台的最佳流量入口，才能保证尽可能多地吸引网民的注意力。

SEO 是"抢地盘"技术的集大成者，是一项专门教你"抢地盘"的技能，因此很重要。

（二）搜索引擎是跨境网络营销产品的标配

严格来讲，SEO 这项技能可覆盖全网用户。

一说起搜索引擎，或许人们往往想到的是谷歌、百度、搜狗、360这些传统的大牌搜索引擎。但实际上，作为目前互联网最科学、最合理、最高效的信息展示工具之一，搜索引擎几乎是任何一款互联网产品的标配：网站也好，App（application，应用程序）也罢，包括小程序在内，都是如此。

例如，微博有"微博SEO"，微信有WSO或"微信SEO"，应用程序商店（App store）有ASO，就连抖音、快手这样的短视频平台也有其专属的SEO，正所谓"有搜索的地方就有SEO"。

当然，谷歌、百度等的SEO所面对的是最复杂的场景。因此，只要掌握了谷歌SEO、百度SEO等的技能操作，对其他平台的SEO也就可以做到驾轻就熟了。

(三) SEO通过调整跨境网络营销企业信息露出的方式来获客

到目前为止，顾客在企业网站获取商品内容的方式无外乎以下两种：

第一，被动接受，其对应的方式是社交分发和智能算法推荐等；

第二，主动检索，其对应的最主要乃至唯一的方式就是借助搜索引擎。

事实上，只要主动获取信息的方式存在，SEO就一定不会没落。今天，人们常用的社交分发、智能算法推荐引流最核心的技能也同SEO存在重合之处，如围绕关键词的相关技能等。

不论何种产品的搜索引擎，其宗旨都是满足用户高效地寻找到高质量信息的需求，因此基于一定要素的排名算法也往往具有共性。例如，百度SEO涉及的要素主要包括meta标签（用以提供关于HTML文档的元数据）、文章标题、关键词、描述、内链、外链、内容原创度、更新频率等，而微信SEO涉及的要素主要包括公众号名称关键词匹配度、公众号介绍、粉丝数、互动情况、认证、注册时间、是否原创等。乍看起来，百度SEO和微信SEO的要素很不一样，但实际上，其做法都是给各个要素赋予相应的权重并进行加总评分，然后根据搜索展示对象的表现来进行排名。由此可见，二者的底层逻辑如出一辙。

如今，智能技术已深度介入网络普及的进程之中，不论是新触网的人还是老网民，几乎已经离不开搜索引擎，只要人们想在网上搜寻信息，就会不由自主地使用搜索引擎，而这也奠定了搜索引擎在人们日常生活和工作中的重要性。

简单来说，开展SEO，对用户而言的重要性有以下几个方面：

其一，方便更多用户更快地搜索到目标信息；

其二，满足用户希望相关关键词靠前的需求；

其三，帮助有需求的人尽快找到目标企业；

其四，提供搜索结果的自然排名，增加可信度；

其五，使企业网站的排名自然靠前，增加网站浏览量，以扩大网站宣传，加速业务发展；

其六，增加优秀网站的曝光率，提高网页开发的技术水平；

其七，方便不懂网络或者对网络知之甚少的人尽快搜寻到所需要的网络知识。

现在是网络时代，许多人早已习惯在网上搜索自己想要的东西，而搜索引擎能够使网民快速找到自己的目标。也正是因为用户的这种需求，使企业更加关注自己如何才能在网上被用户方便地搜索到。

由此可见，如果想要扩大在线用户量，促进销售，那么企业就必须对其网站进行优化。事实上，SEO对企业打造品牌形象和扩大市场等目标都很重要：通过优化，搜索引擎可以快速定位企业站点中为顾客所需要的那个页面，顾客还可以不经过层次结构的导航而直接通过搜索查询进入企业网站。此外，SEO不仅能保证那些独立的页面足够稳定，而且还能很容易地被单独搜索到，从而使企业网站适应搜索引擎爬行器，并确保其页面对用户有足够的吸引力，以吸引更多的用户光顾并下单。

三、SEO的主要方面

在网站的SEO过程中，必须要重点考虑搜索引擎这位特殊的"浏览用户"。也就是说，必须从搜索引擎的角度来对网站进行相应的优化操作，这样才可以解决抓取、索引和排名等问题。那么，如何解决这些问题呢？这就需要我们在网站设计的时候与搜索引擎建立必要的友好关系。

关于搜索引擎友好性问题，可以从三个角度来进行理解：一是网站页面代码的友好性，二是网站页面元素的友好性，三是网站页面内容的友好性。

(一) 网站页面代码的友好性

搜索引擎蜘蛛（搜索引擎的一个自动程序）的识别能力是有限的，并不是所有代码其都可以识别并抓取。因此，要想让搜索引擎更加顺利地抓取网站的首页和内页，就需要我们通过链接的导入和导出给搜索引擎蜘蛛做一些指引。这样，搜索引擎蜘蛛就会沿着链接进入网站页面的每一个角落，而这要求网站具备符合逻辑的结构布局。更重要的是，要有搜索引擎蜘蛛可以识别的元素，诸如 JavaScript 链接、Falsh 链接等，这些都是搜索引擎蜘蛛无法识别并抓取的。

以上只是针对链接给出的搜索引擎与网站代码友好关系的描述之一，此外还有如框架结构 (frame)、URL (uniform resource locator, 统一资源定位符) 路径等有关代码的一些 SEO 优化技术操作。当然，不论采用何种技术操作，都应尽量以不要出现不利于搜索引擎蜘蛛抓取的代码内容为原则。

(二) 网站页面元素的友好性

网站页面元素的友好性，主要指的是关键词及长尾关键词的匹配度、长尾关键词的布局优化等，此外还包括网站页面的标题、描述、关键词等是否主题清晰并且与网站的页面内容相关等，这些都是与搜索引擎建立友好关系过程中必须掌握的细节操作。如果页面元素中包含了图片、视频等搜索引擎蜘蛛无法识别的元素，那么我们就需要针对这些元素，通过专业的 SEO 技术去进行优化操作，以建立起网站页面元素的搜索引擎友好性。

(三) 网站页面内容的友好性

网站的主要组成元素是内容，不论是搜索引擎还是普通的浏览用户，其进入网站的主要目的就是了解网站中的内容。由此可见，网站页面内容的友好性十分关键。通常而言，当搜索引擎认为原创内容是互联网稀缺的内容，并且该原创内容的价值又很高的话，其被搜索引擎蜘蛛抓取、收录并获得较高排名的机会才会相应存在。也就是说，网站页面的正文部分（包括标题的设置和网站内容与标题的相关性等）是否在有效解决用户需求的同时给用户带去了良好的浏览体验，这才是与搜索引擎建立友好关系的关键。

无疑，企业总是希望自己的网站与搜索引擎之间建立友好的抓取关系，而其前提是企业必须了解搜索引擎。那么，网站如何与搜索引擎有效建立起友好的关系呢？

现实中，一些更新类网站（如博客、论坛等）通过内容更新来吸引用户或读者。如果博客、论坛等长期不上新文章，那么肯定有许多用户会因为感到缺少互动而离开甚至再也不回来。与此同时，他们可能会选择一些非更新类的网站。企业网站就是一类很典型的非更新类网站，因为其并没有如此频繁的行业新闻、动态等更新要求。下面，我们就通过上述这两类网站来了解一下其如何与搜索引擎建立友好关系。

1. 更新类网站：更新频率与搜索引擎友好关系的建立

毫无疑问，更新频率与搜索引擎友好关系的建立之间存在密切关系。以博客为例，如果你的博客都是每天早上9点左右更新的话，那么你的粉丝也会逐渐习惯在早上9点以后再过来浏览，因为在那之前看不到最新的内容。搜索引擎也是如此，当你的博客更新做到了定时定量，那么搜索引擎也会随着相应的更新频率来进行抓取。实际上，搜索引擎的抓取比用户的浏览还要准时，所以（尤其是企业）在更新类网站做到定时定量是非常重要的。

2. 非更新类网站：借助用户推荐企业网站

对于企业网站而言，主要是借助用户数据来向搜索引擎证明自己价值的。当你的企业的网站用户量不断稳定增加时，此时的数据就可以充分证明该网站的价值。通常，你的用户也会向其周边用户推荐你的企业网站。当然，如果他们不怎么帮你推荐用户，那么就只能靠自己了，即主动向更多的用户来推荐你的企业网站，以起到提高浏览率的效果。

3. 更新类网站与非更新类网站：经由其他网站推荐

经由其他网站推荐是一个同时适用于更新类网站和非更新类网站的方式。现实中，不论是更新类网站或是非更新类网站，都需要进行友情链接的交换。通过友情链接交换，一来可以推荐我们自己的网站，提高网站知名度；二来可以提示搜索引擎：我们的网站已经获得多个网站的友情链接交换，可以进入排名了。如果友情链接和 SEO 外链能够做到定时定量，那么效果就更好了。

总之，只要企业网站的细节处理到位，同时网站没有出现多个"404 错误页面"以及网站改版之类的异常，那么只要做到以上三点，网站的好排名就指日可待了。

四、改善网站 SEO 的常用方法

(一) SEO 的技术手段

SEO 的技术手段主要有白帽（white hat）、黑帽（black hat）两大类。

第一类：白帽 SEO。

白帽 SEO 遵循搜索引擎的接受原则，旨在通过改善用户在网站上的体验来提高搜索排名，加深关键字深度，加强互动，改进页面上的内容组织效果，等等。

白帽 SEO 给出的建议一般是为用户创造内容，让这些内容易于被搜索引擎机器人索引到，并且不会对搜寻引擎系统"耍花招"。当一些网站的员工在设计或构建网站时出现失误以致该网站排名靠后时，白帽 SEO 可以发现并纠正错误，如机器无法读取的选单、无效链接、临时改变导向、效率低下的索引结构等。

第二类：黑帽 SEO。

通过欺骗技术和滥用搜索算法来推销毫不相关、主要以商业目的为着眼点的网页。黑帽 SEO 的主要目的是让网站得到其所希望的排名并进而获得更多的曝光率，但这可能导致令普通用户不满的搜索结果。因此，搜索引擎一旦发现使用黑帽技术的网站，轻则降低其排名，重则会从搜索结果中永远剔除该网站。选择黑帽 SEO 服务的商家，一部分是因为不懂技术，在没有明白 SEO 价值所在的情况下被服务商欺骗；另一部分则只注重短期利益，存在赚一笔就走的心态。

黑帽 SEO 涉及的技术包括链接支付网站，使用非相关关键字填充元数据，以及使用读者看不到的文本来吸引搜索引擎等。这些黑帽 SEO 策略可能会在一时间带来一些流量，但搜索引擎并不允许这种做法的存在。如前所述，搜索引擎

可能会通过降低网页排名或将其从搜索结果中删除来惩罚使用这些方法的网站。

可见，白帽 SEO 是正规合理的运作，而黑帽 SEO 用的是作弊手法。下面介绍几种常见的作弊方法，希望大家了解并规避。

1. 桥页（doorway pages）

该方法通常是用软件自动生成大量包含关键词的网页，然后采用技术手段使这些网页自动转到主页。其目的是希望这些以不同关键词为目标的桥页在搜索引擎中得到好的排名。当用户点击搜索结果的时候，会自动转到主页。具体而言，有的时候是在桥页上放置一个通往主页的链接，而不做自动转向。但大部分情况下，这些桥页都是由软件生成的，所生成的文字杂乱无章，没有什么逻辑。

2. 关键词堆砌（keyword stuffing）

该方法通过在网页中大量堆砌关键词，希望借此提高关键词密度，从而提高网页针对关键词的相关度。关键词堆砌可以被用在很多地方，如在用户可以看到的文字本身中，也可能是在标题标签（title tag）、关键词标签、说明标签中。随着搜索引擎算法的改进，提高关键词密度已经不是一个重要的作弊方法了。

3. 隐藏文字（hidden text）

隐藏文字是在网页的 HTML（超文本标记语言）文件中放上含有关键词的文字，但这些文字不能被用户看到，而只能被搜索引擎看到。具体而言有这样几种形式，如采用超小字号的文字、与背景同样颜色的文字、放在评论标签当中的文字、放在表格输入（input）标签里面的文字，以及通过样式表把文字放在不可见的层上面等，其目的都是提高网页的相关性。有时候，一些人还会在这些地方放上与网站内容无关但是很热门的关键词，以使其网页能在这些热门关键词的帮助下得到好的排名和流量。

4. 隐藏链接（hidden link）

隐藏链接和隐藏文字相似，其区别是前者把关键词放在链接里面，而这个链接也是用户看不到的。

5. 隐藏页面（cloaked page）

有的网页使用程序或脚本检测前来访问的是搜索引擎还是普通用户。如果是搜索引擎，网页就返回经过优化的网页版本；如果来访的是普通用户，则返回的是另外一个版本。这种作弊方式通常是用户无法发现的，因为只要你通过浏览器去访问这个网页，则不论是在页面上还是在 HTML 源文件中，你得到的版本都与搜索引擎搜到的版本不同。对此的检测方法是：去查看一下这个网页的快照。

（二）SEO 战略

随着轻松制作内容的机会增加，摆脱了单纯消费内容而主动制作内容的人也越来越多，于是文字、图片、卡片新闻、视频等各种内容在网上广为流传。就企业等机构而言，其大多是为了宣传而制作内容的。如果努力制作的内容无人问津，站在宣传的立场上，这是一件非常令人遗憾的事情。此时，需要思考的就是前面讲过的 SEO。

1. 站外 SEO 和站内 SEO

SEO 又分为站外 SEO 和站内 SEO。

站外 SEO 包括网站外部链接优化、网站的链接建设、网站的外部数据分析等。

站内 SEO 包括网站结构的设计、网站代码优化和内部链接优化、网站内容的优化、网站用户体验优化等。

（1）站外 SEO。站外 SEO 是脱离站点的搜索引擎技术，其命名源自外部站点对网站在搜索引擎排名的影响，而这些外部因素是超出网站控制的。其中功能最强大的外部站点因素就是反向链接，即我们所说的外部链接。毫无疑问，外部链接对于一个站点被收录进搜索引擎的结果页面有着重要作用。要产生高质量的反向链接，可从以下方面着手。

第一，高质量的内容。产生高质量外部链接最好的方法就是创作高质量的内容，网站内容要使读者产生阅读的欲望。对此，可以和别的网站交换链接，也可以注册自动生成链接的程序，还可以去其他网站上买链接。

第二，向与内容相关的网站发邮件。一般不提倡给其他网站群发邮件来交换链接。当然，如果你就某个话题写了篇有质量的文章，并且觉得其他网站可能会感兴趣，那不妨给这些网站发一封短小、礼貌的邮件，让其知道你的文章。如果有人点击了你的链接就会产生直接的流量，从而使你的网站在搜索引擎里得到较好的分数。

第三，分类目录。把你的网址提交到分类目录。当开启一个新站点的时候，第一步就是围绕分类目录做工作，并选择合适的关键词提交到相关页面进行链接。现在一些网站中（如 DMOZ、雅虎、ODP 等）有很多分类目录，且大部分是免费的。

第四，社会化书签。例如，将网站加入百度搜藏、雅虎收藏、谷歌书签、QQ 书签等社会化书签。

第五，发布博客，创建链接。获取外部链接最有效的方式之一是通过博客发布文章。

第六，论坛发帖或签名档。例如，可在论坛中发布含有链接的原创帖或者在编写的签名档中插入网址。

（2）站内 SEO。进行站内 SEO 时，应关注以下几个方面。

第一，丰富网站关键词。为你的文章增加新的关键词将有利于搜索引擎的"蜘蛛"爬行文章索引，从而提高网站的质量。但记得不要堆砌太多的关键词，而是应该重点考虑如果想使更多人在搜索引擎中找到这篇文章的话，应选用什么样的关键词。

此外，这些关键词需要在你的文章中被频繁地提及，对此可以遵循下面的做法：

- 关键词应该出现于网页标题标签之中；
- URL 里包含关键词，即可在目录名、文件名中放上一些关键词；
- 在网页导出链接的接文字中植入关键词；
- 用粗体显示关键词（至少可以试一下）；
- 在标签中提及该关键词；
- 可以在图像的 ALT 标签（即网站上有关图片的文字提示）中放入关键词；
- 整个文章中都要包含关键词，但最好在第一段的第一句话中就放入；
- 在元标签（meta 标签）中放入关键词，关键词密度最好在 5%~20%

之间。

第二，主题网站。如果你的网站内容都是关于同一主题的，那么它可能将获得较好的排名。例如，聚焦于某个主题的网站往往比那些涵盖了多个主题的网站的排名要高。如果建立一个有200多页内容的网站，其内容都是同一个主题，那么这个网站的排名就会不断地提升，因为你的网站会被认为在这个主题方面具有权威性。

第三，站点设计。搜索引擎更喜欢友好的网页结构、无误的代码和明确导航的站点。因此，请确保你的页面都是有效的以及其在主流浏览器中的可视化。搜索引擎不喜欢太多的动图（Flash）、内嵌框架（Iframes）和时钟脚本代码（Java Script）脚本，所以保持站点的干净整洁，也有利于搜索引擎"蜘蛛"更快、更精确地在你网站进行抓取。

第四，站点的内部链接。搜索引擎的工作方式是通过"蜘蛛"程序抓取网页信息，追踪你写的内容和通过网页的链接地址来寻找网页，抽取超链接地址。许多SEO专家都建议网站提供网站地图，同时在网站上的每个页面之间最好都有一到两个深入链接。网站要做的第一步是确保导航中包含目录页面，并确保每个子页面都有链接可回到主页面和其他重要页面。

第五，有规律且较快的更新。网站更新的次数越频繁，搜索引擎"蜘蛛"抓取得也就越频繁。这意味着网站新文章在短短几天甚至几小时内就可以出现于索引中，而不需要等上几个星期。可见，有规律且较快的更新是网站最好的获益方式。

第六，导出链接。导出链接会提高网站在搜索引擎中的排名，且在文章中链接到其他相关站点对读者是有帮助的，已经有一些证据来支持这种理念。当然，太多的导出链接也地影响你的网站，起到负面作用，因此适度是关键。

第七，明智地选择域名。选择域名的学问很大，其中重要的一点是尽量选择包括关键词的域名。同时要看之前是否有人注册过这个域名。如果之前有高质量的站点和它做反向链接，那你就受益了；但是也有可能做反向链接的都是一些质量不好的站点，而这是搜索引擎所不喜欢的。

69

第八，每篇文章的主题。一个页面的主题越紧凑，搜索引擎给它的排名就越高。有时尽管你写了很长的文章，也覆盖了一些与众不同的话题，但它们的相关性并不高，所以在搜索引擎上的排名也不高。如果你关心搜索引擎的排名，那最好把这样的文章切块，将其分成几个主题关系更密切的文章。

第九，写长度适宜的文章。太短的文章不能获得较高的排名，每篇文章至少要有 300 个字。当然，也不要让文章显得太长，因为这将不利于你保持关键词的密度，文章看上去也缺少紧凑感。研究显示，过长的文章会急剧减少读者的数量，他们往往在看第一眼的时候就选择关闭文章。

第十，避免内容重复。在搜索引擎使用指南中有过关于多个网页内容相同问题的严重警告，因为一系列的垃圾站点就是不断复制网页内容（也窃取其他网站的内容）。有一些争论是关于"什么样的内容才算复制"的，其实这取决于这些内容是否对你的网站有用。

第十一，目录的数量。当你的网页目录过多的时候，连你自己都会陷入麻烦。大站点的等级通常比小站点高。不过，一些小站点也有高的等级，但这并不是标准。当然，目录越多，搜索引擎搜索得也就越全面。如果你确实需要许多页面的目录，那就需要组织好它们以方便搜索引擎抓取。

第十二，将未收录站点提交至搜索引擎。如果你做了所有关于站内 SEO 的事，网站却仍没有出现于搜索引擎中，那可能是因为搜索引擎还没有开始收录，每个搜索引擎都允许用户提交未收录站点，这项工作一般要等待 3~5 天。

SEO 是通过长期摸索、观察而得出的技术与经验，利用搜索引擎收录网站的规则，将网站的整体结构、网站布局、关键词分布及密度进行优化，使网站对搜索引擎的抓取具有友好性，从而进行 SEO，以达到提高排名的效果。由于搜索引擎的排名规则及算法是不断改变的，且这些规则和算法又是商业机密，所以不可能保证你的网站一定能排在某几位。

此外，利用搜索引擎寻找信息的使用者一般只确认搜索结果中的前 1~2 页，最多看前 3~4 页。对页面加载时间较长的手机而言，其使用者在查看搜索结果时很少会超过 2 页。

从这种搜索形式来看，对经营网页的企业来说，排名靠前与否的问题直接影响到其经营成果。

2. SEO 与 SEM 的不同之处

如前所述，SEO 与 SEM 是两种不同的推广方式。SEM 是通过网络搜索引擎来进行营销活动，是用户在搜索引擎中输入关键字并寻找相关资讯的结果。

在庞大的互联网体系中，没有人会一页一页地翻找自己想要的信息，大家往往都只是看最前面的那些内容。所以，在网络营销的过程中，每个企业都想获得更靠前的排名和更多的曝光机会，从而为自己增加更多的变现可能。

简单来说，SEM 就是用搜索引擎（如百度、360、搜狗、谷歌等）付费去做产品/品牌的宣传和营销。

例如，当用户在搜索引擎输入关键字后，这时候出现的资料，可能是自然搜索结果（如显示为百度快照），也可能是关键字广告（如显示为广告）。显示广告的是 SEM，显示快照的则是 SEO，如图 3-1 所示。

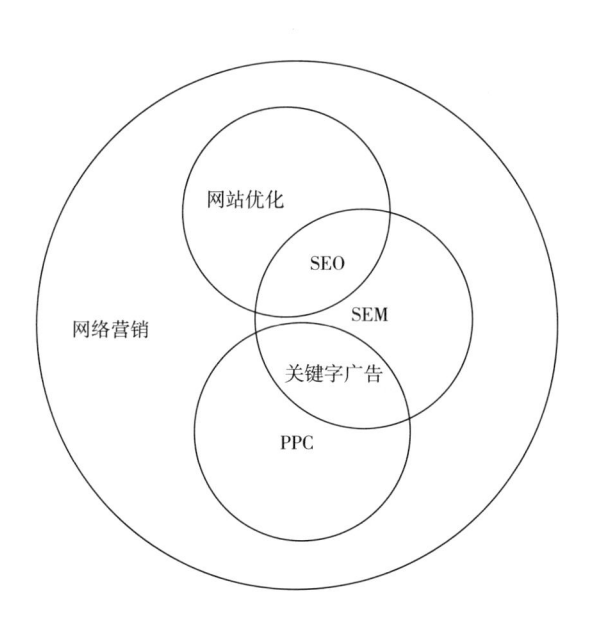

图 3-1　SEO 与 SEM 等的关系示意

资料来源：知乎。

如果想让企业网站在自然搜索结果中出现在较靠前的位置，就需要进行 SEO。

在搜索结果中，如果存在关键字广告，则还包括关键字广告链接。因此，进行 SEM 就是开展与 SEO 和关键字广告有关的活动。就 SEO 而言，往往需要较长时间才能看到成效；就关键字广告而言，则可以通过精准的关键字选择与导入网页等设计，在短期内看到效果。

一些人会把关键字广告与 PPC 搞混。实际上，关键字广告是 PPC 的一种类型，PPC 则是关键字广告中一种较普遍的计费方式，两者是不同的概念。

总体而言，SEO 的工作原理是优化网站的页面，进行关键词研究，并获得入站链接。只要网页被搜索引擎抓取并编入索引，通常就可以看到 SEO 的结果。改进网站页面的 SEO 方法有很多。例如，搜索引擎会查找标题标签、关键词、图片标签、内部链接结构和入站链接（也称为反向链接）等元素。

此外，搜索引擎还会关注网站结构和设计、访问者行为以及其他外部因素，以确定网站在搜索引擎结果页面的排名。

3. SEO 策略

SEO 营销策略是一项全面的计划，其通过搜索引擎让更多访问者访问网站。成功的 SEO 包括使用基于意图的关键词的页面策略，以及通过其他网站赚取入站链接的页外策略等。

在创建新网站页面或博客文章之前，你可能会考虑如何将关键词合并到你的文章中。需要注意的是，它不应该成为你唯一或主要的关注点。每当你创建内容时，你的焦点都应该放在受众的意图上，而不是你的内容中可以包含多少关键词（不论是长尾还是短尾）。

为了长期满足受众意图和获得良好排名，应围绕话题建立 SEO 营销策略（而不是关键词）。如果这样做了，你会发现你自然可以对重要的关键词进行优化。了解你的目标受众（又名买方角色）以及他们感兴趣的内容是通过搜索引擎吸引相关访问者访问你的网站的关键。

（1）有机流量。有机流量是来自搜索引擎［如谷歌或必应（Bing）］的未付费流量。付费搜索营销不会增加你的有机流量，但你可以使用入站营销软件来优化自己的网站，以获得更多访问者。

过去十年最大的变化之一，是先前的用户行为塑造了此后用户在搜索引擎上看到搜索引擎结果页面的方式。时至今日，社交媒体已可以对市场的趋势线产生重大影响。短短几年前，通过社交搜索找到的内容仍大同小异。但是现在，SEO会采用推文、转推、谷歌+作者身份以及各种社交信号的方式，从而大大丰富了可被搜索到的内容。

社交搜索还会优先处理与你相关的内容和人员。这可能意味着人们可以通过脸书的朋友、推特的追随者或另一个社交网络进行连接。有时，社交搜索会优先考虑用户感兴趣的内容。例如，当你对网络上分享的一些内容感兴趣时，社交搜索会因此将你感兴趣的内容视为重要内容，并常常会主动将此类内容推送给你。

这一切意味着当你在考虑 SEO 策略时，需要考虑自身的社交媒体策略如何与之相适应。

（2）直接流量。直接流量主要来自通过在浏览器中输入网址来到你网站的访问者，而不是来自其他网站、搜索引擎或社交媒体。

从直接流量的角度来看，应将 SEO 看作"搜索体验优化"。对于用户来说，找到你的网站很重要，让他们留在你的网站上，与你的内容进行互动并在离开后还会再回来也非常重要。直接流量不仅仅会增加网页中的"页面权威"，它还创造了更多的机会，将先发现你的人变成你的客户。

SEO 会关注你的访客是否停留在你的网站上并与之进行互动。因此，要关注你的网站的访问者和他们正在寻找的内容，而不仅仅是人数。

（3）SEO 的成本。如果使用关键词研究工具自行完成 SEO，则每月的费用约在 100 美元至 500 美元之间。与之相比，营销顾问每小时收费 75 美元到 150 美元；如果聘请一个可提供全方位服务的营销机构，则每月可能需要花费 10 000 美元。与大品牌相比，小品牌通常在 SEO 上的花费较少。

提及 SEO 成本，往往意味着对自然搜索策略的投资，或者为谷歌 AdWords 等付费 SEM 服务支付的费用。

（4）付费 SEM。付费 SEM 采用的是 PPC 的模式。这使企业可以在用户进行搜索后，为搜索引擎结果页面顶部和底部显示的文字广告支付营销费用。PPC 模式被用来增加网站流量并获得更多的客户。

例如，企业可以先在谷歌 AdWords 上注册免费账户，然后选择想要排名的各种关键词，并在每次用户点击广告时向谷歌付款。这就是所谓的 PPC 搜索引擎营销。

在谷歌上，付费搜索广告系列的平均费用可能低于 1 美元/次，但一般来说，关键词越受欢迎，付出的成本也越高。

4. 日常 SEO 操作

- 对网站内容进行审计；
- 使用关键词研究工具来确定人们找到你的网站所需的关键词；
- 定位你想要获得的排名的新关键词；
- 开发新内容并优化现有内容；
- 监控网站的性能；
- 购买入站营销或 SEO 优化软件；
- 检查表现良好的网页；
- 寻找机会获取来自类似网站的入站链接；
- 监视排名和流量的变化。

五、SEM 推广技巧及搜索排名优化

（一）SEM

SEM 的基本思路是让用户发现信息并通过搜索引擎点击进入网站以进一步了解他们所需要的信息。

一般认为，SEO 设计的主要目标有两个方面：被搜索引擎收录和在搜索结果中排名靠前。

1. 登录搜索引擎

搜索引擎推广的第一步就是提交网站至搜索引擎。将网站登记到搜索引擎上之后，搜索引擎就会自动抓取用户网站的信息。对于中文网站来说，使用量排名

前四的搜索引擎几乎占据了99%以上的搜索量，因此着重关注这几个搜索引擎即可。以下对使用量排名前四的搜索引擎做一下必要介绍。

（1）谷歌。在美国，谷歌拥有约70%的搜索市场份额，无疑是最受欢迎的搜索引擎。此外，谷歌还捕获了美国近85%的移动流量。巨大的流量潜力使谷歌成为获取自然搜索或付费搜索的最可行选择之一。此外，谷歌近年来对其算法的更改（如精选摘要）旨在直接通过谷歌满足用户的需求（即用户无需点击任何链接）。

（2）必应。排名第二位的不是百度，而是微软旗下的搜索引擎——必应。由于必应的搜索界面（UI）设计非常美观，因此其也被称为"谷歌之最好的替代者"。目前，必应拥有美国约30%的搜索量（其已经成为谷歌最大的竞争者），并为美国第三大搜索引擎雅虎提供支持。必应的搜索页面看起来与谷歌非常相似，二者都有着相同的类别和相似的白色背景、蓝色链接、绿色的URL。不同的是，必应还为用户提供"奖励"。当你通过必应搜索或购物时，必应可为你提供积分，然后你可以将这些积分兑换为礼品卡、非营利捐赠等。

（3）百度。百度是当前中国最大的搜索引擎，在中国搜索市场中占据了超过75%的份额。百度的外观与谷歌相似，也有白色背景、蓝色链接和绿色URL。与谷歌一样，百度的目标是在搜索引擎结果页面（SERP）中加入更丰富的功能（更多是关键词竞价等商业行为）。随着百度在搜索引擎领域的成功，其业务也逐渐拓展到地图、金融、音乐、团购等多个领域，从而成为一家互联网综合公司。

（4）雅虎。尽管雅虎不具有最时尚的搜索引擎界面，但它仍然位列使用量排名前四的搜索引擎名单之中，其全球市场份额略高于3%。雅虎由必应提供支持，因此这两个搜索引擎之间的搜索结果非常相似。尽管如此，雅虎本身仍然是一个重要的搜索引擎，其每月服务的移动用户超过6亿户，总用户超过10亿户。

2. 提交搜索引擎的步骤

（1）制作网络地图（sitemaps）文件，并将其添加到robots.txt中，以告知搜索引擎哪些页面可以抓取，哪些不可以抓取，从而优化搜索工作。

（2）登录四大搜索引擎的站长平台。

（3）提交网络地图文件和 URL 到平台上。

（4）观察站长平台对网站的收录和抓取情况。

（5）优化搜索结果中的排名。网站内容被搜索引擎收录只是一个开始，SEM 的目的是让网站在搜索结果的第一页中得到显示。提升搜索排名的方法主要有两种：一是 SEO，这在之前已经详细介绍过；二是竞价排名。

所谓竞价排名，顾名思义就是网站通过付费的方式来争取其在搜索引擎展示中的排名。竞价排名的算法和用户出价、关键词质量等一系列因素有关。通常来说，付费越高者排名越靠前。竞价排名服务是按点击计费的一种服务，用户可以通过调整每次点击付费价格的方式来控制其在特定关键词搜索结果中的排名，并可以通过设定不同的关键词来锁定不同类型的目标访问者。

在国内最流行的点击付费搜索引擎有百度、360、搜狗和谷歌。值得一提的是，即使做了竞价排名，也最好对网站进行 SEO 设计，并将网站登录至各大搜索引擎中。

3. 搜索引擎竞价排名推广的步骤

（1）在各个搜索推广平台申请 SEM 推广账号；

（2）制作并优化网站着陆页；

（3）确定关键词，创建推广计划；

（4）安装统计代码，确认网站转化目标；

（5）投放广告；

（6）跟踪并评估广告投放效果。

4. 关键词的选择

关键词的选择是竞价排名推广中的一个重要环节，用户输入的内容就是所谓的关键词。例如，当我们需要找某一件商品的时候，只要输入有关的关键词就可以了，即只要我们输入一个词或者句子，并以此为内容进行搜索，搜索引擎就会显示出相应的搜索结果。

5. 关键词选择的策略

（1）选择产品或服务核心关键词。核心关键词包括产品的门类、种类、品牌、产品型号等。

（2）添加形容词以扩展核心关键词，如添加属性、功能、比较、价格、销售、行动等来扩展核心关键词。以机票代理企业为例，添加价格后的核心关键词为"特价机票、打折机票"，添加行动后的核心关键词为"买机票"。

（二）SEM 基本的制定策略的步骤

第一，确定广告投放计划，明确广告投放的长期目标及各个阶段的广告目标。

第二，明确需要投放的搜索引擎的关键词结构。

第三，根据企业的推广需求，选取适合的关键词。

第四，尝试策划部分关键词，并撰写广告创意。

第五，设计制作关键词广告的访问 URL。

第六，提交关键词广告，观测、统计广告效果。

第七，大批量策划关键词，并提交广告。

第八，对上线的关键词进行统计、分析。

第九，根据统计数据不断对关键词的投放进行优化。

（三）SEM 广告投放策略

1. 路径策略

搜索，直投、SEO。

2. 媒介策略（可选择的媒介平台）

（1）谷歌搜索、谷歌联盟等；

（2）"搜搜"搜索、情境广告、无线广告、腾讯门户等；

（3）搜狗搜索、搜狗站内搜索引擎、搜狗拼音输入法等；

（4）智投、新浪首页、新浪多个频道首页、新浪新闻页和评论页、新浪论坛等。

3. 媒介选择策略

（1）基于企业产品分析对应受众——适销对路；

（2）基于企业受众分析选择媒介——精选媒介；

(3) 基于企业预算分析选择媒介——组合媒介。

总而言之，SEM 追求最高的性价比，即以最小的投入获得最大的来自搜索引擎的访问量，并产生相应的商业价值。

六、搜索引擎广告运营

(一) 搜索引擎广告

搜索引擎广告是指广告主根据自己的产品或服务的内容、特点等，确定相关的关键词，撰写广告内容并自主定价投放的广告。当用户搜索到广告主投放的关键词时，相应的广告就会展示出来，搜索引擎也会在用户点击后按照广告主对该关键词的出价收费，无点击则不收费。

(二) 常见的搜索引擎广告

目前国内主流搜索引擎平台都带广告，主流的搜索引擎也无外乎百度、搜狗、神马、360 等平台。从市场占有率来看，百度在电脑（PC）端和移动端都是"老大哥"，地位无可撼动；搜狗借着其背后搜狐、腾讯的支持而得以发展；神马则是依靠 UC（由优视科技出品的一款手机浏览器）浏览器巨大的流量入口占据移动端第二的位置；360 在它们之后，其两个端的发展都不尽如人意。

此外，谷歌、必应、中国搜索等也都有广告资源引入。

目前，今日头条也在做搜索广告，且这几年发展很快。

七、全球范围内的主要搜索引擎

全世界有成千上万个被称为"搜索引擎"的网站。实际上，这些网站中真正适合海外推广的搜索引擎不会超过 10 个。其中最著名的是谷歌，雅虎，All the Web[①]，远景（Alta Vista）和因特通（Inktomi）等。其他网站的搜索结果都来自这些搜索引擎，或者它们之间的搜索结果交叉使用。

谷歌是全球最大的机器搜索引擎，谷歌每天提供约 2 亿次查询服务，占全球搜索引擎查询市场份额的 29.2%，是无可争议的世界第一；谷歌通过对 80 多亿

---

① All the Web 被誉为当今成长最快速的搜索引擎之一。

个网页进行整理，为世界各地的用户提供适需的搜索结果，且其搜索时间通常不到半秒。

雅虎是全球认知度最高及最有价值的互联网品牌之一，也是当今最大的门户网站，有英、中、日、韩、法、德等 10 余种语言版本。雅虎在全球消费者品牌排名中居第 38 位，雅虎拥有 2.94 亿有效注册用户，每天有 12 亿访问人次，覆盖全球网民数量的 61%。此外，全球每天有 1 840 万业务采购决策者访问雅虎。

MSN 是微软公司开发的一款即时消息软件。从事互联网浏览量统计的美国康姆斯科公司公布其统计数据称：微软 MSN 网站已接近雅虎，即将成为继美国在线（AOL）之后，网民浏览人数排名第二的美国门户网站。

美国在线是美国也是世界上最早的门户网站之一，其 80% 的用户是美国本土用户，其搜索结果全部来自谷歌。也就是说，有良好的谷歌排名也就有良好的 AOL 排名。

莱科斯（Lycos）是全世界最早的搜索引擎之一。根据媒体调查统计，莱科斯以月 3 700 万次的独立访问量成为第 5 大用户最常访问的网站。目前，莱科斯主要搜索结果来自 All the Web。

阿斯克（Ask）是规模不大但很有特色的搜索搜索。阿斯克是 Direct Hit 的母公司，于 2001 年收购搜索引擎 Teoma[①]，并全部采用 Teoma 的搜索结果。

Overture 是最早的付费搜索引擎（竞价排名搜索引擎），其搜索结果被雅虎，MSN 等采用。Overture 收购了谷歌的对手因特通后被雅虎收购，它开通了包含约 32 亿份文档的"全球最大"的搜索索引服务，也是业界提供关键词标准流量的代表性公司。

Netscape 是由著名的浏览器公司网景公司开发的搜索引擎，Netscape 的搜索结果全部来自谷歌。另外，全球最大的开放式目录网站 DMOZ 也属于网景公司。

远景是世界上最早的搜索引擎之一，也是功能最完善、搜索精度较高的全文搜索引擎之一。截至 2002 年 6 月，远景宣称其数据库已存有 11 亿个网页（Web）文件，并且经过了升级，其搜索精度已达业界领先水平。该搜索引擎已

---

① teoma 是一种脚本形式。

于 2003 年被雅虎收购。

因特通只对搜索引擎提供搜索结果。其于 2003 年被 Overture 收购。在 2004 年雅虎开发自己全新的搜索引擎技术之前，因特通还是全球第二大搜索引擎，其搜索结果被热搜（Hotbot）、MSN 等著名网站采用。

热搜是比较活跃的搜索引擎，数据更新速度比其他引擎都快。其网页库容量为 1.1 亿个，以独特的搜索界面而著称。该引擎已被莱科斯公司收购，成为塔拉莱科斯网络（Terra Lycos Network）的一部分。

All The Web 是目前成长最快的搜索引擎，支持 225 种文件格式搜索，其数据库已存有包括 49 种语言在内的 21 亿个网页文件，且以更新速度快、搜索精度高而受到广泛关注，被认为是谷歌强有力的竞争对手。

Look Smart 是与雅虎、DMOZ 等齐名的分类目录搜索引擎，向 MSN、远景、Excite 等网站提供目录搜索。Look Smart 在全球拥有相当规模的商业客户资源，并通过与 MSN、远景、信息空间（Infospace）等重量级门户网站合作，共享资源，成为国内出口企业进行境外搜索引擎注册推广的一条重要渠道。

信息空间是著名的元搜索引擎。元搜索引擎在接受用户查询请求的同时，也会在其他多个引擎上进行搜索，并将结果返回给用户。

信息查找（Infoseek）是全球著名的搜索引擎之一，提供全文检索功能，并有较细致的分类目录。其网页收录极其丰富，并以西文为主。

第三节　电子邮件和直接邮件营销等线上推广渠道

一、邮件营销的概念

邮件营销（email marketing）是在用户事先许可的前提下，通过电子邮件的方式向目标用户传递有价值信息的一种网络营销手段。

邮件营销有三个基本因素：用户许可、电子邮件传递信息、信息对用户有价值。三个因素缺少一个，都不能称之为有效的邮件营销。作为利用电子邮件与受众客户进行商业交流的一种直销方式，邮件营销也被广泛地应用于网络营销领域。邮件营销是最早的一种网络营销手法，它比绝大部分网站推广和网络营销手法都要早。

邮件营销是很多外贸企业经常使用的一种推广方式，它们以邮件营销的方式来建立目标用户的忠诚度，瞄准大量（潜在）用户，并进行后续跟进与转化。

二、邮件营销的优点

（一）用户基数大

电子邮件作为办公人员经常使用的通信方式，其用户基数非常庞大，而这也是很多外贸公司选择邮件营销的原因之一。

（二）成本低

相较于其他的推广方式，邮件营销的成本是很低的。它不需要大量的人力和资金成本，只要借助专业邮件群发平台即可轻松完成邮件营销任务。

（三）针对性更强

电子邮件是以点对点的方式来进行传播的，其本身具有定向性，可以对特定目标用户发送指定的邮件内容。

例如，我们可以根据需要先按行业或地域等进行分类，然后针对目标客户进行邮件营销，这样可以更好地达到营销效果。

（四）消耗时间少

相比其他的海外推广方式，邮件营销消耗时间较少。不需要花费大量精力去拍摄视频和策划文案，也不需要进行非常复杂的推广工作，只需要搜集目标客户的邮箱地址，且在邮件发送完成几小时后就可看到效果。

（五）营销自动化

邮件营销是可以按照邮件打开、点击、时间等条件进行设置的邮件发送工作，如可以在用户生日、节假日等特殊时间向其发送祝福或邀请邮件，以提升客户信任度，拉近与用户的距离。

三、直接邮件营销

要想更好地进行邮件推广的策划，进而有目标、有计划地操作，就要做好邮件营销的前期准备工作。

一是规划整体营销活动。先要对此次邮件营销设定一个计划目标，即要取得何种效果，想要发送几期以及每期活动的主题等。例如，假设第一期邮件营销主题为新品推广，那么主题与内容均要紧扣于此。

二是收集目标用户数据。目标用户优化也很重要，为此一定要仔细分析产品目标用户群，然后使用订阅表单、网站注册等方法去收集目标用户的地址数据，最好选用基于用户许可订阅的邮件地址。

三是分析用户群体喜好。要根据产品卖点、特点等具体情况来分析目标用户群，如目标用户的年龄层分类、购买力分析、用户上网浏览习惯与喜好等。

四是撰写营销内容。为此，应明确产品或服务卖点，回应用户为什么要选择你、需要用户做什么、产品或服务能够帮到用户什么等问题，而这就是卖点之一。可以在邮件的页头、页尾做醒目的处理。例如，在页头可以使用高清大图，配上具有吸引力、冲击力的广告语，吸引用户点击；在页尾可以使用图片按钮、文字让用户点击。宣传内容不用过于复杂，简洁地将重点展示出来即可。

五是邮件营销时间把握。以节假日为例，可以提前三个月就开始策划、实施；前两个月主要是为这次节假日邮件活动造势，告诉大家有一个什么样的活动；节假日前一个月即应将活动的重点突出呈现出来，以在活动期间获得最大的营销效果。在节假日网络营销活动中，还可以利用非邮件营销以外的营销方法来提升活动的曝光率，以实现活动效果的最大化。

六是选择合适的发送渠道。目前，邮件营销软件、邮件营销平台以及邮件代发供应商鱼龙混杂，让用户不知该如何选择。好的发送平台是完成一次邮件营销的关键。如果邮件都发送不出去，前期的付出就相当于做了无用功。

四、网络营销的五个大类

一是搜索引擎的推广，如百度、搜狗、360、浏览器、淘宝等的付费广告。

二是通信营销，如邮件营销、即时通信（IM）营销、群营销等。

三是网络媒介营销，如论坛营销、媒体营销、微博营销、新闻营销等。

四是事件营销（如"病毒"营销）。

五是硬广告，其特点是：费用高，周期短，需要大金额的持续投入。

五、几个有代表性的线上推广渠道

（一）今日头条

作为一个个性化资讯信息推荐平台，今日头条仅用了短短几年时间，就从众多资讯聚合类产品中脱颖而出，坐拥1.2亿日活用户和2.6亿月活用户。其用户呈现出"全覆盖"的特点，35岁以下用户占比66%，35岁以上用户的用户黏性更高。并且，今日头条还利用其人均使用高频次及高时长领跑同行。在今日头条所适合的行业领域里，一定程度上也呈现出"全覆盖"的特征，与其用户人群的特点不谋而合。

今日头条的用户逻辑就是看喜欢、表情绪和搜兴趣。今日头条会根据用户的行为分析用户喜好，推荐个性化的信息，从而带动用户情绪，并通过引起一些讨论而带来关注和转发的增长。

以下是今日头条线上推广之三大算法机制。

一是智能推荐机制。如果你在今日头条发布了一篇文章，它就会根据账号质量给你推荐流量，从几百到几千不等。如果推荐内容的点赞、收藏、评论的数据达到一定标准，则其在一周以内会对更多的相似用户进行新一轮推荐，直到用户反馈减弱到一定程度后，这次推荐过程才告结束。

二是消重机制。今日头条十分注重原创，审核非常严格。如果内容没有质量、原创性可言，不仅无法得到推荐流量，而且会影响账号的质量。

三是标签机制。标签机制是今日头条贯穿整个信息链的重要的一环，它不仅会给账号和内容打标签，而且会给用户打标签。今日头条会把合适的内容推给有相同标签的用户，所以只有账号的标签及其发布内容的标签相吻合，今日头条才会向其分发更多的流量。因此，我们在打标签的时候要注意标签范围的大小。范围过大了，推荐效果不好；范围过小了，流量又会减少。就像运动和美国男子职业篮球联赛（NBA）的关系，如果将标签定为运动，则范围太大没法精准推荐；

如果定为美国男子职业篮球联赛，则范围又太小，没有多少流量。所以，只有把标签定为篮球运动的时候，才会又精准流量又广。

今日头条虽然是一个信息资讯类平台，但它的内容风格和属性与其他信息资讯平台相比更为活泼且更偏社交。所以要去做今日头条运营的话，先要在内容上跟随它的这种标签规则——垂直细分、小众特色，设立账号时也需要这种垂直细分的特色，内容方面则要包含相对专业的深度测评或是专家科普，等等。

总体而言，使用今日头条进行线上推广时，先要有好标题，因为用户在同一时间可以接触众多信息，而标题是第一眼就能被看到的。拥有好标题后，内容与标题标签还要相匹配，这样才能吸引用户，也更符合今日头条机制的偏好。接下来就是加强互动，只有互动做好了，今日头条才会在第一波推荐后继续向你推荐流量，所以要善于吸引客户在内容上进行互动。

（二）知乎

知乎是一个高质量的问答社区，聚集着各行各业的精英，偏向于高知分子的专业输出。高学历、高收入、高消费是知乎用户的三大特点。并且，知乎适合的行业领域（如数码、母婴、健康、教育等）都属于专业度较大、需求量较大的专业知识行业。

知乎的用户逻辑是看热闹，长见识，找答案。因为知乎上的内容相对其他平台更为专业，对同一个热点有不同维度的分析，能够让用户更清晰、更全面地了解一件事，从而形成了它"吃瓜根据地"的定位。在知乎中，有很多大IP深耕不同的专业领域，从中很容易看到、学到、找到答案。所以，当用户产生问题并想得到专业答案的时候，知乎是他们的核心搜索平台。

以下是知乎线上推广之四大核心机制。

一是内容推荐机制。知乎属于扩展式从头推荐。在你发布内容后，知乎不会马上做大面积推荐，而是会进行小众流量测试，根据用户点赞、反对、互动等行为判断是否给你下一步推荐。如果合适，其会在公域流量上再进行推荐。知乎推荐的流量通常是面向最近浏览过或回答过相似问题的人。

二是排名算法，又称威尔逊得分算法。简单来说，不同的人浏览相同的问题，看到的答案排名是一致的，而最终答案的排名是由赞成和反对来决定的，当赞成多的时候排名就会上升，这就是威尔逊得分算法。

三是反作弊机制。该机制能够在一定程度上防止恶意给别人投反对票从而导致排名下降的行为。

四是盐值等级体系。这是知乎的核心体系之一，在专业领域等级越高，点赞权重就越高，可能你（作为专业人士）一个人的点赞权重就远大于10位乃至100位非专业人士的点赞权重。

知乎是一个很好的求证、验证平台。所以，利用知乎进上线上推广的时候，要求我们输出专业、理性、学术的内容，以深度垂直的角度去输出内容。另外，知乎是非常注重盐值等级体系的，所以在运营时，先要考虑知乎的账号矩阵、品牌号、第三方等垂直号等的特点。

（三）小红书

小红书是一个"内容+电商"的平台，其用户以女性为主，且30岁以下的"90后"用户占了70%，此外一二线城市用户偏多，占比73%。在小红书风靡的行业领域里，女性与它有着非常大的相关性，从美妆护肤到母婴、美食等领域，覆盖生活的方方面面。

小红书的用户逻辑：小红书拥有"买啥逛啥"的使用逻辑，更像是一个帮助人们解决消费前决策的工具。

以下是小红书线上推广的三大逻辑。

一是关注逻辑。只要关注账号，就基本能看到该账号的所有内容。

二是推荐逻辑。由账号质量和互动决定。对于一个账号来讲，粉丝数、互动数、笔记数决定了发出内容的权重。内容的互动量越大，平台的推荐量也就越大。

三是搜索逻辑。小红书用户的目的性强，其在进入App后会直接搜索想要的品类或者是具体的产品。

在小红书上开展运营时，明确内容标签定位可以使小红书编辑更容易分类，从而使其流量更精准。用户打开小红书后，第一眼看到的是标题和首图，于是标题和首图就成了制胜因素。创造有吸引力的标题和首图，可引导用户点击。在此基础上，应进一步打造高质内容，提升用户互动率。小红书还具有可独立、可归纳、可整合的特点。可独立就是根据标签单独写一篇有针对性的内容，如标签是关于口红的，就写一篇关于某一个品牌、某一个色号的口红的推荐文；可归纳就是把标签独立性做好了以后，通过编辑将内容归纳为某一个品类，如彩妆品类；所谓可整合，就是指用户可以发布视频、图片等内容，或通过评论区、关注发布者等方式与他人进行交流，同时用户也能把"我的内容"整合到自己在小红书中的收藏夹大类中。

从实际运营技巧来讲，因为小红书用户购物、拔草的目的性强，所以强福利（如减免、优惠等）信息是非常有效的；而将人设代入并应用到产品的实际使用场景中，也会引发非常大的共鸣。另外，小红书的用户普遍年轻，这种特点也带来了一些小习惯，如大量使用数字符号，也爱好"种草"等。小红书还通过各种账号和达人来进行曝光，因此针对不同的曝光目的，需要选择不同类型的达人。

(四) 今日头条、知乎、小红书的异同

今日头条、知乎、小红书既有很多相似点，也有很多不同点。

在渠道规则上，它们都是强调垂直的、人设化的，但是今日头条更注重标签，知乎更强调盐值账号等级，小红书则更强调互动。在内容风格上，今日头条是找兴趣，其风格强调标题带入；知乎是找答案，其风格是按照专业角度来写；小红书是找决策，其风格是按照"种草""拔草"来写的。这就是多元渠道和多元内容的不同。

随着新搜索时代的来临，多平台的线上推广渐渐成为企业发展的战略手段，对此我们应通过"运营+技术+媒体+内容"的融合，来应对多元渠道、多元内容的挑战。

本章知识点

1. 网络营销推广的渠道有推广工具、网站广告、搜索竞价、PPC、B2B 平台推广、QQ 群推广等。

2. 传统营销渠道与网络营销渠道的区别：①就作用分析而言，传统营销渠道作用单一，网络营销渠道作用多样；②就结构分析而言，传统渠道结构复杂（有一二三级渠道之分），网络营销中最多的是一级渠道；③就费用分析而言，相比传统营销，网络营销的渠道结构使之大大减少了流通环节，从而有效地降低了交易成本。

3. SEO 是指通过增加其搜索引擎页面排名来增加网站流量的方法。

4. SEO 营销策略是一项全面的计划，其主要目的是通过搜索引擎让更多访问者访问特定网站。成功的 SEO 包括使用基于意图的关键词的页面策略，以及通过其他网站获取入站链接的页外策略等。

5. SEM 的基本思路是让用户发现信息，并通过搜索引擎点击进入网站，从而进一步了解其所需要的信息。

6. 搜索引擎广告是指广告主根据自己的产品或服务的内容、特点等，确定相关的关键词，撰写文本并自主定价投放的广告。

7. 邮件营销有三个基本因素：用户许可、电子邮件传递信息、信息对用户有价值。

本章思考题

1. 企业开展 SEM 时的常见推广渠道有哪些？
2. 怎样让网站更容易被检索和浏览？
3. 常见的搜索引擎广告有哪些？
4. 怎样实施站内 SEO 和站外 SEO？
5. 怎样丰富网站关键词？

第四章　跨境网络营销内容

第一节　跨境电商市场的营销范围

跨境电商市场涉及以下几个方面。

第一，跨境电商平台。跨境电商平台是指提供线上交易和物流服务的交易平台，如阿里巴巴（国际站）、亚马逊、易贝（eBay）等。

第二，跨境电商服务商。跨境电商服务商是指为企业提供跨境电商相关服务的企业或机构，其提供诸如海关申报、财务结算、物流配送等服务。

第三，跨境电商商品。跨境电商商品是指在跨境电商平台上进行销售的各类商品，如服装、家居用品、数码产品、保健品等。

第四，跨境电商营销。跨境电商营销是指通过互联网等方式对产品进行宣传推广的过程，如社交媒体营销、SEO、直播销售等。

第五，跨境电商物流。跨境电商物流是指跨越国界的货物运输、仓储和配送等服务，如国际快递、国际仓储、国际海运等。

第二节　跨境电商内容营销和传播

一、电商内容营销概念

内容营销（content marketing）是一种营销策略，主要通过创作和发布高价值、高相关度及一致性的内容来吸引并维系目标受众，其最终的目的是增加盈利性的客户行为。

内容营销已然成为企业营销战略中的一大核心，那么如何做好内容营销呢？

（一）预先设定内容营销的目标以及衡量标准

调查显示，约50%的市场营销人员认为，在内容营销和分发策略方面，增加销售收入是最重要的目标，接下来是增强品牌认知和增加销售线索。

虽然营销的最终目的都是增加销售收入，但就用户生命周期的不同阶段而言，需要明确各阶段的主要目标是增加销售线索数量、提高品牌认知度和用户参与度还是提高投资转化率并细化这些目标。

典型的品牌认知衡量标准包括品牌社交渠道中受众数量的增长或电子邮件订阅量的增加等，也可以衡量网站访问量或App下载量的增长情况。

如果把销售定位为最终目标，则增长的营业额、消费者数量是衡量最终成功的直接手段。具体的衡量目标可以是网站转化率的提高、因内容而带来的潜在客户数量增加、购买流程的缩短、用户留存率的增长等。这些也是制定内容营销计划和预算所需要展示的基本的投资回报率（ROI）指标。

（二）选择内容输出的最佳形式

调查显示，营销商平均会在内容营销上花费25%及以上的预算。除此之外，营销人员还要投入宝贵的时间和资源来创建内容。最有效的内容营销形式是视频/动画、网站文章/博客、社交媒体内容、研究报告、线上研讨会、图表信息和案例研究/白皮书等。但是，如果没有有效的分发计划和渠道，即使创建了最有价值的内容也很难奏效。

（三）选择内容输出的最佳渠道

数据显示，63%的营销人员将SEM视为用于分发内容的最有效的付费渠道；50%的营销人员则表示社交媒体广告是最有效的付费频道。

事实上，70%的企业已经应用竞价推广来提高品牌知名度和转化率。当人们对一个事物不了解时，其第一反应往往是使用搜索引擎进行搜索，因此你所生产的高价值内容如果不能让用户方便地获取，那么就算生产再多的内容也是徒劳的。但就当前中国的SEM行情来看，SEM的投放成本已越来越高。与之相比，如今的社交媒体广告更具有自媒体的属性，形式上也更偏向于信息流广告。这种情况下，企业通过营销自动化平台定位潜在用户，可以精准地进行广告投放。

（四）消费者更倾向于购买能够提供个性化营销内容的品牌商品

数据显示，有88%的消费者表示个性化内容改善了其对品牌的印象；78%的消费者表示个性化的内容能提高其购买意向；50%的消费者表示，如果品牌在个性化内容营销方面做得好，他们愿意支付更多的费用来购买其商品和服务。

可见，品牌如果不能提供个性化的内容，很可能出现用户疏远的危险，即消费者更倾向于购买能够提供个性化营销内容的品牌的商品。

个性化意味着品牌所传达的内容是与用户相关的。就金融行业来说，在推送理财产品时，如果不加区别地使用统一的模板消息对用户实行邮件、短信等的狂轰滥炸，用户很可能会产生反感情绪。正确的做法是，了解客户的理财偏好、对于收益和风险的期望，并对其可用于理财的资产进行评估，从而有针对性地推荐适合客户的理财产品。这样，收到推送消息的客户会更容易被吸引过来，品牌转化率也会更高。

（五）用户普遍重视通知和指导方面的内容

调查显示，分别有40%的消费者和28%的消费者认为通知和指导方面的内容是最有价值的，还有11%的消费者表示具有启发性的内容最有价值。

内容营销应先为用户提供解决方案，帮助用户解决实际问题。所以，应该多了解你的用户，了解他们想要获取哪些信息，可能会遇到什么样的行业问题，在此基础上思考你又能如何帮助用户解决这些问题。为此，应采取更为灵活的营销策略，融入用户的生活，带给用户更好的产品体验。只要这样去做，即使用户现在没有购买你的产品，也会自发进行传播，并且在他们今后需要购买该类产品时第一个想到的也可能就是你。

（六）内容营销需要完成从外推型营销（outbound marketing）到集客型营销（inbound marketing）的转变

通过提供有效信息、娱乐服务以及开展良好的消费者教育，内容营销能够提升品牌认知度，并确保消费者在购买阶段会优先考虑此类品牌。这就是内容营销在以拉引策略逐步取代硬推的市场营销中所起到的作用。

二、集客型营销

通过高价值、高相关度的内容将消费者吸引过来，这就是集客型营销的特点。当然，听起来容易做起来难，如果没有完善的计划，你很可能会浪费大量的人力、物力却创作了一堆最终被埋没在信息洪流中的无效信息。Focussend（一家知名的智能化邮件投递服务商）将这一过程大致归纳为以下四个阶段。

一是吸引阶段（attract）。通过创作符合目标客户的优质内容，将目标客户吸引过来。这一阶段你需要打造自己的自媒体平台（如微信公众号、博客、论坛等），加强社交媒体营销、官网建设与 SEO。

二是培育阶段（leading nurturing）。吸引了目标客户之后，继续输出高价值内容进行销售线索培育，通过搭建登录页以及设置行为召唤（CTA）按钮，获得他们的联系方式，获取用户的行为轨迹偏好，构建用户的360°画像，并对销售线索进行评分。

三是转化阶段（convert）。通过不断输出内容价值，客户对品牌已基本上有了明确认知，此时可通过邮件、短信等发送更多优质内容以促使他们做出购买决定。

四是维护阶段（maintain）。对于已经完成购买的客户，千万不要忘了他们，通过向他们传递更多优质内容可以培养其品牌忠诚度，从而增加复购机会。

社交媒体、SEM、官网等都是获客的绝佳途径，但对于销售线索的培育、转化及维护而言，营销自动化是目前唯一可以实现的途径。

总之，好的营销自动化平台，不仅可以协助获客（通过社交媒体、官网上的各类表单、落地页、海报制作等方式），而且可以设置自动化工作流，对销售线索进行持续全面的孵化，贯穿用户生命周期始终，全面打通邮件、短信、微信、官网这四大主流渠道，以实现多渠道的个性化精准营销，帮助企业多渠道获客，解决企业在用户管理、用户培育、用户转化、用户维护等多方面的难题。

第三节 视频和影像营销

一、视频和影像营销概念

所谓视频和影像营销，简单说就是通过影视视频做营销。

从某种意上讲，营销就是讲故事，向你的读者和潜在客户讲故事，描述他们想要知道和了解的，这样就能够吸引他们，就能够获得他们的关注。

在网上有很多这样的人，他们渴望阅读既感兴趣但又不太了解的信息，这些信息包括文字、视频和音频等。在一般情况下，观看视频的人多过阅读文字和收听音频的人。

二、怎样做视频和影像营销

观看别人发布的视频，成为许多人打发时间的一种乐趣。当然，这并不代表着你只要随便发布一个视频，就可以吸引别人来点击和观看。要想有人来看，先要起一个让人感兴趣、产生好奇心的标题，并为他们提供有更多有趣信息，或对他们有帮助的内容。

以一位水果批发商为例。他这个行当的故事会吸引什么样的人来读呢？可能有这样几类：①那些想要从事水果批发的人。②正在经营水果批发店，但不知道该如何经营的人。③对从事水果批发可获利润感兴趣的人。

针对以上几类人的问题，或许只有这方面的专业人士才能为其详细地讲解。也就是说，如果你想向读者讲清他们感兴趣的问题，或许你就得是一名水果批发商。

那么，如果要将以上内容拍摄成一系列短视频故事展示给读者，该怎么做呢？

首先，面向那些想要从事水果批发的人，并弄清他们的兴趣。对水果批发感到陌生的人，主要是想听取一些建议、经验。所以，类似的视频主题可以是："给那些想要开水果店的朋友的一些建议，希望可以帮到你。"

其次，面向正在经营水果店或水果批发店但不知道该如何经营的人，可拍一些类似下列主题的视频：

- "带大家看看我是如何在这几十平方米的水果摊一年销售上百万元的"；
- "水果店的店铺位置该如何选择？房租是多少，利润怎么样？"
- "水果店的经营技巧——如何避免在水果市场拿货时被坑"；
- "水果店生意突然下滑得厉害，究竟是什么原因？"

最后，面向那些对水果批发的利润感兴趣的人。要想让他人为此付出行动，你必须要让他们知道，做这行到底赚不赚钱，赚多少钱，利润是多少。类似的视频标题有：

- "水果批发这行的利润有多大？年营业额 400 万元的水果店到底能净赚多少钱？"
- "装修 8 万块钱的水果店一天能挣多少钱？快进来看看水果利润有多高"；
- "水果行业是暴利行业吗？我给你说下批发市场的定价，你就知道了"；
- "摆摊小伙带你去批发市场，看看水果批发价，水果店赚大了"。

讲故事其实并不是一件很难的事。简单地说，讲故事就是将自己的日常生活记录下来，就和写日记一样，然后分享给那些对你的日常生活感兴趣的人。

当然，视频和影像营销中的讲故事，不是随便讲，不是乱讲，而是针对某一群读者去讲。讲给谁听？该讲什么样的内容？这是每个营销人员都应该认真去想的事情。如前所述，那些做水果批发类视频内容的作者，其所讲的故事，就是面向那些对开水果店或水果批发感兴趣的人以及对购买水果感兴趣的人听的。

同时请记住，内容营销时代，视频营销中当属短视频更具备表达力，也更适合当下时间碎片化的场景需求。

三、如何简单快速地做一个好视频

（一）要有完善的文案

好的文案可以让网民被内容深深吸引而忽略其广告的本质，从而达到原生营销的效果。文案方向可以从以下几点着手。

冲突：如"三个月赚了500万元，他是怎么做到的？"从常规无法达到的事情入手引起网民兴趣，正所谓突破常规。

共鸣：如"大学毕业之后，我也经历过找不到工作的困扰……"以此引起网民共鸣，使之感同身受，产生代入感。

利益：如"自从在这学了表达技巧之后，我一路升职加薪"，用网民的期望点引起其兴趣，并可结合痛点给出解决办法。

(二) 短视频的"黄金5秒"

所谓黄金5秒，是指短视频的前5秒（竖版视频则是前3秒）是激发网民继续观看兴趣的关键时段，能够带动整体视频节奏。在这5秒中，作者必须抛出冲突或者噱头，以激发网民需求，吸引其继续观看；接下来的10~15秒可以进行剧情反转，并于最后5秒把卖点呈现出来。整个短视频的时长应该在30~40秒。

在营销视频化、视频移动化和社交化的今天，短视频营销已然成为品牌营销新的风口。随着各大品牌、平台的纷纷入局，短视频领域势必迎来新一轮的挑战。应当指出的是，品牌在做短视频营销时不仅要学会讲故事，而且要注重表达形式，做到"内容"与"形式"的完美匹配。

四、视频营销的优势和形式

(一) 营销策划更加专业

视频营销不同于普通的网络营销，前者更加专业。在视频营销中，通常需要编导、方案策划、脚本制作、摄影师、音响师、舞美灯光等整个团队的配合，而不是仅凭一个人的力量就可以做到的。当然，现实中也有一些自拍短片的营销大师，其手法相当专业，也正因为其专业性，可最大限度地避免被模仿，从而保证营销策划的独特性。

(二) 视觉冲击效果更强

视频具有很强的视觉冲击力，相比一般的图文往往更吸引人，也更容易形成焦点，引起客户的兴趣。

视频能更灵活地传达品牌形象和产品效果，给人留下更深刻的印象，这也是视频营销最具优势的地方。同时，视频还能扩展人们的想象空间，从而使人们更感兴趣，并因此减少对广告的拒绝。

（三）交互性更强

视频营销很好地吸收了网络营销的优点——互动性强。现在的短视频几乎都可以实现单向、双向甚至多向互动和交流。对于企业而言，视频营销能使其在表达自身想法同时收集用户信息，从而更有针对性对自身品牌和产品加以改进。

通常而言，短视频用户更容易接受、模仿新事物。因此，用户很可能会模仿视频广告，并由此创建一个新的视频。这实际上提高了视频的知名度，从而达到了企业的营销目的。

此外，用户与企业发布的短视频进行互动、对企业进行传播、表达自己的见解等做法，都会使企业的营销效果得到有效提升。

（四）渠道更加宽广

诸多的服务平台是短视频营销的又一大优势。实际上，短视频自身就是一个服务平台，可以形成开放系统，用户能够对自己喜欢或感兴趣的视频进行点赞、评论、收藏，还能够将其转发至微信、贴吧、QQ群等更多的网络社交平台。这些都在无形之中推动了短视频的宣传，也促使更多人通过短视频来实现营销目的。

综上，视频具有较强的视觉冲击力、互动性强，且创作渠道更广泛，从而使视频营销策划更加专业，优势更加突出。可见，如果企业能利用好短视频，就能更好地达成营销目标。

相关知识拓展：当前的主流短视频营销平台

- 抖音。抖音是一个旨在帮助大众表达自我、记录美好生活的短视频分享平台。其应用AI技术为用户创造丰富多样的玩法，让用户在生活中轻松快速地产出优质短视频。

- 微视。微视是腾讯旗下的短视频创作与分享平台。微视用户可通过QQ、微信账号登录，可以将拍摄的短视频同步分享至微信好友、朋友圈、

QQ空间等。

- 美拍。美拍是一款可以直播、制作小视频的软件，深受年轻人喜爱。

- 梨视频。梨视频是中国领先的资讯类短视频生产者，由资深媒体团队和全球拍客共同创造，专注为年青一代提供适合移动终端观看和分享的短视频产品。梨视频的大部分时长都在30秒到3分钟之间，偶有一些纪录片时间会长一些，但也多在10分钟以内。

- 哔哩哔哩（B站）。这是国内知名的视频弹幕网站，这里有更新最及时的动漫新番，最棒的ACG（动画、漫画、游戏等的总称）氛围，最有创意的音视频上传者（UP主）。

- 企鹅号。企鹅号是腾讯旗下的一站式内容创作运营平台，也是腾讯"大内容"生态的重要入口。

五、视频内容的战略布局

视频内容的战略布局主要包括品牌介绍、品牌宣传、产品促销、增加用户触达、提高用户参与度、业务推广等。

本章知识点

1. 内容营销是一种营销策略，主要通过创作、发布高价值、高相关度及一致性的内容来吸引并维系目标受众，其最终的目的是增加盈利性的客户行为。

2. 通过高价值、高相关度的内容将消费者吸引过来，这就是集客型营销。其大体包括四个阶段：吸引阶段、培育阶段、转化阶段、维护阶段。

3. 所谓视频和影像营销，就是通过影视视频做营销。

本章思考题

1. 怎样快速制作一个营销视频？

2. 视频营销推广的目的是什么？

3. 怎样选择最合适的视频发布平台？

第二部分
跨境网络营销中的AI技术应用

第五章　AI 技术在跨境网络营销中的应用

随着 AI 技术的不断发展和普及,越来越多的跨境电商企业开始将 AI 技术应用于其营销、运营和管理等方面。

第一节　AI 技术在跨境电商中的应用范围

一、智能化营销

(一) 智能推荐

AI 技术可以根据用户的历史行为、兴趣爱好等信息,对商品进行个性化推荐,从而提高用户的购买转化率。同时,AI 技术还可以分析用户的浏览数据,预测用户的购买意愿,并通过精准广告投放实现营销目标。

(二) 智能客服

AI 技术可以通过 NLP (natural language processing,自然语言处理) 等方式,打造机器人客服,对用户所咨询的问题进行自动回复。此举可以降低人工客服成本,提升用户体验和满意度。

(三) 社交媒体营销

AI 技术可以通过社交媒体数据分析,对用户的兴趣和偏好、消费行为等进行深度挖掘,制定更加精准的营销策略,提升社交媒体的营销效果。

二、智能化运营

(一) 智能仓储管理

AI 技术可以通过物流大数据分析,对仓储货物的数量、种类、品质等进行预测和优化，实现智能化仓储管理。同时，AI 技术还可以根据商品属性、销售数据等信息，对库存进行精细化控制，降低库存成本。

（二）智能供应链管理

跨境电商的供应链涉及不同国家和地区的货物运输、清关、仓储等环节，需要进行复杂的协调和管理。对此，AI 技术可以通过大数据分析和智能算法，对供应链中的各个环节进行优化和控制，提高供应链效率和稳定性。

（三）智能化物流配送

AI 技术可以通过数据分析和路线规划算法实现智能化物流配送，提高物流效率和准确度。例如，国际物流企业联合包裹速递服务公司（UPS）就在其物流配送中应用了 AI 技术，通过智能算法规划最佳路线，提高物流配送效率。

三、智能化管理

（一）智能化支付管理

AI 技术可以通过风险评估模型和识别技术，对支付行为进行监测和管理，从而降低支付风险，提高支付安全性。

（二）智能合规管理

跨境电商涉及不同国家和地区的法律法规和政策标准，需要遵守各种合规要求。AI 技术可以通过智能算法和模型，实现智能化合规管理，从而提高企业的风险控制能力。

（三）智能人力资源管理

AI 技术可以应用于人力资源管理的各环节，包括招聘、培训、绩效评估等。例如，人力资源管理系统可以利用 AI 技术对候选人简历进行自动筛选和匹配，以减少招聘成本和时间。同时，企业还可以通过 AI 技术对员工的工作绩效进行分析和评估，以提高员工的工作效率和质量。

四、AI 技术在跨境电商中的应用

目前，跨境电商企业在各个领域中都已开始应用 AI 技术，包括智能推荐、智能客服、智能仓库管理等。这些技术的应用不仅提高了企业的运营效率和管理水平，而且为用户提供了更好的服务体验。

下面举几个实际发生的案例，以说明 AI 技术在跨境电商中的应用。

(一) 阿里巴巴（国际站）

阿里巴巴（国际站）应用了 AI 智能推荐技术，通过用户历史行为、兴趣爱好等信息，对商品进行个性化推荐。例如，当用户搜索某个商品时，系统会自动匹配和推荐相关的商品，从而提高用户的购买转化率。

此外，利用图像识别技术，阿里巴巴（国际站）可通过商品图片中的关键词和标签，对商品进行分类和推荐。

(二) 应用于跨境物流的机器人技术

随着物流业务量的增加，传统的人工处理方式已经无法满足需求。因此，越来越多的跨境物流企业开始引入机器人技术进行物流配送。例如，美国的亚马逊物流仓库就使用了机器人技术，此举可以自动化地完成货物存储、拣选和配送等环节，从而大大提高了物流的效率和精确度。

(三) 智能客服机器人

越来越多的跨境电商企业已开始应用智能客服机器人，通过语音和文字交互等形式，对用户的咨询进行自动回复。例如，小红书等中国的跨境电商平台就应用了智能客服机器人技术，可以根据用户的提问内容，给出相应的回答和解决方案。

(四) 智能供应链管理

全球物流服务提供商敦豪（DHL）应用 AI 技术优化其全球物流网络，在实现更好的交付性能的同时，还可以降低能耗和二氧化碳（CO_2）的排放。此外，敦豪供应链（DHL supply chain）通过在仓库操作中使用了机器视觉和机器人技术，以提高仓库效率、减少错误，并进一步分析数据以支持预测性维护和优化供应链过程。

智能化网络集成器（e-Hub）能检测未来供应和需求的匹配性，它通过智能化作业来推进有效的供应链管理。首先，其在合同决策技术领域中得到了发展。

其次，智能化将成为构建价格和供应链管理的桥梁。价格和税收管理已经被认为是继供应链管理（SCM）和客户关系管理（CRM）之后又一新的管理技术。它的主要思想是企业应当优化其产品和服务的价格及相关税收策略，这种优化应当建立在充分了解供应链成本的基础之上；同时，供应链运作也应得到优化，以反映按不同产品类型和顾客划分所获得的收入。因此，价格决策和供应链决策不应当像过去那样是各管各的，而是应当把它们很好地加以集成，这也是在供应链管理中引入智能化的另一个途径。

第二节　跨境电商市场的特点和趋势

一、市场特点

（一）市场规模大

跨境电商的快速发展，使得全球跨境电商市场的规模不断扩大。统计数据显示，2019年全球跨境电商零售额已达到3.4万亿美元。

（二）消费者多样化

跨境电商市场的消费者具有多样性，他们来自不同的国家和地区，有着不同的语言、文化、经济水平和购物习惯等。

（三）商品多样化

跨境电商市场中的商品种类繁多，包括服装、数码产品、食品、日用品、奢侈品等，涵盖了不同年龄段、性别和收入阶层的消费者需求。

（四）高度竞争

随着跨境电商市场的迅速发展，越来越多的企业涌入市场，竞争日益激烈。同时，跨境电商市场也面临着许多挑战，如政策法规的限制、支付安全问题等。

二、市场趋势

（一）跨境电商向 B2B 领域发展

跨境电商在消费品行业中的增长已经开始放缓，而 B2B 领域成为跨境电商的新热点。未来，跨境电商将更多地关注企业间的贸易活动，推进全球供应链的数字化转型。

（二）本土化经营

跨境电商企业将更加重视本地化经营。随着消费者需求的多样化和个性化，跨境电商企业需要结合当地文化和市场情况，推出符合当地消费者需求的产品和服务。

（三）智能化技术应用

AI、大数据、物联网等技术的应用，将使跨境电商企业的运营管理更加智能化和高效化。例如，智能推荐、智能物流配送等技术的应用，将带来更好的用户体验和更高的运营效率。

（四）精细化管理

为了提高竞争力，跨境电商企业需要进行精细化管理。这包括对供应链、库存管理、物流配送、支付安全等方面的精细化控制和优化，以实现成本控制和效率提升。

总之，针对跨境电商市场的特点和趋势，跨境电商企业需要从多个方面进行战略调整和优化，以适应全球市场的快速变化。

三、跨境出海热门趋势

（一）品牌出海新阶段

当前，随着跨境电商业的迅速成长及竞争加剧，越来越多的中国出海企业的品牌意识崛起，其经营重心也由"打磨产品"转变为"打造品牌"，从而迈入"品牌出海"的新阶段。

谷歌及凯度发布的《2022年BrandZ中国全球化品牌50强》数据显示，希音（Shein）、安克创新、傲基、兰亭集势等跨境电商巨头均位列其中。这些跨境电商巨头或依托亚马逊、沃尔玛等第三方平台或自建独立站，坚持自有品牌的发展战略，并成为各细分领域市场的头部品牌。

此外，诸如完美日记、花西子、泡泡玛特等国潮品牌，也都借助跨境电商的线上渠道快速提升自身品牌的国际地位。

从目前来看，借助跨境电商出海的中国企业不仅正在朝着合规化、品牌化的方向迈进，而且整体呈现出多渠道化、多平台化的趋势。

(二) 独立站热潮涌现

近年来，随着第三方平台经营风险渐涨，搭建品牌独立站的门槛与试错成本降低，运营模式更为灵活、精准的独立站出海热潮逐渐涌现，其市场规模增势惊人。

数据显示，2016年，独立站仅占中国跨境电商B2C市场份额的9.8%（约2 000亿元）；到2020年就增长到了25%（约8 000亿元）。预计到2025年，独立站的市场份额将大幅提升至50%左右。

继2021年亚马逊封号潮后，为减少经营风险，打造属于自己的DTC（direct to consumer，直接面对消费者）品牌，除棒谷、希音等早期独立站品牌外，依托第三方电商平台销售的安克创新、泽宝和通拓等跨境电商巨头也都不约而同地开始加码布局独立站，向兼顾独立站和电商平台的双轨制运营模式转型。

2022年，独立站运营模式仍面临重资产、流量转化困难、本土消费者留存率增长缓慢等难题。但基于其有利于DTC品牌可持续增长的市场潜力，预计在不远的未来，随着独立站经营的逐步完善，通过自建站店铺对接消费者的DTC电商模式将更加火热。

(三) 社媒为获客关键

2022年，越来越多的中小企业卖家正在加大社交媒体（社媒）营销投资，以此提高品牌知名度，获取新客户。

根据融文集团（Meltwater）的《2023年社交媒体状况》报告，脸书仍然是亚太地区社媒营销的主要渠道，紧随其后的是领英（LinkedIn）和照片墙。尽管TikTok（国际版抖音）排名第六，但其出道时间最短且增长速度最快。2022年投放在TikTok上的社媒营销支出全球增长率高达30%，并且在亚太地区有近一半（41%）的营销人员计划在2023年将其引入其社媒营销组合。截至2022年10月，TikTok的全球日活跃用户数已突破10亿。其中，相关研究表明，约四成的 TikTok 全球月度用户会在观看 TikTok 视频后研究相关产品并进行购买。随着用户通过 TikTok 发现产品的意愿越来越强，各大品牌也越发频繁地使用该平台来展示产品。在该平台上，标签#TikTok Made Me Buy It 获得了近 310 亿次的浏览量。根据 Emplifi（总部位于美国纽约的统一客户体验平台提供商）对 2023 年社交媒体营销趋势的预测报告，随着 Z 世代（也称"网生代"，通常指 1995—2019 年出生的一代人）购买力的不断增强，人们将更加重视品牌的真实性。因此，以 UGC 为传播重心的社媒营销正在品牌营销推广中占据越来越重要的位置。

第三节　跨境电商的竞争环境分析

跨境电商竞争环境是由众多参与者的市场行为、政策法规、市场需求和消费者心理等因素共同塑造的。

一、国内跨境电商竞争环境

（一）市场规模

中国跨境电商市场规模巨大，吸引了越来越多的企业参与竞争，同时市场份额也在不断扩大之中。

在国内市场中，阿里巴巴旗下的天猫国际和京东旗下的京东全球购等企业占据了较大市场份额。

（二）消费者需求

随着消费者需求的不断增长和个性化要求的提升，跨境电商企业也更需要关注本地化经营和个性化服务，如优化网站界面、提供多样化商品选择等。

在国内市场中，拼多多等社交电商平台受到了越来越多年轻消费者的青睐，因为这种平台更能满足他们对互动、分享和个性化的需求。

（三）政策法规

我国的跨境电商政策、法规正在不断调整和完善之中，但仍存在一些限制，如进口税率等，这会影响企业的产品选择、价格制定和市场份额。

在国内市场中，我国政府已推出了一系列政策以鼓励跨境电商发展，如2018年颁布的新版海关监管细则等。

(四) 竞争压力

随着新兴企业的涌现，竞争压力不断加大，跨境电商企业需要通过创新技术、优化服务、降低成本等方式提高自身竞争力。

在国内市场中，短视频电商等新兴业态以及传统电商巨头的扩张，令国内跨境电商企业面临更大的竞争压力。

二、国外跨境电商竞争环境

(一) 市场竞争

国外跨境电商市场的竞争也日趋激烈，包括欧洲、北美洲和亚洲等地的市场在内，都是如此。随着中国企业在海外市场的扩张，当地企业也开始加强自身竞争力。

在国外市场中，亚马逊、易贝等公司占据了主导地位。

(二) 政策法规

不同国家和地区的政策法规差异较大，这会对跨境电商企业的运营产生不小的影响。

在国外市场中，欧盟要求跨境电商企业遵守《通用数据保护条例》(GDPR)等法规及其关税政策。

(三) 消费者需求

消费者有着多样化的需求，为此跨境电商企业需要提供各类本地化服务，如语言翻译、网站界面调整等。

在国外市场中，亚马逊的"一日达"服务和优惠券等营销手段很好地满足了消费者的诉求。

(四) 竞争压力

国外跨境电商市场竞争压力较大，跨境电商企业需要与本土企业展开合作，通过技术、品牌和服务等提升竞争力。

在国外市场中,一些本土电商平台如乐天(Rakuten)和美客多(Mercado Libre)已逐渐崛起,并与亚马逊等国际巨头展开竞争。

三、市场进入模式选择分析

在选择进入目标市场的方式时,企业需要综合考虑成本、风险、控制权等因素。不同的进入模式有不同的优缺点,企业应根据自身情况和市场需求来选择最合适的方式。如前所述,出口贸易可以快速进入市场,但是存在汇率波动和国际贸易壁垒等风险;独立创业需要承担较高的市场开发成本和风险,但是可以保持较高的控制权;等等。

在进行市场进入模式选择分析时,常用的理论模型包括以下几种。

(一)SWOT 分析

如前所述,该模型通过对企业内部的优势和劣势以及外部环境的机会和威胁进行分析,帮助企业制定相应的战略。

(二)波特五力模型

该模型通过对供应商、买家、潜在竞争者、替代品和已有竞争者等方面的分析,来评估市场的吸引力和竞争强度。对此在前文中已做过介绍,此处不再赘述。

(三)PESTEL 分析

对政治、经济、社会和技术等宏观环境进行分析,识别市场的发展趋势和变化。前文中对此也已有过相应介绍。

(四)战略群体分析(strategic group analysis)

通过对市场中的竞争者和潜在竞争者进行分析,确定自身在市场中的地位和策略选择。

战略群体分析是指将企业按照竞争战略、市场定位或其他相似特征进行分类,以评估企业在行业中的地位并选择合适的竞争策略。该分析方法通常包括以下步骤。

第一,确定竞争因素:根据行业的特点,确定影响企业竞争力的关键因素。

第二，划分竞争群体：根据相似的竞争因素和市场策略，将企业分为不同的竞争群体。

第三，评估竞争群体：通过比较各个竞争群体的优劣势，判断自己所处的群体差异和市场地位。

第四，制定竞争战略：根据竞争群体的特点和市场需求，制定相应的竞争战略。

不论是国内还是国外的跨境电商市场，都存在综合了市场规模、政策法规、消费者需求和竞争压力等各种因素在内的复杂的竞争环境。对此，跨境电商企业要以创新为驱动，不断提高自身竞争力，以更好地应对市场变化和挑战。

综上所述，市场规模、政策法规、消费者需求和竞争压力等因素都对跨境电商竞争环境产生了深远影响。跨境电商企业需要充分认识到市场环境的变化和挑战，制定出符合自身优势和实际情况的发展战略。

第四节　消费者行为特征分析与 AI 算法的关系

消费者行为特征分析是指通过数据挖掘和分析，研究消费者在购物过程中的行为习惯、需求偏好、价值观念等方面的特征。AI 算法可以利用这些数据，进行数据模型训练和预测分析，从而提高消费者的购物体验和商家的运营效率。

一、消费者行为特征分析

（一）购物行为

分析不同消费者在购物时间、地点、频率、渠道等方面的行为特征，了解他们对商品的需求和购买偏好。

（二）购物心理

通过分析消费者的情感、态度、价值观念等方面的特征，了解他们的购物动机和决策过程，预测消费者的购买意向。

（三）购物习惯

分析消费者在购物过程中的浏览、搜索、比较等行为，从而了解他们的购买习惯和消费水平。

二、AI 算法与消费者行为特征分析的关系

（一）数据挖掘

AI 算法可以通过数据挖掘技术，深入挖掘消费者行为数据的潜在价值，发现消费者的需求、偏好和意向等信息。例如，在海外跨境电商领域，亚马逊、易贝等公司也利用 AI 算法来分析消费者的购物行为、偏好等信息，以实现个性化推荐和精准营销。在国内，苏宁易购运用大数据分析技术，对用户在网站上的浏览、搜索、加购物车等行为进行跟踪和分析，从而了解用户的购买意向和需求，提高营销效率，提升用户体验。

（二）数据分析

AI 算法可以对消费者行为数据进行分析、归纳和分类，生成准确的消费者画像，从而为企业提供精准的营销策略和产品推荐。例如，淘宝利用大数据技术，对消费者在平台上的商品浏览、搜索、评论、收藏等行为进行分析，从而预测用户的购买意向，并通过个性化的推荐系统向用户展示定制化产品。美团点评则采用深度学习算法，对用户的购买历史、评价、地址等信息进行分析，将最符合用户需求的产品推荐给他们，从而实现智能匹配和个性化服务。

（三）个性化推荐

基于消费者行为特征分析，AI 算法可以实现个性化推荐服务，将最符合消费者需求的商品或服务推荐给他们，提升其购物体验和满意度。例如，京东通过购物记录和用户评价等数据，对用户进行分类并采用不同的营销策略和个性化推荐服务。对于有"折扣偏好"的用户，京东会给他们提供更多的促销活动和优惠券等。

（四）风险控制

通过对消费者行为数据的深入分析，AI 算法可以识别异常行为和欺诈风险，从而提高支付安全和防范风险的能力。

综上所述，消费者行为特征分析与 AI 算法之间存在着密切的关系。应用 AI

算法来解读消费者行为特征，可以帮助跨境电商企业更好地了解市场和消费者需求，从而为之提供更优质的服务和产品。

消费者行为特征分析与 AI 算法的应用已经成为跨境电商企业提高销售额、增强竞争力的重要手段。通过对数据的深度挖掘和分析，企业可以更加准确地了解消费者的需求，建立个性化的营销策略，提升消费者的购物体验和满意度。

本章知识点

1. 跨境电商是指跨越国界，通过互联网销售商品或服务的商业活动。其发展历程可分为三个阶段：初创期、快速增长期和规模化发展期。

2. 跨境电商的优势包括扩大市场、降低成本、提高效率等，其面临的挑战包括海关监管、货币风险、物流配送等。

3. 跨境电商市场规模不断扩大，预计未来将继续保持增长趋势。

4. 跨境电商交易模式包括 B2C、C2C、B2B 等多种方式，并且运营流程涉及产品采购、仓储管理、贸易结算、物流配送等环节。

5. 跨境电商主要涉及服装、鞋帽、数码家电、美妆护肤等产品类别，消费群体以年轻人为主。

6. 跨境电商平台和商家根据经营形态和定位可以分为综合型、专业型、特色型等多种类型。

7. 跨境电商的法律法规和国际合作机制主要包括知识产权保护、海关监管、跨境支付等。

8. 未来，跨境电商将继续注重改善消费者体验、提高物流效率和降低成本，并将进一步涌现新的商业模式，如社交电商、直播带货等。

本章思考题

1. 跨境电商的发展对国际贸易格局有什么影响？
2. 在跨境电商中，如何应对海关监管等法律法规问题？

3. 跨境电商平台和商家应如何提升用户体验？

4. 如何解决跨境物流配送中的瓶颈问题？

5. 未来，跨境电商领域还会涌现哪些新的产品类别和消费模式？

第六章　智能跨境电商平台建设

第一节　智能跨境电商平台基础架构

智能跨境电商平台的基础架构是指跨境电商企业利用 AI 技术和大数据分析等技术手段，所构建出的高效、智能化的电商平台基础架构。

一、基础架构组成

智能跨境电商平台的基础架构主要由以下几个部分构成：

- 数据中心：负责存储和管理跨境电商企业的所有数据，包括用户行为数据、商品信息、订单信息等；
- AI 算法引擎：通过深度学习、NLP、图像识别等技术，对海量数据进行处理和分析，并提供推荐、预测、分类等功能；
- 业务处理系统：负责管理和执行跨境电商企业的营销活动、客户服务、订单处理等业务流程；
- 交易支付系统：负责处理跨境电商平台上的所有支付操作，以保证交易的安全性和可靠性；
- 实时监控系统：对跨境电商平台上的各项运营指标进行实时监控和分析，从而帮助企业及时发现和解决问题。

二、AI 技术应用

智能跨境电商平台的 AI 技术应用主要包括以下几个方面：

- 智能搜索和推荐：通过 AI 算法分析用户的搜索和浏览记录，实现个性化搜索和商品推荐，提升购物体验，提高转化率；

- 智能客户服务：利用 NLP 技术，建立智能客服系统，以快速响应用户咨询、投诉等问题，提高用户满意度；
- 智能营销策略制定：通过对用户行为数据的深度挖掘和分析，制定出更加准确、个性化和高效的营销策略，提高销售额和用户黏性；
- 智能风险防控：利用机器学习算法对交易数据进行监控和预测，以识别潜在的欺诈和风险行为，保障支付安全和用户利益；
- 智能供应链管理：通过大数据和 AI 技术，优化和升级跨境电商企业的供应链，提高货品质量和时效性，降低运营成本。

三、技术实现方式

智能跨境电商平台的技术实现方式主要有以下几种：

- 云计算：利用云计算平台构建跨境电商平台的基础架构，符合弹性扩容、高可用性、灵活性等特点，支持海量数据存储和处理；
- 大数据分析平台：采用分布式计算（Hadoop）、斯帕克（Spark）等大数据分析平台，对跨境电商平台上的大量数据进行存储和处理，并提高数据分析的效率和准确性；
- AI 框架：通过谷歌张量流图（Tensor Flow）、Py Torch[①] 等 AI 框架，构建强大的 AI 算法库和模型训练环境，辅助跨境电商企业实现智能化应用；
- 容器化技术：利用 Docker 等容器化技术，将跨境电商平台运行环境和应用程序相互隔离，以提高系统的可移植性和安全性。

第二节　智能营销相关技术及其实现方式

智能营销相关技术是指利用 AI 算法、大数据分析等技术手段，实现跨境电商企业的智能化营销。

---

① Py Torch 是一种开源 Python 机器学习库。

一、智能推荐技术

智能推荐技术是指通过对用户行为数据的深度分析和挖掘，提供个性化的商品推荐服务。其实现方式包括：

- 基于协同过滤算法：根据用户行为数据，找出与用户兴趣相似的其他用户，将他们的购买历史、评价等信息作为依据，向当前用户推荐相应的商品；
- 基于内容过滤算法：根据商品的标签、描述等文本信息，对不同商品进行分类和归纳，从而实现基于商品特征的推荐；
- 基于深度学习算法：通过神经网络模型进行商品特征的自动提取和学习，从而实现更加准确和精细的推荐服务。

作为全球最大的跨境电商平台之一，亚马逊在智能营销方面取得了良好的成果。例如，其采用推荐算法对用户行为数据进行分析，不仅可以为用户提供个性化商品推荐服务，而且可以为广告主提供更加精准的投放渠道。

二、智能客户服务技术

智能客户服务技术是指利用 AI 算法和 NLP 技术，建立智能客服系统，为用户提供快速、精准的服务。其实现方式包括：

- 聊天机器人技术：通过 NLP 技术，对用户的问题进行识别和理解，快速给出相应的答案；
- 语音识别技术：通过语音识别技术，将用户语音转换为文本信息，从而提供更加方便和高效的客户服务；
- NLP 技术：利用 NLP 技术，对海量客服对话数据进行分析和挖掘，提取用户需求和疑惑等信息，进而改善业务流程并优化服务质量。

三、智能营销策略制定技术

智能营销策略制定技术是指通过 AI 算法和大数据分析技术，对跨境电商企业的市场和用户行为数据进行深度分析和挖掘，以制定更加准确、个性化和高效的营销策略。其实现方式包括以下几类。

第一，用户画像技术。通过对用户行为特征、购买历史、偏好等信息的分析和整理，建立用户画像，帮助企业更好地了解用户需求和兴趣。

第二，数据挖掘技术。采用数据挖掘技术，对海量数据进行处理和分析，从而掌握用户的购物行为模式、时间特征、偏好等信息，为企业制定营销策略提供依据。

当然，这里需要注意用户隐私保护等问题。近期备受关注的是希音的隐私泄露问题，它被指涉嫌未经允许搜集、保存和使用用户的个人信息。此类行为直接侵犯了用户的隐私权，引发了用户和市场的广泛质疑和担忧。与希音类似，Club Factory（一家跨境电商）也曾被指控存在隐私泄露问题，其涉嫌违规获取用户通讯录、短信等个人信息。这也引起用户和监管机构的关注，并对其品牌形象和市场地位造成了不小的影响。

第三，预测分析技术。通过预测分析技术，对商品需求、销售趋势等进行研究和预测，并根据结果制定相应的推广策略和促销活动，提高销售额和用户黏性。

Wish 是一家重要的跨境电商企业，其倡导使用 AI 和机器学习技术来提高营销效果。例如，它通过对用户行为进行分析，根据用户的偏好和需求给出相应的优惠券和购物建议，以提高用户的转化率和满意度。

总之，智能营销相关技术在跨境电商企业中扮演了越来越重要的角色。其通过深度学习、NLP 等技术手段，实现了个性化推荐、智能客户服务、精准营销策略等功能，提高了营销效率和用户体验。跨境电商企业需要不断升级技术架构和引进优秀人才，不断探索和创新，不断优化智能营销相关技术的应用，以提高企业的市场竞争力。同时，在实现智能营销的过程中，跨境电商企业也需要充分尊重用户隐私权和数据安全，保护用户利益，赢得信赖。

综上所述，跨境电商平台需要根据实际情况选择合适的智能营销技术，并注重保护用户隐私权和数据安全。只有在合法、合规的前提下，才能够更好地实现企业和用户的共赢。

第三节　智能化平台运营管理与 AI 技术的辅助工具

智能化平台运营管理是指利用 AI 技术和大数据分析等工具，对跨境电商平台的运营流程和管理进行智能化升级。

一、智能化平台运营管理

智能化平台运营管理可以通过以下几个方面来实现：

● 数据分析：通过对用户行为数据、商品销售数据等进行深度分析和挖掘，以了解市场需求和用户偏好，并制定相应的营销策略；

● 供应链管理：利用 AI 技术和物联网设备，对供应链进行全流程监管和管理，以提高货品质量和时效性，并降低运营成本；

● 风险管理：利用机器学习算法对交易数据进行监控和预测，以识别潜在的欺诈和风险行为，保障支付安全和用户利益；

● 实时监控：对跨境电商平台上的各项运营指标进行实时监控和分析，以帮助企业及时发现和解决问题。

二、AI 技术的辅助工具

在智能化平台运营管理中，AI 技术的辅助工具主要包括以下几个方面：

● 数据挖掘工具：如借助分布式计算、斯帕克等大数据分析平台，为企业提供高效的数据存储和处理能力；

● 机器学习算法库：如借助谷歌张量流图、PyTorch 等机器学习框架，为企业提供强大的模型训练和应用环境。

● NLP 工具：如借助自然语言处理工具包（NLTK）、SpaCy（被称为世界上最快的工业级 NLP 处理软件）等 NLP 工具库，支持企业构建智能客服系统，提升客户服务质量。

● 图像识别工具：如借助 OpenCV、Keras 等图像处理工具库，可以实现图像识别和分类等功能，使企业得以提供更加智能化的商品推荐服务。

总之，智能化平台运营管理是跨境电商企业实现数字化、智能化转型的重要手段。AI 技术这一辅助工具可以帮助企业快速构建智能化平台，并提供高效、准确的数据分析和决策依据。同时，跨境电商企业需要积极推进智能化平台运营管理的实践和创新，不断提升自身的竞争力和市场地位。

本章知识点

1. 云计算技术：采用云计算架构，通过虚拟化和分布式存储等技术，实现高可用、弹性伸缩的系统架构。

2. 大数据技术：利用大数据技术对用户行为、商品信息等进行挖掘和分析，以提升平台运营效率和用户体验。

3. 区块链技术：应用区块链技术保障交易的安全、透明和可追溯性，以确保平台交易的公正性和可信度。

4. 数据挖掘技术：通过对用户行为数据进行分析，挖掘用户的偏好和需求，以实现个性化推荐和定向营销。

5. AI 语音技术：利用 NLP 和语音识别技术，实现智能客服和语音搜索功能，以提升用户体验。

6. 虚拟现实（VR）/增强现实（AR）技术：应用虚拟现实和增强现实技术，提供沉浸式的产品展示和购物体验，以引导用户的购买决策。

7. 自动化运营：采用自动化流程和机器人操作等技术，以提高平台运营效率和优化用户体验。

8. 数据分析管理：通过数据挖掘和分析技术，对平台的运营情况进行实时监测和预测，并优化运营策略。

9. 智能风控技术：利用 AI 技术对平台交易进行风险评估和防范，以保障平台交易的安全性和稳定性。

? 本章思考题

1. 在智能跨境电商平台建设中,为什么要采用云计算技术?
2. 如何应用大数据技术提升智能跨境电商平台的运营效率?
3. 在智能跨境电商平台建设中,如何保障交易的安全性和可信度?

第七章　跨境电商商品规划与设计

第一节　跨境电商商品规划与设计的 AI 技术思路

跨境电商商品规划与设计是指在跨境电商平台上对商品进行规划、设计和定位，从而满足不同用户群体的需求。跨境电商产品设计需要从市场需求出发，制定差异化的产品规划和设计方案，合理制定产品定价策略，并提供准确详尽的商品信息管理，以满足消费者的需求和提高产品销售。

AI 技术的应用可以帮助企业实现更加智能化、个性化的商品规划和设计。具体包括：

* 市场研究：通过市场调研和分析，了解目标市场的需求和趋势，制定适合市场的商品规划和设计方案；
* 产品设计：根据市场需求和趋势，设计出具有差异化和竞争优势的产品，以提高产品的吸引力和消费者的购买意愿；
* 包装设计：根据产品定位和市场需求，设计出符合品牌形象和消费者审美的包装，以提高产品的销售量和品牌价值。

一、基于数据分析的商品规划

跨境电商企业可以通过对海量的用户行为数据进行深度挖掘和分析，了解用户需求和购买偏好，从而制定更加合适的商品规划。具体包括以下几个步骤。

（一）数据收集

数据收集指通过各种渠道收集用户行为数据、市场销售数据等。
以下是几种收集用户行为数据和市场销售数据的渠道：

* 网站和 App：跨境电商企业可通过网站和 App 等自有平台，收集用户在

平台上的各种行为数据，如访问量、搜索词、点击率、浏览时间、购买记录等；

- 社交媒体：跨境电商企业可通过社交媒体平台，监测用户对品牌和产品的评论、评价和分享等信息，了解用户对品牌和产品的态度和看法；
- 客户调查：跨境电商企业可通过在线调查、电话调查、邮件调查等方式，获取用户对品牌和产品的反馈和评价，了解用户需求、偏好、满意度等信息；
- 第三方数据：跨境电商企业可通过订阅第三方数据服务等方式，获取市场销售数据、竞争对手情报、行业趋势分析等信息，为企业提供决策依据和参考；
- 数据挖掘：跨境电商企业可通过数据挖掘工具和算法等方式，从公开数据源（如报告、新闻、论坛帖子等）中收集并分析与产品和行业相关的数据，了解市场和用户需求变化的动向。

综上所述，跨境电商企业可以通过多种渠道收集用户行为数据和市场销售数据，从而了解用户需求和市场趋势，为企业制定更加科学、合理的商品规划和设计提供支持。

（二）数据清洗

对收集到的数据进行清洗和整理是数据分析过程中的重要环节，此举可以提高数据质量和准确性。

假设某跨境电商企业想要了解其用户对不同品牌手机的购买偏好，于是收集到了如表7-1所示的数据。

表7-1 用户对不同品牌手机的偏好

用户ID	品牌	价格（元）	购买数量（部）
001	Apple	8 999	1
002	Huawei	5 999	2
003	Samsung	4 999	3
004	Oppo	2 999	2
005	Xiaomi	1 999	1
006	OnePlus	3 999	1

续表

用户 ID	品牌	价格（元）	购买数量（部）
007	Vivo	2 599	2
008	Apple	4 999	1
009	Apple	6 999	1

表 7-1 中可能存在一些无效信息和重复数据，需要进行清洗和整理。

首先，去除无效信息，如不符合研究目的的数据、缺失数据等。根据该案例中的企业调查目标，我们只需要分析购买数量即可，因此可以去除品牌和价格这两列数据。

其次，去除重复数据。如果出现相同的记录，可能会影响数据分析的结果。在本案例中，可以看到用户 001 购买了一台 Apple 手机，而用户 008 和 009 也购买了 Apple 手机，这些数据就需要去重。

经过清洗和整理后，得到如表 7-2 所示的数据。

表 7-2　经清洗和整理的数据

用户 ID	购买数量（部）	用户 ID	购买数量（部）
001	1	006	1
002	2	007	2
003	3	008	1
004	2	009	1
005	1		

这样的数据更加干净和简洁，可以为企业提供更加准确和可靠的分析结果。

(三) 数据分析

利用机器学习算法、统计分析工具等对数据进行处理和分析，找出用户需求和购买偏好等信息，从而制定更加科学和有效的商品规划和设计策略。

举例说明如下：

假设某跨境电商企业收集到了一批用户行为数据，包括用户在平台上浏览、搜索、购买等行为记录，如表 7-3 所示。

表 7-3 用户行为数据

用户 ID	浏览频率	搜索关键词	购买品类
001	高	手机	电子产品
002	中	化妆品	美容护肤
003	低	运动装备	运动户外
004	高	手表	手表眼镜
005	中	食品饮料	美食特产
006	低	家居家装	家居家具
007	高	手机	电子产品
008	中	化妆品	美容护肤
009	低	运动装备	运动户外

针对这些数据，跨境电商企业可以使用机器学习算法和统计分析工具进行处理和分析，寻找用户需求和购买偏好等信息。

第一步，数据预处理。对数据进行清洗、去重、填充缺失值等操作，使数据整洁无误，以便于后续的分析。

第二步，特征提取。根据数据的特征，将其转化为可用于机器学习算法的格式，如 One-Hot 编码或者数值化等方式。

第三步，分类模型建立。利用分类算法（如决策树、支持向量机等）对数据集进行训练，建立分类模型，从而识别不同用户的购买偏好和需求。

第四步，结果评估。使用混淆矩阵、接受者操作特征曲线（ROC）等指标来评估模型的性能，调整模型参数以改善性能。

通过以上步骤，我们可以得到一个分类模型，用以预测用户的购买偏好，例如：

- 用户 001、007 倾向于购买电子产品；
- 用户 002、008 倾向于购买美容护肤品；
- 用户 003、009 倾向于购买运动户外用品；

- 用户004倾向于购买手表眼镜;
- 用户005倾向于购买美食特产;
- 用户006倾向于购买家居家具。

这些信息可以帮助企业更好地理解用户需求,并制定相应的商品规划和设计策略,以提升产品的竞争力和市场占有率。

(四)规划制定

根据分析结果制定相应的商品规划并调整和优化规划方案,是跨境电商商品规划与设计中非常重要的一环。

例如,某跨境电商企业收集用户行为数据后发现,消费者对宠物用品的需求量持续上升,且购买力度比以往更大。

基于这些发现,企业可以制定出以下商品规划。

第一,新增宠物用品类别。根据数据分析的结果,企业可以新增宠物用品类别,包括狗粮、猫粮、宠物玩具、宠物服饰等。

第二,针对不同人群进行细分。通过用户行为数据可知,不同消费群体对宠物用品的需求有所区别。因此,企业可以按照消费群体的年龄、性别、职业等特征进行细分,开展差异化的宣传和营销活动,以提高商品的曝光率和销售量。

具体可包括以下几方面措施。

- 价格策略的调整。针对消费者对宠物用品购买力度增强的情况,企业可以适当提高宠物用品的价格,以提高利润并降低库存压力。
- 增加宠物用品进口渠道。基于跨境电商的行业特点,企业可以通过增加宠物用品进口渠道等方式,扩大产品线和市场份额。
- 商品页面优化。根据数据分析结果企业可确定消费者在选购宠物用品时的主要关注点和关键词,对商品页面进行优化和调整,提升用户体验,增强其购买意愿。

总之,根据数据分析的结果制定相应的商品规划并调整和优化规划方案,是跨境电商商品规划与设计中的关键步骤。企业需要不断地利用数据分析和优化工具,更新商品规划和设计方案,以适应市场变化,满足用户多样化的需求。

二、基于智能推荐技术的设计

跨境电商企业可以通过智能推荐技术，对商品进行更加精细和个性化的设计。具体包括以下几个方面。

(一) 商品定位

商品定位指根据分析结果确定商品的定位和属性，如价格、品牌、功能等。正确的市场定位可以帮助企业塑造自己的品牌形象，并更好地满足消费者的需求和期望。例如，耐克长期关注年轻人和运动爱好者，其运用"Just Do It"的品牌口号，强调自由、个性和鼓舞人心等理念，从而成功地塑造了自己的品牌形象，并在全球范围内赢得了广泛的消费者基础。苹果公司在高端市场上建立了强大的品牌形象，其通过创新的产品设计、优质的客户服务和精准的市场营销策略等，成功吸引了一批忠实的用户群体，并成为全球最受欢迎的科技品牌之一。

而错误的市场定位则可能导致销售下降、品牌形象受损等问题，从而影响企业的长远发展。例如，杰西潘尼（JCPenney）[①] 曾经试图从以往的促销折扣模式转变为"每天低价"模式，但其目标消费者并不喜欢这种新的市场定位，从而导致其销售额下降，品牌形象受损。在 2008 年金融危机中，著名奢侈品品牌路易威登试图推出 500 美元以下的产品，以吸引更广泛的消费者群体。然而，该策略使其在高端市场上的品牌形象遭到了打压，从而导致该策略的失败。

此外，企业在制定市场定位策略时，还需要考虑更多方面的因素，如目标市场、产品特性、竞争情况和消费者需求等，并不断围绕其进行调整和优化，以保持自身品牌在市场中的竞争优势和商业价值。

(二) 商品设计

商品设计是指根据商品定位和属性进行设计创新，以提升商品的吸引力和竞争力。

(三) 智能推荐

智能推荐是指利用智能推荐技术，将相关商品信息推送给用户，以提高商品

[①] 杰西潘尼是美国最大的连锁百货商店之一。

的曝光率和销售量。

在基于智能推荐的商品设计中,跨境电商企业通过对用户行为数据进行分析和挖掘,了解用户的购买偏好和兴趣点是非常重要的一步。具体包括以下几个步骤:

第一步,数据收集。通过网站、App、社交媒体等多种渠道收集用户行为数据,如浏览记录、搜索记录、点击记录、购买记录等。

第二步,数据预处理:对收集到的数据进行清洗、去重、填充缺失值等操作,使数据整洁无误,便于后续分析。

第三步,建立用户画像。将用户数据整理成用户画像,根据用户的性别、年龄、职业等特征进行分组,并进一步分析不同用户组的购买偏好和兴趣点。

第四步,特征提取。利用机器学习算法和统计分析工具,对用户数据进行特征提取,如将用户的历史购买记录转化为特征向量等。

第五步,模型训练。使用分类算法或聚类算法训练模型,如K近邻算法、决策树算法、神经网络算法等,从而准确识别用户的购买偏好和兴趣点。

第六步,推荐模块构建。在基于用户画像和模型训练的基础上构建一个智能推荐模块,利用机器学习算法和统计分析工具对商品进行推荐。

第七步,推荐效果评估。使用推荐评估指标(如准确率、召回率等),评估推荐效果,并根据评估结果进行优化和调整。

通过智能推荐,跨境电商企业可以了解用户的购买偏好和兴趣点,从而提高商品的曝光率和销售额。例如,某跨境电商企业发现用户在搜索和购买宠物用品时,会关注宠物的年龄、体型、品种以及健康状况等方面,则该企业可以通过智能推荐系统,向用户推荐符合这些特点的宠物用品,以提高用户的购买满意度和忠诚度。

综上所述,通过对用户行为数据进行分析和挖掘,建立智能推荐系统,跨境电商企业可以更好地了解用户需求和购买偏好,从而提高商品的销售量和市场份额。

三、基于图像识别的商品设计

跨境电商企业可以利用图像识别技术，对商品外观和质量进行评估和优化。具体包括以下几个方面：

- 图像采集：采集商品的图片和视频等多媒体信息；
- 图像处理：使用图像处理工具，对采集到的图片进行处理和分析，以提取商品的特征和属性；
- 物体识别：通过物体识别技术，对商品的质量和外观等进行评估，并提出相应的优化方案；
- 商品设计：根据评估结果进行商品设计和改进，提高商品的质量和外观效果。

总之，跨境电商商品规划与设计结合AI技术的思路，主要是通过数据分析、智能推荐和图像识别等技术手段，提升商品的个性化、创新性和质量效果，从而满足用户多样化的需求。为此，跨境电商企业需要不断优化和升级商品规划和设计策略，以提高商品的品质和市场竞争力。

第二节 产品定价策略与 AI 算法的关联

一、产品定价策略的定义

产品定价策略是企业在销售产品时采取的一种策略，它会直接影响企业的盈利能力和市场竞争力。价格是市场营销中一个非常重要的因素，会直接影响产品或服务在市场上的销售额和竞争力。

产品定价策略有3种类型：

- 成本导向定价：以生产和销售成本为基础，确定合理的产品价格，确保利润最大化；
- 竞争导向定价：根据市场竞争情况，制定相对合理的价格策略，以提高产品的市场占有率和竞争力；

- 价值导向定价：根据产品的特点和品牌形象，确定相对较高的价格，强调产品的品质和价值，以满足一部分高端消费者的需求。

AI 算法则是近年来崛起的一种技术手段，其能够通过大数据分析、机器学习等方式提高企业的效率和创造力。

二、产品定价策略与 AI 算法的关联

在实际案例中，许多企业已经开始将 AI 算法应用于产品定价策略中。例如，在线零售商亚马逊就利用深度学习算法对商品进行了价格预测，以便更好地实施其产品定价策略。亚马逊可以根据历史交易数据、商品描述和竞争对手的价格信息等因素，预测每个商品的最佳价格范围，并相应地进行调整。

路易威登使用 AI 算法来优化其定价策略。它利用历史销售数据、市场需求以及竞争对手价格等因素，预测每个产品的最佳价格，并相应地进行调整。

作为全球领先的食品和饮料公司，雀巢也开始使用 AI 算法来制定其产品的价格策略。它分析消费者偏好、商品成本、竞争对手价格以及地理位置等因素，以确定最佳价格范围。

在金融行业，许多银行和保险公司都使用 AI 算法来优化其产品的定价策略。它们分析客户数据、市场趋势以及竞争对手价格等因素，以找到最佳的定价方法，提高收益并保持竞争力。

爱马仕于 2019 年对其手袋进行了定价调整，在欧洲和亚洲市场上提高了其手袋的价格，并在全球范围内推出了限量版和经典款式等新产品。这种策略成功地提高了其品牌形象和销售额。

阿里巴巴通过"价格战"来吸引更多的商家加入其平台，并不断优化其支付、物流等服务，从而提高商家销售额和用户体验。此外，阿里巴巴也通过走向高端市场、打造更高质量服务等方式来增加其平台的附加值和商业价值。

此外，一些餐厅也开始使用 AI 算法来制定菜单价格。食品和饮料的成本、餐厅地理位置、竞争对手价格以及消费者需求等因素都会被其纳入分析模型，以确定最佳的定价策略，获取最大化收益并保持竞争力。

这些案例表明，在不同的行业和领域中，AI算法都可以帮助企业更好地理解市场和竞争环境，从而制定更有效的产品定价策略。合理的定价策略则可以提高产品或服务的竞争力和利润，从而增加企业的商业价值。

相反，不合理的定价策略可能会导致销售额下降、品牌形象受损等问题，影响企业的长远发展。例如：达美乐在中国市场上曾经实施过"每个星期三半价披萨"的促销活动，但该策略却导致顾客减少，同时也让公司的品牌形象受损，最终以失败告终。此外，丹麦婴儿奶粉在中国市场上因价格过高而广受批评。虽然该品牌声称其产品质量更高，但由于价格太高，消费者普遍选择了其他品牌的产品。

上述案例表明，在制定价格策略时，需要考虑如前所述的多方面因素，如目标市场、品牌定位、成本和竞争情况等，并不断进行调整和优化，以保持在市场中的竞争优势和商业价值。

总体来说，AI算法在产品定价策略中的应用可以使企业更加精准地了解市场和竞争环境，从而更好地制定和优化定价策略。

第三节　商品信息管理中 AI 技术的作用

一、商品信息管理的定义

商品信息管理是指企业对商品信息的采集、存储、处理以及发布等方面的管理。AI 技术可以通过大数据分析、机器学习、NLP 等方式，提高商品信息管理的效率和准确性。

二、AI 技术在商品信息管理中的作用

（一）商品分类

对于数量庞大的商品，利用 AI 技术可以自动将其分为不同的类别，从而更好地组织和管理商品信息。例如，亚马逊利用深度学习算法对商品进行分类，使消费者能够更快速地找到所需的商品。

（二）商品描述

准确、详细、清晰的商品描述，包括商品的名称、尺寸、材质、用途等信息，可以帮助消费者更好地理解产品特点和功能，从而提高购买意愿。AI 技术可用以分析商品描述，识别关键词并提出改进建议。例如，沃尔玛使用自然语言处理技术来审核商品描述，以确保其准确性和相关性。作为全球最大的消费品制造商之一，宝洁公司使用 AI 技术来优化其商品信息管理流程，利用深度学习算法来分析消费者数据、竞争情报和市场趋势，以便做出更准确的决策。

（三）图像识别

高清晰度、多角度的商品图片，全面展示了商品的外观和细节，使消费者能够直观地感受商品。利用 AI 技术，商品图片可以实现自动分类和标记，从而提高企业的管理效率。例如，阿里巴巴使用图像识别技术来自动标记商品图像，并帮助卖家更好地管理其商品信息。

（四）商品评价与反馈

通常，企业都鼓励消费者在平台上对商品进行评价和反馈，以便其及时调整产品设计和定价策略，提高平台服务质量和用户体验。例如，谷歌使用机器学习算法分析广告效果，并根据数据调整广告定位和投放策略。

（五）价格策略

AI 技术可以帮助企业根据销售数据和市场趋势，优化其定价策略。例如，京东使用 AI 技术预测消费者对不同价格的反应，并帮助卖家制定最佳的价格策略。时尚零售品牌飒拉使用机器学习算法来分析消费者购物行为，并根据这些数据调整其产品线和定价策略。

综上所述，在商品信息管理中应用 AI 技术可以提高管理效率和准确性，从而更好地满足消费者需求并提高企业的市场竞争力。

本章知识点

1. 跨境电商商品规划与设计指在进行跨境电商业务时，如何规划和设计商品。包括选择适合跨境销售的商品类别，了解目标市场需求，设计符合目标市场口味和文化的产品等。

2. 产品定价策略指在进行跨境电商业务时如何制定适当的产品价格。对此，需要考虑不同国家和地区的消费者购买力、竞争对手的价格、运输成本、税费等因素，并结合自身品牌定位和产品差异化程度来确定最终的价格。

3. 商品信息管理指在进行跨境电商业务时如何有效地管理商品信息。为此，需要关注产品描述、图片、规格、包装、物流等方面的内容，以确保商品信息准确、完整、清晰，同时符合目标市场的规范和标准。

本章思考题

1. 在进行跨境电商业务时，如何确定哪些商品适合跨境销售？对此需要考虑哪些因素？

2. 制定产品定价策略时，通常需要考虑哪些因素？如何平衡价格和品质之间的关系？

3. 如何确保商品信息管理的准确性和完整性？通常采用什么方法来管理商品信息？

4. 当面对来自不同国家的消费者时，如何调整产品的设计和包装，以符合目标市场的口味和文化？

第八章　智能跨境电商推广

第一节　智能化推广策略的制定及其实现方式

智能化推广策略是指利用 AI 算法和大数据分析技术，对跨境电商企业的营销数据进行深度挖掘和分析，以制定更加精准、个性化和高效的营销策略。

一、智能化推广策略的制定

(一) 数据采集

制定智能化推广策略时的第一步是采集数据，包括消费者购买行为、市场趋势、竞争情报等相关信息。这些数据可以通过企业内部数据分析或第三方数据提供商获取。

(二) 数据处理

得到数据后，需要进行数据清洗、整合、建模等处理，以便进行下一步的分析和预测。这个过程通常需要使用机器学习和 NLP 等技术。

(三) 数据分析和建模

利用机器学习算法和数据分析技术，对数据进行深入分析，以构建消费者画像。消费者画像通常包括与之相关的各种属性，如年龄、性别、地理位置、购买偏好、兴趣爱好、需求、行为特征等，可帮助企业更好地制定产品、定价、渠道、推广等策略。

(四) 市场竞争对手分析

了解市场竞争对手的产品、定价、促销策略等信息，可以帮助企业更好地调整自己的推广策略。这个过程可以使用 AI 技术进行自动化分析，具体包括以下几方面。

第一，竞争对手行为分析。通过对竞争对手的历史营销数据、搜索记录、社交媒体活动等进行分析，可以了解其行为模式和营销策略。这个过程需要使用机器学习算法和数据挖掘技术，以分析竞争对手在产品、价格、渠道、营销等方面的表现和策略，并寻找自身的优势和差异化点，从而确定品牌定位和战略方向。同时，应研究竞争对手的渠道布局和销售策略，掌握市场趋势和消费者需求，从而制定相应的销售渠道策略。

第二，预测分析。通过对竞争对手行为的分析，可以预测其未来的营销策略和市场行为。这个过程需要使用机器学习算法和 AI 等技术。

第三，自动生成报告。AI 技术可以自动将所有的数据分析和预测结果生成报告。这些报告可以帮助企业更好地了解市场趋势和竞争环境，从而制定更有效的营销策略。

(五) 推广策略的制定

企业基于消费者画像、市场竞争对手分析等结果，可对消费者进行分类和定位。通过构建消费者画像，企业可以将消费者分为不同的群体，并根据其特征和需求制定不同的营销策略。例如，可以根据消费者画像的结果，对不同的目标受众投放不同类型的广告或调整产品定价和促销策略等。

可见，消费者画像是一种重要的市场研究方法，可以帮助企业更准确地了解消费者的需求、行为和偏好，从而优化产品设计、推广策略和提升服务质量，提高企业的竞争力和市场占有率。

(六) 推广效果监测

在推广策略实施后，还需要进行效果监测和评估。这项工作可以通过 AI 技术来自动完成，且其在短时间内就可以反馈推广效果，并给出相应的优化调整措施。

综上所述，制定智能化推广策略是将 AI 技术应用于营销领域的重要方式，它可以帮助企业更好地了解目标受众和市场环境，从而制定更有效的推广策略，实现更好的营销效果和投资回报。

二、智能化推广策略实现方式

- 个性化营销：基于消费者画像和购物偏好等数据，通过个性化推荐、精准营销等方式为其提供定制化服务。
- 社交网络营销：利用社交媒体平台进行互动和传播，提高品牌曝光度和用户忠诚度。
- 移动端营销：通过 App、微信小程序等移动应用开展促销活动和粉丝互动，以提高用户购买转化率。
- 大数据分析：运用 AI 算法和大数据分析技术对用户行为进行深度挖掘和分析，实现精准营销和效果监控。
- 跨渠道整合：通过多渠道整合，将线上和线下的营销推广活动相结合，形成更具影响力的品牌宣传和用户体验。

总之，智能化营销策略已在跨境电商企业中发挥着越来越重要的作用。跨境电商企业需要不断优化营销策略，提升用户体验和满意度，实现可持续发展。利用 AI 算法和大数据分析技术，可以更加准确地了解市场和消费者需求，提高企业的竞争力和营销效率。

第二节　社交媒体营销中 AI 技术的应用

一、社交媒体营销中应用 AI 技术的具体表现

（一）市场研究

利用 AI 算法可分析社交媒体上的大量用户数据，对消费者行为、偏好等进行深度挖掘。通过数据分析，企业可以更加精准地了解目标受众的需求和反馈，从而优化营销策略和产品设计。

（二）智能广告投放

利用 AI 技术可对广告投放进行智能化管理和优化。通过分析用户的兴趣、行为等数据，智能投放系统可以自动识别最适合的广告类型、展示位置和时间，

从而提高广告效果和投资回报率。

(三) 社交媒体管理

利用 AI 技术可进行社交媒体账号管理、内容创作和发布。例如，借助自然语言处理技术，企业可以快速生成内容，同时利用机器学习算法预测何时发布内容可以获得最佳效果，并根据实际反馈不断调整、优化。

(四) 消费者服务与支持

利用聊天机器人等 AI 技术可提供自动化的客户服务和支持。通过自然语言处理和机器学习算法，企业可以让聊天机器人模拟人类与客户的对话，解答问题，提供服务，从而提高客户满意度和忠诚度。

总的来说，AI 技术在社交媒体营销中的应用，可以帮助企业更好地了解消费者需求，优化营销策略和产品设计，同时提高广告投放、客户服务和支持的质量和效率。

二、社交媒体营销中应用 AI 技术的具体案例

(一) 亚马逊的推荐算法

亚马逊利用 NLP 和机器学习算法分析用户的购买历史、浏览记录等数据，为用户提供个性化的产品推荐。这种智能化的推荐算法不仅提高了用户满意度，而且帮助亚马逊提高了销售额。

(二) 谷歌的广告投放

谷歌利用机器学习和 AI 算法为广告主提供智能化的广告投放服务，即根据用户搜索行为、兴趣等因素自动优化广告展示策略，从而提高广告效果和投资回报率。

(三) 微软小冰的品牌营销

微软利用 NLP 技术开发了聊天机器人"小冰"，并在微信上推出了"小冰写作"功能，可以帮助用户自动生成文章。通过这种方式，微软成功吸引了大量用户，同时提高了品牌的影响力和美誉度。

(四) 迪士尼的社交媒体管理

迪士尼利用 AI 技术进行社交媒体账号管理和内容发布，通过深度学习算法

分析用户互动数据，帮助企业更好地了解消费者需求和反馈。同时，迪士尼还利用 AI 技术生成各种娱乐内容和互动体验，提高了用户的参与度和忠诚度。

三、社交媒体营销中应用 AI 技术的风险

虽然 AI 技术在社交媒体营销方面有很多成功的案例，但也存在一些出错的情况。

（一）谷歌相册中的 AI 全景图

众所周知，谷歌相册使用 AI 技术，为用户在智能手机上拍摄的照片提供了增强版本。该技术可以自动检测具有相同背景的图像，并将其合并为一张图片。2018 年 1 月，Reddit（一家美国社交新闻网站）的一位用户哈克（Harker）发布了其在滑雪胜地拍摄的三张照片，谷歌将其拼接成了一张全景图像。但是，这个图像存在一个明显的错误：放大了哈克朋友的躯干。这是因为谷歌的 AI 技术还缺少构图的基础知识。

（二）脸书的机器学习错误

2016 年，脸书推出了一个名为"热门话题"（trending topics）的功能，旨在通过机器学习算法自动推荐最热门的话题和新闻。然而该功能出现了机器学习错误，误将一些虚假或低质量内容纳入推荐范围，引起了用户的不满和担忧。

（三）亚马逊的性别歧视

2018 年，亚马逊推出了一个名为"亚马逊人力资源智能化系统"的 AI 工具，可以自动筛选简历并帮助招聘人员进行初步筛选。然而，该系统的算法隐藏了性别歧视的特征，导致其忽略了女性的简历，使她们无法获得同等的招聘机会。

这些案例表明，AI 技术在社交媒体营销中也存在着一定的风险和挑战，需要企业谨慎应对并不断优化算法和策略。

第三节　跨境直播销售策略与 AI 技术的结合

跨境直播销售是指在跨国电商平台上面向海外消费者，通过网络直播展示商品并进行销售的营销模式。

一、AI 技术在该模式中的应用

AI 技术应用于该模式，可以帮助企业优化销售策略和提高效率，具体如下。

（一）数据分析

跨境直播销售需要考虑不同国家、地区的消费者需求和偏好，而 AI 技术恰恰可以通过大数据分析挖掘潜在客户特征，从而在不同的市场中制定差异化的销售策略，提高销售转化率。

（二）视频内容生成

跨境直播销售需要通过视频展示商品，吸引消费者关注和购买。AI 技术可以实现视频内容的自动生成和个性化推荐，并根据用户兴趣、行为等数据自动选择适合的产品进行展示，从而提高点击率和转化率。

（三）在线客服与转化

跨境直播销售需要及时响应消费者问题并解答疑虑，以便在直播过程中促进销售转化。AI 技术可以通过聊天机器人等方式提供即时服务和支持，并根据语义理解和对话历史提供更加智能的回答，从而提高客户满意度和转化率。

（四）语音翻译服务

跨境直播销售需要面向不同语言的消费者展示商品和进行销售，而 AI 技术恰恰可以提供智能化的语音翻译服务，实现语音实时翻译和语音合成，使消费者更加便捷地了解商品和购买流程。

总的来说，跨境直播销售策略与 AI 技术的结合可以帮助企业更好地了解跨国消费者需求，优化销售策略和提高效率，从而在全球市场中获得更大的竞争优势。

二、实际案例分析

（一）成功的案例

1. 蒙牛酸酸乳

蒙牛旗下品牌"酸酸乳"通过直播平台展示其产品，采用着重介绍产品特点和展示生产过程等方式来吸引消费者的关注。通过直播推广，蒙牛成功地提高了该产品的知名度和销售额。

2. 美团外卖

美团外卖通过网络直播向用户介绍其平台内的各种美食，并借助预订和折扣等优惠活动来促进消费者下单。通过直播的形式，美团外卖成功地提升了用户的购买意愿，增加了用户黏性。

3. 宜家家居

宜家家居在照片墙上开展了"直播渐变色"活动，通过直播展示其产品在不同颜色环境下的效果，为消费者提供了更加真实的购物体验。该活动吸引了大量用户的关注和参与，提高了宜家家居在社交媒体上的曝光率和品牌影响力。

4. 中国联通

中国联通利用直播平台与明星合作，进行话费充值、套餐介绍等业务宣传，吸引了大量年轻用户的关注和参与。通过网络直播，中国联通成功地提高了其业务销售额和品牌影响力。

这些案例表明，通过网络直播的形式，企业可以更加生动、直观地展示产品和服务，吸引消费者的关注并提升其购买意愿，提高品牌曝光率和销售额。

（二）失败的案例

1. 肯德基

2019年，肯德基利用直播平台进行了一场名为"原来你是这样的肯德基"的活动，试图吸引年轻人的关注。然而，该活动在直播过程中出现了用词不当、节目低俗等问题，引起网民的强烈批评和抵制，导致企业的品牌形象受损。

2. 58同城

2017年，58同城通过网络直播展示其租房信息，为房屋中介行业带来了新的营销方式。然而，该活动在推广过程中存在信息真实性等问题，导致用户对企业和直播平台的信任度降低。

3. 美团打车

美团打车在 2019 年通过网络直播平台进行了一场名为"直播司机日常"的活动，试图吸引用户关注。但该活动被批评影响了司机工作，许多用户对此提出了质疑并进行了抵制，最终导致活动的失败。

这些案例表明，网络直播营销需要注意诸如内容真实性、语言文化敏感性等问题，同时应避免低俗、粗俗的内容，以免引起消费者的反感和企业信誉的损失。

本章知识点

1. 智能化推广策略制定。指在进行跨境电商业务时，如何利用智能技术制定更加精准、有效的推广策略。具体包括利用数据分析和 AI 技术来了解目标市场用户的兴趣和需求，采用智能化广告投放和推荐算法等手段来提高广告效果和转化率等。

2. 社交媒体营销实战。指在进行跨境电商业务时，如何通过社交媒体平台来开展营销活动。具体包括选择合适的目标市场的社交媒体平台，制定符合当地文化和习惯的内容策略，与 KOL 合作以扩大影响力等。

3. 跨境直播销售策略。指在进行跨境电商业务时，如何通过跨境直播的方式进行销售。具体包括选择合适的直播平台，制定吸引目标市场用户的内容策略，提前做好产品准备和物流配送等工作，同时应注意直播过程中的沟通和互动，以提升用户体验和提高用户满意度。

本章思考题

1. 电商企业在制定智能化推广策略时，需要了解哪些数据和指标？如何利用这些数据和指标来优化推广效果？

2. 社交媒体营销对于跨境电商业务而言有哪些优势和不足？如何克服这些不足并发挥最大的优势？

3. 跨境直播销售中需要注意哪些方面的问题？如何提高直播的转化率和用

户满意度？

4. 在进行跨境电商营销活动时，文化差异会对营销策略产生哪些影响？如何应对这些影响并确保营销效果？

5. 智能化推广策略制定需要依赖哪些技术和工具？这些技术和工具对提高营销效果有何作用？

第三部分

跨境电子商务的管理与实践

第九章　智能跨境电商渠道管理

第一节　渠道资源整合与融合

渠道资源整合与融合是指企业将各种销售渠道进行整合，从而实现资源共享和提高营销效率的过程。在数字化时代，渠道资源整合与融合已经成为企业营销策略中不可或缺的一部分，其具体方式主要包括以下几个方面。

一、多渠道营销

企业可以通过多种在线和离线渠道，如社交媒体、电子邮件、短信、门店等开展营销活动，同时向消费者宣传和推广特定产品或服务。这种以多个渠道进行营销的方式，可以提高品牌曝光率和覆盖率及销售转化率。

以蒙牛酸酸乳为例，其通过在线和离线渠道整合，利用社交媒体、电视广告、门店等多个渠道向消费者推广其产品并提供购买的便利。通过这种方式，蒙牛酸酸乳成功地提高了其产品的知名度和销售额。

二、渠道整合

企业可以将各种销售渠道进行整合，以实现资源共享和信息互通。例如，在线商城可以和线下门店进行整合，通过微信公众号和会员卡等方式实现客户数据共享和跨渠道营销，从而提高顾客满意度和忠诚度。

以美团外卖为例。美团外卖通过在线和离线渠道的整合，将多个销售点与用户信息进行关联，并实现了电商平台和物流配送的优化。通过这种方式，美团外卖提高了用户体验和效率，吸引了大量在线消费者。

三、数据分析

企业可以通过数据分析工具，对不同销售渠道的用户行为和消费习惯进行分析和评估，从而更好地了解市场需求和趋势，并针对不同渠道制定差异化的营销策略。

以京东零售为例。京东零售通过数据分析工具，对不同销售渠道的用户行为和消费习惯进行分析和评估，从而针对不同渠道制定了差异化的营销策略。例如，其在微信公众号上为用户推送精准化的商品信息，以增加用户购买意向，提高销售转化率。

四、内部协作

企业可以通过内部流程优化和工作协作，将各个渠道的优势进行整合，提高效率和减少重复工作。例如，通过 ERP（企业资源计划）系统实现销售、采购等流程的统一管理，从而优化资源配置、推进工作进度。

以苏宁易购为例。苏宁易购通过 ERP 系统建立销售、采购等流程的统一管理，实现内部流程优化和工作协作。同时，将线下门店和在线平台进行整合，提供更好的购物体验和服务，提高客户忠诚度和满意度。

可见，渠道资源整合与融合可以帮助企业更好地利用各种销售渠道，提高品牌曝光率和销售转化率，也为企业提供了更多的市场机会和竞争优势，增强市场竞争力。

当然，渠道资源整合与融合时需要考虑多方面的因素，如用户需求、产品特性、技术成熟度等。如果不加分析和评估就盲目整合或融合，可能会导致营销策略失败或商业价值的不可持续。此类失败的案例也比比皆是。例如，阿里巴巴在 2015 年推出了"钉钉"企业级即时通信（IM）工具，旨在整合线上和线下的企业办公信息。但是由于与阿里巴巴旗下其他产品的协同效应不佳，该工具在市场上的推广不尽如人意。又如，滴滴出行在其 App 中集成了第三方打车服务，试图拓展其业务范围，但由于用户体验和数据安全等问题，该功能的商业价值极低，最终被滴滴出行弃用。此外，谷歌眼镜（Google glass）在 2013 年发布时备受关注，被认为是未来智能眼镜的代表，预计可以将互联网和现实世界加以整合。然而由于用户体验、隐私保护以及电池寿命等问题，该产品并没有取得成功。

那么，如何让失败的渠道资源重新整合，以扭转局势呢？

如果企业的渠道资源整合失败，可以采取以下措施来扭转局势。

一是重新评估市场需求。企业需要重新对市场需求进行评估，并针对不同渠道制定差异化的营销策略。通过研究和了解用户的需求和行为，更好地优化渠道资源整合方案。

二是重新设计产品。如果产品设计与渠道整合不匹配，则需要重新设计产品，以适应不同销售渠道的特点和要求。通过重新设计产品，提高产品的价值和可用性，以吸引更多的消费者购买和使用。

三是加强内部协作。企业需要加强内部流程优化和工作协作，将各个销售渠道的优势进行整合，提高效率和减少重复工作。例如，加强 ERP 系统的管理和整合，优化订单处理、库存管理等流程，提高生产力和资源利用效率等。

四是提供更好的客户服务。如果渠道整合失败导致客户体验受损，企业需要采取措施改善其客户服务。例如，建立反馈机制，及时回应用户的问题和需求，并提供更好的售后服务和支持，提高顾客的忠诚度和满意度。

总的来说，如果渠道资源整合失败，企业需要及时进行问题分析并加以解决，同时采取措施重新设计和优化整合方案，以提升效率和营销效果。此外，还需要加强内部协作和客户服务，以提升用户体验和满意度，促进企业的发展和增长。

第二节　跨境电商平台联盟模式的优化

一、跨境电商平台联盟模式的定义

跨境电商平台联盟模式是指针对外贸电商行业特点，多个跨境电商平台开展合作，共享资源、技术和服务，实现规模化经营和效率优化的一种商业模式。在该模式下，每个电商平台都可以保持独立运营和自身品牌形象，同时共享线上和线下渠道、供应链和物流等资源，从而实现利益最大化和风险最小化。

二、跨境电商平台联盟模式的优化措施

（一）建立可信赖的平台

联盟成员之间需要建立起互信机制，并制定统一的管理制度和标准，以确保成员间的诚信度和沟通的顺畅。

（二）共享数据资源

联盟成员应通过共享销售数据、用户数据、产品数据等信息，进行数据分析和评估，了解市场需求和趋势，从而更好地进行营销策略的制定和调整。

（三）优化供应链管理

联盟成员应共同建立稳定高效的供应链管理体系，包括采购、储存、运输、配送等环节，从而降低采购成本、提高库存周转率和物流效率。

（四）加强品牌宣传

联盟成员应通过联合营销、品牌推广等方式，提高品牌知名度和曝光率以及客户黏性和忠诚度。

（五）提供优质客户服务

联盟成员应提供更好的售前咨询、售后跟进、退换货处理等服务，提升用户满意度和体验感，增强口碑和品牌形象。

（六）探索新业务模式

联盟成员可以通过创新商业模式，如跨境社交电商、共享经济等，赢得新的市场份额和开拓新的商机，提高盈利能力和长远发展潜力。

总之，跨境电商平台联盟模式需要联盟各成员间的密切合作和互相协调，以实现资源共享和优化效率。同时，也需要注重品牌价值的维护和客户体验的提升，不断优化和创新营销策略，以适应市场变化和挑战，保持可持续的竞争优势和商业价值。

第三节　跨境物流的智能化布局及其实现方式

随着跨境电商的快速发展，跨境物流也面临越来越高的要求和越来越大的压力。为了提高物流效率和满足消费者需求，智能化布局已成为跨境物流的重要趋势之一。

一、跨境物流的智能化布局内容及其实现方式

(一) 智能化仓储管理

智能化仓储管理是跨境物流智能化布局的重要组成部分。其通过使用射频识别（RFID）技术、传感器等物联网技术，对仓库内货物进行全过程监控，从而实现货物在仓库中的自动化管理和管理优化。

实现方式：引入智能化设备和系统，如自动化存储和拣选系统、智能机器人、无人值守设备等，以提高仓库作业效率和准确率，降低操作成本和错误率。

(二) 精准化配送

跨境物流的特点是物流节点繁多，且这些节点所在地域分散，因此精准化配送是跨境物流智能化布局的重点之一。对此可通过大数据采集和分析技术，实现货物的智能化调度和运输路径优化，从而提高配送效率和准确性。

实现方式：建立高效的信息管理平台，连接各种物流资源，如仓库、运输车辆、配送人员等，通过智能算法对货物进行分拣、调度和路线规划，以获取最优的配送路径。

(三) 无纸化操作

跨境物流业务涉及大量的文件和数据，而对这些文件和数据的处理需要很多时间和精力，同时容易出现错误。无纸化操作是跨境物流智能化布局的另一个重要方向，即将传统的纸质手工作业转变为电子化操作，从而提高物流效率和准确性。

实现方式：使用电子数据交换（EDI）技术，将所有的订单、运单、清关单

等物流信息进行电子化管理和交换,从而实现信息共享和快速处理。

(四)物流追踪

物流追踪是跨境物流智能化布局的基础,其保障了货物在整个物流过程中的安全和可靠。对此可通过运用物联网技术和云计算技术,实现对货物的全过程监控,并实时更新货物的位置、状态等信息。

实现方式:引入物联网技术,对运输工具、包装箱、货物等进行实时监测和追踪,通过云计算技术将数据集中管理和分析,以及时发现、诊断和解决物流问题。

总之,跨境物流的智能化布局需要兼顾技术、业务和管理这三个方面。通过引入新技术和新系统、重新设计业务流程和模式以及提高管理水平和效率等方式,实现跨境物流的全过程智能化管理和优化,为消费者提供更快捷、方便、安全、可靠的服务。

二、目前做得比较好的电商

(一)亚马逊

亚马逊是全球最大的电商公司之一,提供从书籍、数码产品到家居用品等各类商品。其凭借优秀的用户体验、高效的物流配送和丰富的商品选择,赢得了广泛的用户和市场份额。

(二)淘宝网

淘宝网是中国最大的综合性购物网站,提供包括服装、家居、数码等在内的各类商品。独特的 C2C 模式和强大的销售数据分析能力,使淘宝网成为中国电商市场的领导者。

(三)京东商城

京东商城是国内知名的 B2C 电商平台,提供各种商品和服务,以物流速度快、价格实惠、质量保证而著称。同时,京东商城也通过自营、拍卖、海外购等业务类型不断拓展业务版图。

(四)蘑菇街

蘑菇街是一个专注于女性时尚消费的社交电商平台,其中不仅包括服装、鞋包等商品，还包括美妆、家居等多个品类。其通过社交媒体和用户评价等方式，形成了独特的消费场景和用户黏性。

（五）美团

美团是中国最大的本地生活服务平台，提供外卖、电影票、酒店预订等多种服务。其凭借庞大的用户群体和高效的线上到线下（O2O）交易模式，成为中国本地服务市场的领导者。

可见，上述电商企业都有其独特的优势和市场定位，在不断拓展业务版图的同时，也在不断提高用户体验和服务质量。

三、案例分析

亚马逊和淘宝网是电商领域具有巨大影响力的两个企业。在 AI 与跨境电商营销方面，它们各有优势和劣势。

（一）亚马逊的优势和面临的挑战

1. 亚马逊的优势

通过 Alexa 智能音箱和 Echo Show 等设备，亚马逊在家庭智能化方面占据了先机。

针对买家的购物历史、搜索记录以及其他数据，亚马逊会利用 AI 技术来为之提供更加准确的商品推荐和搜索结果。

通过使用 NLP 技术，亚马逊可以更好地处理复杂的客户服务请求，如解决退货问题或回答顾客的疑问。

2. 亚马逊面临的挑战

相比淘宝网，亚马逊在中国市场上的知名度较低。

对此，在竞争激烈的中国市场中，亚马逊需要花费更多的时间和精力来建立品牌认知度和提高市场份额。

（二）淘宝网的优势和劣势

1. 淘宝网的优势

淘宝网作为阿里巴巴旗下的品牌，在中国市场上享有极高的知名度和广泛的用户基础。

淘宝网利用 AI 技术来提供更加个性化的推荐。例如，基于用户历史购买记录和搜索行为等数据，向其推荐相关商品。

淘宝网还开发了自己的机器学习平台，帮助商家优化产品展示、定价和销售策略。

2. 淘宝网面临的挑战

由于在中国市场上的竞争激烈，淘宝网需要不断创新和改进以保持竞争力。

在跨境电商方面，淘宝网也面临与其他市场巨头的竞争，尤其是亚马逊和易贝。

本章知识点

1. 跨境电商平台联盟模式的优化是指，跨境电商企业之间通过平台联盟合作，共享资源、技术、信息等，并通过互补优势实现共赢。对此，需要对联盟成员的选择、结构设计、利益分配等方面不断加以优化。

2. 跨境物流的智能化布局是指，通过物流信息化、自动化、智能化等手段，提高物流效率、降低成本。在跨境电商中，需要关注运输路线的规划、物流节点的优化、海关清关的速度等问题。

本章思考题

1. 对于企业来说，应如何有效整合、管理不同的渠道资源？请列举具体措施。

2. 跨境电商平台联盟模式在实际操作中会遇到哪些挑战？如何应对这些挑战？

3. 跨境物流智能化布局需要关注哪些方面？请给出几个具体例子，并说明其重要性。

4. 在跨境电商中，如何利用物流信息化、自动化、智能化等手段提高物流效率和降低成本？请列举具体做法。

5. 未来跨境电商渠道管理会朝着怎样的方向发展？请谈谈你的看法。

第十章　智能跨境电商数据分析

第一节　数据收集与处理

一、数据收集与处理的定义

数据收集和处理是数据科学和 AI 领域中的两个核心方面。

数据收集是指从各种来源获取结构化和非结构化数据的过程，其来源包括传感器、日志文件、社交媒体、网站和数据库等。数据收集的目的，通常是解决某个特定问题或实现某个特定的业务目标。

常用的数据收集方法包括：

- 网络爬虫：通过自动化程序从网站抓取数据。
- 传感器：使用传感器在现场采集数据。
- 调查问卷：通过调查问卷来获取用户反馈。
- 数据库查询：从数据库中提取数据。
- 日志文件：获取 App 或系统的日志文件，以便进行分析。

数据处理是指对收集到的数据进行整理、清洗、转换和存储的过程。这些步骤旨在准备数据，以便后续分析和建模。

常用的数据处理方法包括：

- 数据清洗：去除缺失值、重复记录、不合法数据和异常值等。
- 数据集成：将多个数据源的数据合并在一起。
- 数据转换：将数据进行规范化、归一化、离散化等处理。
- 特征工程：从原始数据中提取有用的特征信息。
- 数据存储：将处理后的数据保存到数据库、文件系统中或进行云存储等。

二、AI 技术的应用

AI 技术可以在数据收集和处理过程中发挥重要作用。常用的 AI 技术应用包括以下几类。

- NLP：使用 NLP 技术对文本数据进行分析和处理，如文本分类、情感分析和实体识别等。

- 机器学习：使用机器学习算法对数据进行建模和预测，如回归、分类和聚类等。

- 深度学习：使用深度神经网络对大规模和复杂数据进行建模和预测，如图像分类、语音识别和自然语言生成等。

- 强化学习：使用强化学习算法让智能体通过与环境交互来学习最优行动策略，如游戏 AI 和机器人控制等。

- 计算机视觉：使用计算机视觉技术对图像和视频数据进行分析和处理，如目标检测、人脸识别和场景理解等。

总之，数据收集和处理是数据科学和 AI 领域中不可或缺的一部分。AI 技术可以帮助我们更好地处理和分析大规模和复杂的数据，从而获得更准确、更有用的结论和洞见。

第二节 数据挖掘技术应用及其实现方式

一、数据挖掘技术的应用

数据挖掘技术是指从大量数据中提取有用信息的过程。数据挖掘技术可应用于各种领域，如金融、医疗、电子商务、社交网络等。

常见的数据挖掘技术应用包括以下几类。

- 预测分析：使用历史数据来预测未来事件，如销售趋势、市场需求、股票价格等。

- 聚类分析：将相似的数据点分组，以发现数据集中的潜在模式和结构，如客户分群、产品分类等。

- 关联规则挖掘：寻找数据集中的频繁项集和相关规则，并基于这些规则进行推荐和决策，如购物篮分析、疾病诊断等。
- 文本挖掘：对文本数据进行 NLP 和文本分析，以提取有用的信息和知识，如情感分析、主题建模等。
- 网络挖掘：对网络结构和行为进行分析，以识别社区、影响者和异常节点等。

二、数据挖掘技术的实现方式

- 数据仓库：将多个数据源的数据整合到一个中央存储区域之中，以便对数据进行分析和挖掘。
- 数据可视化工具：使用图表、图像和动画等方式展示数据，以帮助人类理解和发现数据中的模式和关系。
- 机器学习算法：使用监督学习、非监督学习和半监督学习等算法，从数据集中提取模式和知识。
- 深度学习算法：使用深度神经网络对大规模和复杂数据进行学习和建模，如卷积神经网络和循环神经网络等。
- NLP 技术：使用 NLP 技术对文本数据进行处理和分析，如文本分类、实体识别和信息抽取等。

第三节　数据驱动下的营销策略制定和 AI 算法的结合

跨境电商营销是在国际范围内通过电子商务平台进行销售和营销的过程。其具体应用如下。

一、社交媒体广告

在社交媒体平台上投放广告，以提高品牌知名度和产品曝光率。例如，在脸书、照片墙和推特等平台上投放广告。

二、跨境电商平台优化

使用 SEO 和应用商店优化（ASO）技术对跨境电商平台进行优化，以提高产品搜索排名和展现效果。例如，在亚马逊和易贝等平台上优化产品列表，包括关键词、图片和描述等。

三、本地化市场推广

了解不同国家和地区的文化差异和消费习惯，有针对性地制定市场推广策略。例如，在中国市场上，可以通过微信和支付宝等本地化支付方式来提高购物便利性。

四、大数据分析

收集和分析跨境电商平台上的大量数据，以发现有用的业务趋势和市场洞见。例如，通过谷歌分析（Google Analytics）和 Kissmetrics（一家国际知名的企业分析服务公司）等途径进行网站流量分析和用户行为分析。

五、海外合作伙伴拓展

与当地的合作伙伴建立合作关系，以提高产品的营销和分销能力。例如，在欧洲市场上，可以与本地的分销商建立合作关系，从而将产品更好地推向当地市场。

跨境电商营销具有广泛的应用领域，并涉及多种技术和策略。在实际应用中，企业需要根据自身情况和目标市场的特点选择适合的营销手段和策略，以提高竞争能力和市场占有率。

随着跨境电商市场的不断扩大和竞争的加剧，企业需要利用数据分析来深入了解市场需求、消费者行为等信息，并基于这些信息制定更有针对性的营销策略。

本章知识点

1. 数据收集与处理。涉及从各种渠道收集、整合和处理海量数据的过程，包括数据清洗、去重、标准化等。这是进行后续数据分析的前提。

2. 数据挖掘技术应用。指通过机器学习、AI等技术，深入挖掘数据背后的规律和趋势，从而发现新的商机和洞察客户需求等。常用的数据挖掘技术包括聚类分析、回归分析、决策树等。

3. 数据驱动下的营销策略制定。将数据挖掘等分析结果应用于实际业务中，以制定更具针对性的营销策略并优化渠道布局、产品设计等。此举需要结合企业自身情况，明确目标和指标，并不断调整和优化策略。

本章思考题

1. 在数据收集和处理过程中，如何确保数据的准确性和完整性？请列举具体措施。

2. 数据挖掘技术可以为企业带来哪些实际好处？请给出具体例子。

3. 如何根据数据驱动制定更有针对性的营销策略？请分享一些有效的方法或案例。

4. 在跨境电商数据分析方面，机器学习、AI等新技术会如何影响企业的决策和发展？请谈谈你的看法。

5. 除本书中所提到的之外，数据分析还可以应用于哪些领域？

第十一章 智能跨境电商服务体系建设

第一节 用户体验设计中 AI 技术的作用

用户体验设计是指从用户的角度出发,通过设计和优化产品交互界面、功能和流程等,来提高用户的满意度和使用体验。

一、AI 技术在用户体验设计中发挥的重要作用

(一) 个性化推荐

AI 能够根据用户的历史行为和偏好数据,利用推荐算法提供更加个性化的服务和体验。例如,根据用户的搜索记录向其推荐相关商品或内容。

(二) 智能客服

AI 技术可以借助 NLP 技术,协助用户进行沟通和查询,提供更快捷、有效的客户服务,如智能语音助手和聊天机器人等的应用。

(三) 用户画像分析

AI 技术能够收集、整理和分析海量的用户行为数据,生成用户画像,了解用户的特点和需求,并以此为基础进行产品设计和改进,从而提升用户体验,提高用户满意度。

(四) 情感分析

AI 技术可以对文本、图像和声音等多种形式的数据进行情感分析,了解用户的情绪和反馈,从而及时调整和改进产品设计,提升用户体验。

(五) 数据可视化

AI 技术可以将大数据进行可视化呈现,使数据更易于被理解和分析,从而更好地发现用户使用产品中的问题和需求并加以改进。

二、AI 技术在用户体验设计中的应用案例

（一）奈飞公司（Netflix）的个性化推荐

奈飞公司利用机器学习和深度学习算法来分析用户的观影历史、评分和搜索记录等数据，从而为每个用户提供个性化的电影推荐服务。这种个性化推荐能够减少用户寻找意向电影的时间，提升用户的使用体验和满意度。

（二）阿里巴巴的智能客服

阿里巴巴利用 NLP 技术和机器学习算法，开发了智能客服机器人"小蜜"，来协助用户解决常见的问题和疑虑。这种智能客服能够提高用户的服务速度和效率，并降低企业的运营成本。

（三）苹果（Apple）的用户画像分析

苹果通过 iPhone 和 iPad 等设备收集大量的用户行为数据，并借助机器学习算法生成用户画像，以了解用户的特点和需求。这样的用户画像能够帮助苹果更好地改进设计和产品，提升用户的使用体验和满意度。

（四）微软的情感分析

微软利用 NLP 和机器学习技术对用户的反馈和评论进行情感分析，以准确了解用户的情绪和反馈。这种情感分析能够帮助微软及时调整和改进产品设计，提高用户满意度。

（五）谷歌的数据可视化

谷歌借助 AI 技术将海量的搜索、地图和社交网络数据进行可视化呈现。例如，通过谷歌趋势（Google trends）展示全球搜索趋势和热点，通过谷歌地图（Google maps）展示实时交通信息和地理位置服务等。数据可视化能够使数据更加直观易懂，从而让用户更加方便地使用和享受产品及服务。

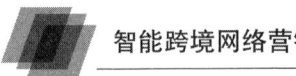

第二节 售前售后服务管理及其实现方式

一、售前售后服务管理的概念

售前售后服务管理是指企业在销售产品之前和之后提供的各种服务和支持，以满足客户的需求和要求。

(一) 售前服务管理

售前服务管理是指企业在销售产品之前所提供的服务和支持，旨在促进潜在客户做出购买决策。

其具体实现方式如下。

- 建立完善的客户咨询体系，包括在线咨询、电话咨询等。
- 提供免费试用或演示，使客户了解产品的功能和使用方法。
- 设计详细的产品说明书和常见问题解答（FAQ），并及时更新和发布。
- 加强客户教育和培训，提高客户对产品的认识和理解。
- 提供礼品和优惠，以吸引客户购买。

(二) 售后服务管理

售后服务管理是指企业在销售产品之后所提供的服务和支持，旨在满足客户的使用需求和要求。

其具体实现方式如下。

- 建立快速反应机制，以保证客户的问题能够得到及时解决。
- 提供多种渠道的技术支持，包括在线支持、电话支持、邮件支持等。
- 提供维修和保养服务，以确保产品能够持续稳定地运行。
- 提供用户培训和使用指导，以提高客户的满意度和忠诚度。
- 收集和分析客户反馈信息，以及时改进和升级产品。

二、在客户服务方面表现比较突出的企业

（一）亚马逊

亚马逊是全球最大的在线零售商之一，其 IT 技术和物流服务得到了广泛认可。亚马逊通过不断创新突破和战略性收购，逐渐发展成为全球领先的电子商务巨头。

（二）谷歌

谷歌是全球最大的搜索引擎和在线广告平台之一，其技术实力和数据管理能力被公认为业内领先。谷歌通过推出多款通信、视频和云计算产品，加强了其在移动端和企业市场的竞争实力。

（三）苹果

苹果是全球最著名的消费电子品牌之一，其设计和品牌价值受到了广泛赞誉。苹果通过产品的不断推陈出新、开辟新的市场，提高了用户黏性和忠诚度，并实现了长期稳定的业绩增长。

（四）腾讯

腾讯是中国最大的互联网公司之一，其微信和 QQ 等社交媒体产品的日活跃用户数已超过十亿。腾讯通过布局游戏、金融和云计算等多个领域，促进了自身的多元化发展，增强了竞争实力。

（五）爱彼迎（Airbnb）

爱彼迎是全球最大的短租房屋平台之一，其以分享经济为基础，将民宿资源共享给更多用户。爱彼迎通过提供灵活、便利和个性化的住宿体验，满足了现代人对住宿的新需求。

这些企业的成功得益于其在技术创新、市场拓展、产品设计特别是客户服务等方面的卓越表现，从而能够及时地应对市场变化，满足用户需求。这些企业的成功经验和行业领先地位，对于其他企业而言是具有借鉴意义的。

三、因为售后服务问题而受到影响的企业

（一）摩托罗拉（Motorola）

在 2006 年，摩托罗拉在全球手机市场的份额曾经超过 20%，但由于其售后

服务体系的疏漏和不足，无法及时回应用户的维修需求和种类问题，用户流失严重，最终导致了该公司的衰落。

（二）联想

联想曾经是全球计算机市场的领先厂商之一，但由于2014年的"超级篡改"事件，该公司的声誉受损，用户对于其售后服务的信任度也大幅降低，导致其市场份额遭遇下滑。

（三）美团点评

美团点评作为中国最大的在线餐饮平台之一，曾经因其售后服务不力而受到了用户投诉和负面评价。用户反映，在遇到订单问题或者退单申请时，美团点评的客服难以及时响应和解决，导致用户对其的信任度降低。

（四）华为

近年来，华为因为其出色的技术和产品创新而在全球电信设备市场中崭露头角，但由于其在北美市场的进一步开拓行动受阻，华为的售后服务体系也面临种种压力。例如，由于受到美国制裁而无法使用谷歌安卓（Google Android）系统，导致用户在使用华为手机时如果遇到相关问题却得不到及时的技术支持和解决方案。

售后服务管理对于企业而言非常重要。如果企业的售后服务体系不健全、反应迟缓或者缺乏足够的技术支持，就有可能令用户失去信任，最终造成企业的市场份额下滑和品牌价值受损。

第三节　跨境电商投诉处理机制和 AI 算法的应用

一、跨境电商投诉处理机制的概念

跨境电商投诉处理机制，是指企业为解决跨境电商交易中产生的投诉和纠纷而建立的一套完整的处理程序和措施。

跨境电商投诉处理机制的主要流程如下。

（一）投诉受理

企业通过设置专门的投诉渠道或者客服中心等方式，接受消费者的投诉并将其记录下来。跨境电商交易中常见的投诉问题包括产品质量、物流服务、价格纠纷、售后服务等。

（二）投诉处理

企业根据投诉内容和情况，分析问题的原因、责任和解决方案并及时回复消费者。

（三）投诉评估

企业对已经处理的投诉进行评估，以确定投诉是否得到了妥善解决，并发现和改进在投诉处理过程中存在的问题。

二、阿里巴巴跨境电商平台投诉处理机制

（一）投诉受理

消费者在阿里巴巴平台上提交投诉时，平台会对投诉内容进行初步审核，以确认投诉是否符合规定，并将投诉向不同的商家或者生产厂家转发。

（二）投诉处理

商家或者生产厂家接到投诉后，需要在规定时间内回复并提出解决方案。如果消费者对于回复结果不满意，可以再次向平台提交申诉，并由平台进行仲裁和协商。

（三）投诉评估

平台会对已经处理的投诉结果进行评估，以确定商家或者生产厂家的信誉度和排名，并发现和改进投诉处理机制中存在的问题。

跨境电商投诉处理机制能够帮助企业维护消费者权益和品牌形象，AI算法的应用则能够提高投诉处理的效率和精准度，并降低人工干预的成本和误差。因此，企业需要结合自身的实际情况和特点，选取适当的AI算法和技术，不断改进和完善投诉处理机制，以提高市场竞争力和用户满意度。

三、AI 算法的应用

AI 算法的具体应用包括以下几类。

（一）NLP

企业可以将 NLP 算法应用于投诉内容的自动分类和语义分析等方面，以快速了解消费者的需求，提高投诉处理的效率。

（二）图像识别技术

企业可以利用图像识别技术对产品图片、物流单号等信息进行自动识别和核实，以避免人工误判和错误操作。

（三）数据挖掘和预测模型

企业可以通过数据挖掘和预测模型，发现投诉处理过程中存在的问题，并预测未来可能出现的风险和挑战，以优化和升级投诉处理机制。

下面以淘宝网为例，介绍其 AI 算法的应用。

- NLP：淘宝网利用 NLP 算法对投诉内容进行自动分类和情感分析，并将投诉内容与不同的问题模板进行匹配，以精准地定位和解决问题。

- 图像识别技术：淘宝网通过图像识别技术，实现了对产品图片和视频的快速核查和审核，以避免投诉中出现假货、虚假宣传等问题。

- 数据挖掘和预测模型：淘宝网通过大数据挖掘和预测模型发现用户行为和偏好，从而得以在客户服务、营销策略等方面提供更加个性化的服务。

如前所述，淘宝网在 2018 年推出了 AI 客服"小蜜"，通过机器学习和 NLP 技术，实现了对投诉消费者问题的智能识别和回复。截至 2021 年，淘宝网上已经有超过 70% 的售后问题可以通过这种方式得到自动解决。

💡 本章知识点

1. AI 技术在用户体验设计中发挥了重要作用，主要包括个性化推荐、智能客服、用户画像分析、情感分析、数据可视化等。

2. 售前售后服务管理：指企业在销售产品之前和之后提供的各种服务和支

持，以满足客户的不同需求。

3. 跨境电商投诉处理机制：指企业为解决跨境电商交易中产生的投诉和纠纷而建立的一套完整的处理程序和措施。

4. 跨境电商投诉处理机制中 AI 算法的应用：包括 NLP、图像识别技术、数据挖掘和预测模型等。

❓ 本章思考题

1. AI 技术在用户体验设计中有哪些应用？
2. 售前服务管理的具体实现方式是什么？
3. 售后服务管理的具体实现方式是什么？
4. 举例说明跨境电商投诉处理机制的主要流程。

第十二章　智能跨境电商风险管理

第一节　跨境电商法律法规解读及其影响

随着跨境电商的快速发展，各国纷纷出台相关法律法规以进行规范。跨境电商法律法规主要包括海关法规、税收政策、知识产权保护、消费者权益保护等多个方面。本章将对这些法律法规进行介绍，并分析它们对跨境电商的影响。

一、主要跨境电商法律法规

（一）海关法规

海关法规是跨境电商法律法规中比较重要的内容，其主要对商品的进入和出境进行了规定，通常包括进口商品清单申报、禁止进口商品、进口商品适用税率等内容。根据不同国家的法律法规，海关会对不同类型的商品进行不同形式的检验和审核，如抽检、查验、审批等。此外，一些国家还会对某些特定的商品或进口商实行限制或监管。

（二）税收政策

跨境电商税收政策是一个比较复杂的问题。由于不同国家的税收政策存在较大差异，因此涉及跨境电商的商品可能会被多次征税。例如，在我国，允许个人在购买一定额度以下的跨境商品时享受免税政策，而对于超出额度的商品则会征收相应的消费税和进口环节增值税；在美国，则根据不同州的法律法规而征收不同的销售税。

（三）知识产权保护

跨境电商中存在的知识产权侵权问题已引起了各国政府的重视。例如，欧盟通过《数字单一市场指令》、美国通过《数字千年版权法案》等法律法规加强了对知识产权的保护。此外，不少国家还构建了反假冒、反盗版机制，如海关知识产权保护计划、品牌透明计划等，以防止知识产权被侵犯。

(四) 消费者权益保护

消费者权益保护是跨境电商法律法规中必不可少的一部分。不同国家对消费者权益的保护程度不同，但都有类似的规定，如禁止虚假宣传、提供退换货服务、保障产品质量等。同时，一些国家还会设立相关机构，如中国的工商行政管理机构和美国的联邦贸易委员会等，来监管消费者权益保护的执行情况。

跨境电商法律法规的出台给跨境电商业务的发展造成了一定程度的影响。首先，合规经营成为跨境电商企业不可或缺的一部分，企业需要遵守各国法规要求，并承担相应的责任。其次，跨境电商进入门槛也相应提高，由于各种限制和监管机制的加强，一些小型或散户式的跨境电商难以生存。最后，消费者对跨境电商的信心和信誉度有了更高的要求，往往只有那些大型的、规范化的企业才能获得更多的市场份额。

跨境电商法律法规对于企业和消费者而言都存在一定的挑战。对于企业而言，全球各地的法规标准不统一，需要其花费较大精力去适应和满足不同国家和地区的要求；同时，合规经营也意味着企业需要付出更多的成本和人力资源。对于消费者而言，虽然相关法律法规保护了他们的部分权益，但他们依然面临着许多购物风险和安全问题，如商品质量问题、交易安全性问题等。

因此，跨境电商企业应该尽快适应相关法律法规的要求，通过规范化的经营和提供优质、安全、可靠的服务来赢得消费者的信任和支持。同时，政府也应该加强监管，完善跨境电商法规体系，积极建立跨国合作机制，共同维护跨境电商的健康发展。

二、主要海关跨境电商政策的梳理

表12-1为我国海关目前使用的重要文件及监管方式。

表 12-1 我国海关目前使用的重要文件及监管方式

实施时间	公告名称	文号	主要内容
2014.2.10	关于增列海关监管方式代码的公告	海关总署公告〔2014〕12号	9610监管方式
2014.8.1	关于增列海关监管方式代码的公告	海关总署公告〔2014〕57号	1210监管方式
2015.5.15	海关总署关于调整跨境贸易电子商务监管海关作业时间和通关时限要求有关事宜的通知	署监发〔2015〕121号	7×24小时作业
2016.4.26	海关总署关于印发《跨境电子商务综合试验区海关可复制推广的制度措施》的通知	署监函〔2016〕163号	综试区10条复制推广措施
2016.4.8	财政部、海关总署、税务总局关于跨境电子商务零售进口税收政策的通知	财关税〔2016〕18号	限值、计税、纳税义务人等
2016.2.1	海关总署关于增列海关监管方式代码的公告	海关总署公告〔2016〕75号	1239监管方式
2018.10.1	财政部、税务总局、商务部、海关总署关于跨境电子商务综合试验区零售出口货物税收政策的通知	财税〔2018〕103号	出口免税政策
2018.4.16	海关总署关于印发《支持跨境电子商务发展可复制推广措施》的通知	署监发〔2018〕70号	7条跨境电商复制推广措施
2018.6.1	关于规范跨境电子商务支付企业登记管理	海关总署公告〔2018〕27号	支付企业管理
2018.7.13	海关总署关于印发"查检合一"实施方案的通知	署监发〔2018〕145号,附件二	跨境电商查检合一
2018.7.4	海关总署办公厅关于中国银联开展跨境电子商务支付业务有关事宜的通知	署办监函〔2018〕92号	同意银联作为支付企业
2018.9.30	关于修订跨境电子商务统一版信息化系统企业接入报文规范的公告	海关总署公告〔2018〕113号	进、出口系统企业接入规范

续表

实施时间	公告名称	文号	主要内容
2019.1.1	关于跨境电子商务零售进出口商品有关监管事宜的公告	海关总署公告〔2018〕194号	电商监管公告
2019.1.1	关于实时获取跨境电子商务平台企业支付相关原始数据有关事宜的公告	海关总署公告〔2018〕165号	支付相关原始数据核对要求
2019.1.1	关于实时获取跨境电子商务平台企业支付相关原始数据接入有关事宜的公告	海关总署公告〔2018〕179号	支付相关原始数据对接标准
2019.1.1	关于跨境电子商务企业海关注册登记管理有关事宜的公告	海关总署公告〔2018〕219号	企业注册登记
2019.1.1	财政部、海关总署、税务总局关于完善跨境电子商务零售进口税收政策的通知	财关税〔2018〕49号	限值修改、不允许线下自提等
2019.1.1	关于调整跨境电商零售进口商品清单的公告	财政部公告〔2018〕157号	正面清单更新
2019.1.1	商务部、发展改革委、财政部、海关总署、税务总局、市场监管总局关于完善跨境电子商务零售进口监管有关工作的通知	商财发〔2018〕486号	定义、权责、义务等

注：本部分（二、主要海关跨境电商政策的梳理）中的表格、图片均来自微信号——1100ec。

针对我国海关总署的重要文件，在此做一些必要梳理和解读。

（一）海关总署公告〔2014〕12号

增列海关监管方式代码"9610"，全称"跨境贸易电子商务"，简称"电子商务"。

适用于境内个人或电子商务企业通过电子商务交易平台实现交易，并采用"清单核放、汇总申报"模式办理通关手续的电子商务零售进出口商品。

（二）海关总署公告〔2014〕57号

增列海关监管方式代码"1210"，全称"保税跨境贸易电子商务"，简称"保税电商"。

适用于境内个人或电子商务企业在经海关认可的电子商务平台实现跨境交

易,并通过海关特殊监管区域或保税监管场所进出的电子商务零售进出境商品。

(三) 署监函〔2016〕163号

1. 跨境电子商务试点城市

第一批：上海、重庆、杭州、宁波、郑州。

第二批：广州、深圳。

第三批：天津、福州、平潭。

2. 跨境电子商务综合试验区

第一批：2015年3月7日,国务院同意设立中国(杭州)跨境电子商务综合试验区。

第二批：2016年1月6日,国务院常务会议决定,在天津、上海、重庆、合肥、郑州、广州、成都、大连、宁波、青岛、深圳、苏州等12个城市设立第二批跨境电子商务综合试验区。

第三批：2018年7月24日,国务院同意在北京、呼和浩特、沈阳、长春、哈尔滨、南京、南昌、武汉、长沙、南宁、海口、贵阳、昆明、西安、兰州、厦门、唐山、无锡、威海、珠海、东莞、义乌等22个城市设立跨境电子商务综合试验区。

表12-2为跨境电子商务综合试验区所属地区。

表12-2 跨境电子商务综合试验区所属地区

所属地区		获批时间	批次
浙江	杭州	2015.3.7	第一批
	宁波	2016.1.6	第二批
	义务	2018.7.24	第三批
河南	郑州	2016.1.6	第二批
天津	天津	2016.1.6	第二批
上海	上海	2016.1.6	第二批
重庆	重庆	2016.1.6	第二批
安徽	合肥	2016.1.6	第二批

续表

所属地区		获批时间	批次
广东	广州	2016.1.6	第二批
	深圳	2016.1.6	第二批
	珠海	2018.7.24	第三批
	东莞	2018.7.24	第三批
四川	成都	2016.1.6	第二批
辽宁	大连	2016.1.6	第二批
	沈阳	2018.7.24	第三批
山东	青岛	2016.1.6	第二批
	威海	2018.7.24	第三批
江苏	苏州	2016.1.6	第二批
	南京	2018.7.24	第三批
	无锡	2018.7.24	第三批
北京	北京	2018.7.24	第三批
内蒙古	呼和浩特	2018.7.24	第三批
吉林	长春	2018.7.4	第三批
黑龙江	哈尔滨	2018.7.24	第三批
江西	南昌	2018.7.24	第三批
湖北	武汉	2018.7.24	第三批
湖南	长沙	2018.7.24	第三批
广西	南宁	2018.7.24	第三批
海南	海口	2018.7.24	第三批
贵州	贵阳	2018.7.24	第三批
云南	昆明	2018.7.24	第三批
陕西	西安	2018.7.24	第三批
甘肃	兰州	2018.7.24	第三批
福建	厦门	2018.7.24	第三批
河北	唐山	2018.7.24	第三批

针对跨境电子商务综合试验区的主要海关政策包括以下几个方面。

1. 推行全程通关无纸化

适用范围：进出口。

搭建跨境电子商务通关管理和通关服务平台，实现涵盖企业备案、申报、审单、征税、查验、放行、转关等各个环节的全程通关无纸化作业。报关企业通过平台向海关申报电子清单，同时电商企业、物流企业、支付企业通过平台向海关传输交易、物流、支付电子信息，清单信息和"三单"信息实现对碰。缴纳税款采用网上支付、电子支付的形式。海关审核、查验、放行后将验放指令电子回执反馈报关企业。

2. 明确"三单"数据传输主体，统一传输标准

适用范围：进出口。

（1）"三单"数据传输主体。交易信息由电商企业或电商平台企业提供；物流信息由物流企业提供；支付信息、出口商品，由电商企业（含外贸综合服务企业）提供实际收款信息，进口商品由支付企业传输。邮政企业和进出境快件运营人在对所传信息真实性承担法律责任的前提下，可由其代为传输交易、支付信息。

（2）"三单"数据格式标准。交易信息包括订单号、商品名称、数量、零售价格、运费、保险费、订购人姓名、订购人身份证号、订购人电话或手机号码等信息；支付信息包括支付类型、支付人姓名、支付人身份证号、支付人电话或手机号码、支付金额等信息；物流信息包括运单号、承运商品的订单号、运抵国或地区（进口为启运国或地区）、收货人姓名、收货人身份证号、收货人电话或手机号码等。

3. 对 B2C 销售模式按照 B2B 形式通关

适用范围：进出口。

着力打造跨境电子商务 B2B 交易通关模式。零售进口模式下，由电商企业或其代理人采取清单申报方式，代办申报、纳税等海关手续并承担法律责任。零售出口模式下，电商企业或其代理人采取清单申报方式，按照货物办理海关通关

手续，并承担法律责任。

4. 实行"简化申报、清单核放、汇总统计"

适用范围：出口。

（1）简化申报。对不涉及出口征税、出口退税、许可证件管理且单票价值在人民币 5 000 元以内的跨境电子商务 B2C 出口商品，电商企业可以按照《进出口税则》规定的 4 位税号申报。

（2）清单核放。电商企业或其代理人向海关提交《中华人民共和国海关跨境电子商务零售进出口商品申报清单》，办理出口商品通关手续，经国税部门和外汇管理部门同意后，不再汇总申报《中华人民共和国海关出口货物报关单》。

（3）汇总统计。符合以上条件的跨境电子商务出口商品，按《中华人民共和国海关跨境电子商务零售进出口商品申报清单》汇总统计。

5. 实行"税款担保、集中纳税、代扣代缴"

适用范围：进口。

电商企业或其代理人事先向海关提交银行税款保函或者保证金，海关定期对零售进口模式下的商品税款集中汇总缴纳，税款由电商企业或其代理人代扣代缴。

6. 允许批量转关

适用范围：进出口。

对转关运输跨境电子商务零售进出口商品采用直接转关方式，转关商品品名以总运单形式录入"跨境电子商务商品一批"，并应随附转关商品详细清单，舱单按分运单、提单、载货清单进行管理和核销。

7. 创新退换货流程

适用范围：进出口。

（1）进口退货。跨境电子商务进口 B2B 模式下，按照现行规定办理退换货手续。B2C 直购进口模式下，退回的商品在海关放行之日起 30 日内原状运抵原监管场所，经海关确认后，准予不征税复运出境，并相应调整个人年度交易累计金额（跨年度的不予调整）；B2C 网购保税进口模式下，退回的商品在海关放行之日起30日内原状运抵原特殊监管区域或保税物流中心（B型），经海关确认后，相应调整个人年度交易累计金额（跨年度的不予调整），同时调整账册数量。

（2）出口退货。跨境电子商务出口商品，如不涉及退税或者能够提供国税部门未退税证明、退税已补税证明，同时在出口之日起1年内原状复运进境的，准予不征税复运进境。

8. 有效管控风险

适用范围：进出口。

建立"制度+科技+人工"三位一体的风险管控机制和"事前、事中、事后"全方位综合监管体系。"制度"即建立规范，对外明确清单和"三单"数据项内涵和申报要求，对内规范海关作业，为风险管控奠定基础；"科技"即依托大数据、云计算，全面采集清单、"三单"和海关作业以及相关部门数据，并创新技术方法，为风险管控提供保障；"人工"即将人工智慧和机器智能相结合，依托信息化手段开展风险分析和处置。"事前"即预设阀值类风险参数，对超量、超额购买等进行有效控制；"事中"即在实施清单和"三单"相关数据自动比对基础上，下达布控指令和设置风险参数，重点防控安全准入风险，同时提示并处置税收风险；"事后"即适时对企业实施稽查。

9. 对接"单一窗口"平台，强化通关协作

适用范围：进出口。

依托电子口岸，在国际贸易单一窗口基础上，建设跨境电子商务"单一窗口"，实现跨境电子商务一点接入、一次递交、统一反馈，推动跨境电子商务关检合作"一次申报、一次查验、一次放行"，落实口岸部门"三互"，实现口岸各部门信息共享。

10. 实行大数据共享

适用范围：进出口。

通过地方政府建设的"六体系、两平台"，获取其他管理部门的企业信用数据、个人征信记录等信息，完善海关信用管理和风险防控体系建设。同时，向电

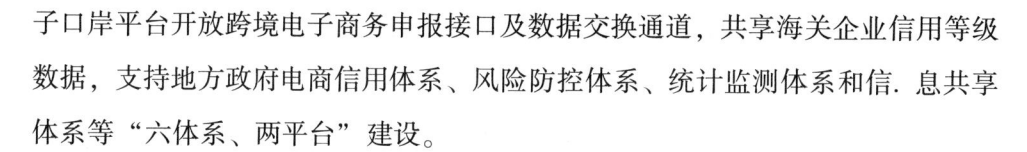

子口岸平台开放跨境电子商务申报接口及数据交换通道，共享海关企业信用等级数据，支持地方政府电商信用体系、风险防控体系、统计监测体系和信息共享体系等"六体系、两平台"建设。

（四）财关税〔2016〕18号

完税价格，按货物征税；

纳税义务人；

传输三单信息，邮快代传；

单次交易限制及个人年度交易限值；

退货；

订购人身份认证；

《跨境电子商务零售进口商品清单》。

（五）海关总署公告〔2016〕75号

增列海关监管方式代码"1239"，全称"保税跨境贸易电子商务A"，简称"保税电商A"。

适用于境内电子商务企业通过海关特殊监管区域或保税物流中心（B型）一线进境的跨境电子商务零售进口商品。

（六）署监发〔2018〕70号

1. 实行"一线管住二线优出"

网购保税进口模式下，严格贯彻落实安全准入风险在进境口岸第一时间处置的总体策略，强化安全准入风险防控，规范执行风险处置要求，有效防控口岸物流环节的业务风险，同时在入区环节进行适度抽查。出区时，除涉及情报和风险指向性明确外，原则上不再通过进口统一版系统对《申报清单》进行布控查验，但应保留必要的卡口（车辆或核放单）抽核，实现快速通关。

2. 创新盘库，账册比对新模式

网购保税模式下，对进口商品实施统一电子账册管理，结合电商企业盘库计划合理确定海关实货盘查、账册核查周期，以电商企业自查+海关验核、信息化系统联网比对方式进行账册管理，必要时引入第三方机构参与盘库，并实现报关单或出区核放单对电子账册底账数据的动态核增核减。

3. 规范不符合销售条件商品处置要求

网购保税进口模式下，对电商企业存储在区域（中心）内超过保质期或有效期、商品或包装损毁等不符合销售条件的商品，规范办理退运或销毁手续的监管要求。

4. 实现网购保税商品和其他保税货物的同仓存储和账册互转

依托海关特殊监管区域（保税物流中心）的功能优势，统筹开展网购保税商品和其他保税货物仓储。运用信息技术手段和数据管理，在满足监管证件要求的前提下，通过不同属性账册间数据互转，实现货物状态互转，提升特殊区域（中心）拓展跨境电商、集拼分拨、全球订单履行中心等功能，使原来需要存储于多个仓库的多种贸易形态货物可以在特殊区域（中心）内一站式完成。

5. 依托金融机构解决订购人身份信息认证问题

对订购人和支付人一致的，由于银行等金融机构已验证支付人身份信息，不再要求电商企业对订购人身份信息认证；对订购人和支付人不一致的，要求电商企业对订购人身份信息认证，并提供认证证明。海关应加强抽查，严防伪造、盗用订购人身份信息。

6. 规范促销管理机制

要求企业将促销方案及相关商品价格提前向海关备案，海关提前做好通关保障，同时加强交易真实性的风险防控。

7. 强化风险管理

一是推广"神秘买家"的交易验证手段，从制度规范、实现方式和经费保障等多方面入手，研究建立海关自身的跨境电商交易验证制度。二是强化事后风险分析。建立事后监控分析机制，围绕交易真实性开展深入分析，提炼出虚假交易、传输虚假数据等风险特征，从中区分出布控重点。

（七）财关税〔2018〕49号

1. 限值修改

单次交易限值：由人民币2 000元提高至5 000元。

年度交易限值：由人民币 20 000 元提高至 26 000 元。

2. 超限值管理（见表 12-3）

表 12-3 超限制管理一览

	跨境电商渠道进口	征收"跨境税"	按货物税率全额征收关税、进口环节增值税和消费税	按一般贸易管理	交易额计入年度交易总额
完税价格>5 000、年度交易限值≤26 000 商品为1件	√	×	√	×	√
完税价格>5 000、年度交易限值≤26 000 商品为多件	×	×	—	—	—
完税价格>5 000、年度交易限值>26 000 商品为1件	×	×	√	√	×
完税价格>5 000、年度交易限值>26 000 商品为多件	×	×	√	√	×

3. 不允许二次销售及线下自提

已经购买的电商进口商品属于消费者个人使用的最终商品，不得进入国内市场再次销售；原则上不允许网购保税进口商品在海关特殊监管区域外开展"网购保税+线下自提"模式。

4. 修改《跨境电子商务零售进口商品清单》

其他事项继续按照《财政部 海关总署 税务总局关于跨境电子商务零售进口税收政策的通知》（财关税〔2016〕18号）有关规定执行；为适应跨境电商发展，财政部会同有关部门对《跨境电子商务零售进口商品清单》进行了调整，将另行公布。

具体监管方式及流程见图 12-1 至图 12-5。

图 12-1　直购进口等 4 种监管方式

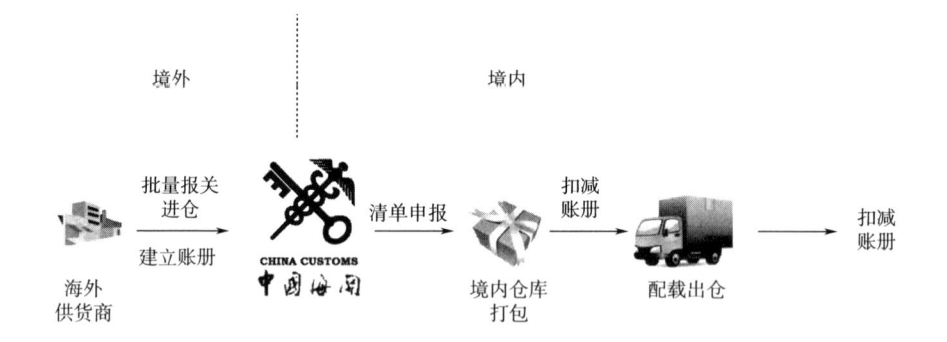

图 12-2　网购保税进口流程

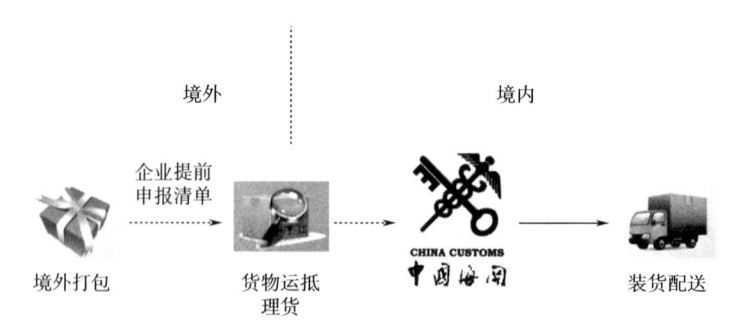

图 12-3　直购进口流程

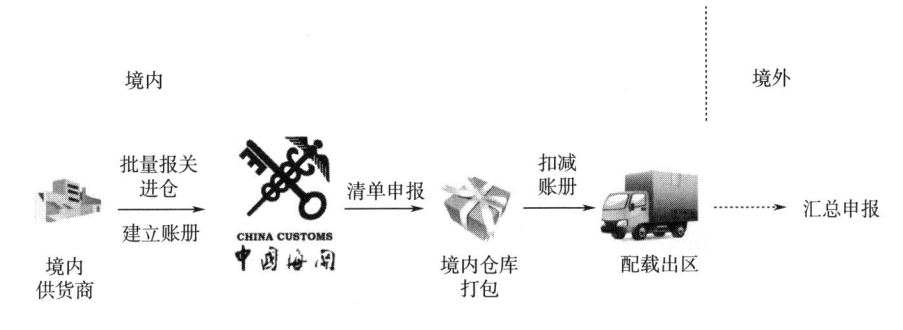

图 12-4　特殊区域出口流程

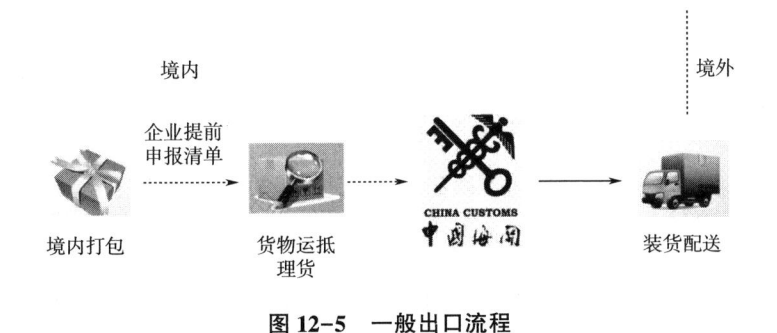

图 12-5　一般出口流程

三、跨境电商相关政策法规文献

- 《中华人民共和国电子商务法》
- 《全球跨境电商综合试验区建设总体方案》
- 《关于促进外贸发展若干措施的通知》
- 《海关总署关于进一步规范跨境电子商务业务监管工作的通知》
- 《国家邮政局 财政部 海关总署关于规范进口邮递物品监管有关税费政策的通知》
- 《中华人民共和国海关进出口货物分类表》
- 《中华人民共和国海关进出口货物归类管理办法》
- 《中华人民共和国海关进出口货物申报管理办法》

- 《跨境电商零售进口商品清单备案管理办法》
- 《跨境电商综合试验区保税物流中心运营管理办法》

这些文件涉及跨境电商的各个方面，包括监管、税收、申报、归类、备案等，对于从事跨境电商的企业和个人来说，具有重要的指导和参考作用。

四、跨境电商法律法规对企业和消费者造成的影响分析

案例1。2018年，亚马逊平台上的跨境电商企业F2A收到了超过1.5万个消费者投诉，FTC（美国联邦贸易委员会）对此进行了调查，并认为该企业存在虚假宣传、违反退换货政策等问题。FTC最终要求F2A支付超过1 000万美元的罚款。

这一案例表明，消费者权益保护在跨境电商中非常重要，对此企业应该建立完善的售后服务机制，遵守相关的退换货政策，不得进行虚假宣传或欺骗消费者。一旦企业违规经营，则会面临高额罚款甚至营业执照被吊销的风险。

案例2。在中国，个人海淘跨境电商平台"全球购"曾一度通过免税政策和优惠券等方式吸引了大量消费者。但由于政策调整，该平台向海关注册增值税纳税人的资格被取消，从而导致其无法享受免税待遇，同时也无法为消费者提供价格低廉的商品。

这一案例表明，政策调整往往会对跨境电商企业的发展造成影响。除本案例中介绍的政策之外，税收政策也是一个非常重要的话题，企业需要了解各国的相关税收政策，以便更好地开展业务。

案例3。2019年，中国海关在"双11"期间累计查处各类跨境电商违规案件841起，涉案金额4.9亿元人民币。其中，不少企业存在虚假报关、偷逃税款等行为。

这一案例表明，海关法规对于跨境电商很重要，企业应该遵守相关的规定和报关流程。一旦企业违规操作，则将面临罚款、被禁止进口等风险。

第二节 知识产权保护和 AI 技术的应用

随着 AI 技术的不断发展，AI 技术在知识产权保护方面的应用也越来越广泛。对此本节将从两个方面加以详细讲解：一是 AI 技术在知识产权领域的应用，二是 AI 技术带来的知识产权保护挑战。

一、AI 技术在知识产权领域的应用

（一）知识产权搜索和监测

AI 技术可以通过大数据分析和机器学习算法等，在海量的专利、商标、著作权信息中进行精准搜索和监测。例如，AI 技术可以对专利文献进行语义分析，自动识别出与特定产品或技术相关的专利；同时，它也可以对网站、社交媒体等平台上存在的侵权行为进行监测和提醒。

（二）自动化的版权管理

AI 技术还可以实现版权管理的自动化。借助 AI 技术，我们可以自动检测和识别网络上存在的盗版、侵权行为，并迅速采取相应的措施。此外，AI 技术也可以帮助相关机构自动审核和处理海量的版权申请，从而提高版权审批的效率和准确性。

（三）智能化的知识产权诉讼

AI 技术也可以用于知识产权案件的辅助处理。例如，通过 NLP 技术和情感分析算法分析涉案文献和证据，对案件胜负进行预测；提供智能化的律师咨询服务，为企业提供更精准、高效的法律支持；等等。

二、AI 技术带来的知识产权保护挑战

虽然 AI 技术在知识产权保护方面有着广泛的应用前景，但其也带来了一些挑战和问题。

（一）法律规制的滞后性

由于 AI 技术的快速发展，一旦法律规制跟不上技术的进步，则极易造成 AI

技术在知识产权保护方面产生法律风险。例如，目前 AI 生成的作品是否享有版权以及如何判断 AI 算法的创新性等问题，都需要通过新的立法、司法实践来加以解决。

（二）数据安全问题

AI 技术需要海量的数据支持，而这些数据可能包含着机密的商业信息和个人隐私。因此，在 AI 技术应用中需要注意数据的安全性和隐私保护等。

（三）AI 算法的可信度

AI 技术的应用需要建立在可靠和高效的算法基础上，但目前 AI 算法的准确性和可信度还难以得到绝对保障。因此，在知识产权保护中应高度关注 AI 算法的科学性和精准性。

总之，AI 技术在知识产权保护领域有着广泛的应用前景，但其也带来了一些挑战和问题。为了更好地发挥 AI 技术在知识产权保护方面的作用，需要加强相关的法律规制建设和技术研发工作，并注重对数据安全和算法可靠性的保障。

第三节　国际支付风险防范及其实现方式

国际支付风险防范是指在进行国际交易时，为了避免支付风险而采取的措施。国际支付风险主要有货款风险、信用风险和外汇风险等。为防范这些风险，国际贸易中常采取以下几种实现方式。

一、信用证

信用证是指银行开具的一种保证，该保证承诺支付出口商（卖方）在进口商（买方）按照规定提供单据的情况下所得到的货款。通过信用证，出口商的货款可以得到保障，且进口商也能够得到相应的交易保证。不同类型的信用证，可以针对不同的付款方式和交货条件提供不同程度的保障。

二、担保机制

担保机制是指在国际支付中，由第三方提供担保来保障交易双方的利益。例如，进口商可以要求出口商提供银行保函或保证金等担保方式，以此确保自己的权益不受损失。此外，也可以由买卖双方共同选择一家可靠的第三方担保机构来提供担保，以降低双方的风险。

三、预付款和货到付款

预付款和货到付款是国际贸易中常见的两种支付方式。预付款指在货物发出前，买方向卖方支付全部或部分货款；货到付款则是指买方在收到货物后再向卖方支付货款。这两种支付方式虽然简单易行，但也存在较大的支付风险，因此需要双方加强信任和合作，并严格履行合同条款。

四、外汇风险管理

在国际贸易中，由于交易双方来自不同的国家，涉及不同的货币，因此还存在外汇风险。为了防范外汇风险，可以采取一些外汇风险管理措施，如选择稳定的交易伙伴、使用多种货币进行结算、进行外汇套期保值等。

总之，在国际贸易中，为了避免支付风险，需要采取相应的防范措施。以上介绍的信用证、担保机制、预付款和货到付款以及外汇风险管理等方式都可以有效地防范支付风险，提高国际贸易的安全性和可靠性。

💡 本章知识点

1. 跨境电商法律法规主要包括海关法规、税收政策、知识产权保护、消费者权益保护等多个方面。

2. 海关法规主要对商品的进入和出境进行了规定，通常包括进口商品清单申报、禁止进口商品、进口商品适用税率等内容。

3. 根据跨境电商税收政策，涉及跨境电商的商品可能会被多次征税。

4. 知识产权保护主要解决的是跨境电商中存在的知识产权侵权问题。

5. 消费者权益保护是跨境电商中必不可少的一部分。不同国家对消费者权益的保护程度不同，但都有类似的规定，如禁止虚假宣传、提供退换货服务、保障产品质量等。

6. 知识产权搜索和监测。AI 技术可以通过大数据分析和机器学习算法等，在海量的专利、商标、著作权信息中进行精准搜索和监测。

7. 智能化的知识产权诉讼。AI 技术可以通过 NLP 技术和情感分析算法分析涉案文献和证据，从而对案件胜负进行预测。

本章思考题

1. 怎样理解"跨境电商法律法规对企业和消费者都存在一定的挑战"？

2. 试解释"制度+科技+人工"三位一体的风险管控机制和"前中后"全方位综合监管体系。

3. 为什么在知识产权保护中应注意 AI 算法的科学性和精准性？

第四部分

跨境电商的未来趋势与实际案例分析

第十三章　智能跨境电商发展趋势

第一节　智能跨境电商发展趋势预测

智能跨境电商是利用互联网技术和智能化手段，实现国际贸易的在线化、数字化和智能化，具有高效便捷、覆盖面广等优势。

一、智能跨境电商未来发展领域

未来，智能跨境电商将成为全球贸易的重要趋势，具体表现在以下几个方面。

（一）AI 技术的应用

未来的智能跨境电商平台将更加智能化，通过 AI 技术实现自动化的交易流程，包括在线客服、智能推荐、数据分析等。

（二）区块链技术的应用

区块链技术可以提供可靠的数据验证和安全保障，在智能跨境电商中可以应用于货款支付、物流监管等方面，从而提高整个贸易体系的透明度和可信度。

（三）供应链数字化转型

数字化转型已经成为当前企业转型的主流趋势，而智能跨境电商作为一种在线化、数字化的贸易形态，必然会促进供应链数字化的进程，从而提高供应链的响应速度和准确性。

（四）全球市场的不断扩大

随着全球贸易的不断发展，智能跨境电商也将不断拓展其市场。未来，智能跨境电商平台将更多地涉足全球范围内的交易，包括小额贸易和物流服务等，从而为更多企业提供便捷的国际贸易服务。

（五）跨境电商政策的逐步放开

各国政府对于跨境电商的监管政策正在逐步放松，这有利于智能跨境电商的快速发展。同时，在政策放开的背景下，未来智能跨境电商还需要积极应对监管方面的挑战，并制定相应的政策和规则。

总之，未来的智能跨境电商将变得更加智能化、数字化和安全可靠，同时也会涉猎更广泛的市场和领域。在这一过程中，企业需要积极把握机遇，加强技术创新、市场拓展和品牌建设，以实现智能跨境电商的长期稳健发展。

二、从渠道和获客方面看智能跨境电商未来发展的重要趋势

这具体表现在以下几个方面。

（一）社交媒体成为获客主渠道

未来，智能跨境电商将更加注重社交媒体的获客作用，包括脸书、照片墙、TikTok 等平台。这些平台将成为企业扩大品牌知名度和吸引目标群体的重要途径。

（二）线上与线下融合

未来，智能跨境电商将通过线上线下融合打造多元化的销售渠道，既包括线上平台销售，也包括线下门店销售和 O2O 模式。这将有助于提高消费者的购物体验和销售额，同时有利于企业建立品牌形象和维护消费者关系。

（三）移动端应用被广泛使用

随着智能手机的普及，移动电商将成为智能跨境电商未来的重要获客渠道。未来，企业需要进一步借助移动端应用来扩大销售渠道、提高用户留存率，同时也需要积极适应不断变化的移动端技术和消费趋势。

（四）个性化营销成为关键

未来，智能跨境电商将更加注重个性化营销，通过数据分析和 AI 等技术手段为消费者提供更加精准的产品推荐和定制化服务。这将有助于提高品牌忠诚度和消费者满意度，进一步促进企业销售增长。

总之，在未来的智能跨境电商发展中，通过多元化的销售渠道、个性化的营

销策略和不断创新的技术手段，将有助于企业获得更多的目标客户和市场份额，从而实现持续的盈利增长。

第二节　智能跨境电商创新趋势分析

智能跨境电商的创新趋势是指在技术、服务和运营等方面不断探索，引领行业发展的一系列发展趋势。

一、智能跨境电商的创新行业

这具体表现在以下几个方面。

（一）AI 技术应用

AI 技术将成为智能跨境电商创新的重要驱动力。目前，AI 技术已经广泛应用于智能客服、智能推荐、NLP 等方面，未来有望进一步实现对供应链的智能化管控。

（二）虚拟现实技术应用

虚拟现实技术可以为消费者提供沉浸式的购物体验，同时也可以帮助企业提高产品设计效率和销售额。未来智能跨境电商平台将更多地应用虚拟现实技术，以满足消费者的个性化需求。

（三）整合物流服务

未来，智能跨境电商平台将通过整合物流服务，实现商品从下单到交付的全生命周期管理，包括订单管理、仓储管理、配送管理等。这有助于提升物流效率，降低运营成本，并为消费者提供更好的物流服务体验。

（四）精细化运营管理

未来，智能跨境电商平台将通过数据分析、AI 等技术手段实现对用户需求、产品质量和运营效率等方面的精细化管理，从而提高企业的绩效水平和竞争力。

（五）社交媒体营销

未来，智能跨境电商平台将更多地利用社交媒体平台进行商品推广和营销活动。通过社交媒体的流量入口，企业能吸引更多潜在客户，提升品牌知名度，扩大市场份额。

总之，在智能跨境电商不断发展的过程中，科技创新和服务升级已成为智能跨境电商平台提高用户体验和市场竞争力的重要手段。未来，通过不断探索和实践，智能跨境电商平台将进一步拓展其服务范围和业务领域，并与其他行业深度融合，以实现更加全面和深入的发展。

二、跨境电商市场营销与智能结合的创新趋势

这主要表现在以下几个方面。

(一) 数据驱动的个性化营销

未来，跨境电商平台将通过收集和分析用户数据，实现对用户需求、购买行为等方面的深入了解，从而为用户提供更精准的个性化服务和推荐。

(二) 智能 SEO

未来，跨境电商平台将采用智能搜索引擎技术，提高网站排名和流量转化率。例如，通过分析用户搜索行为和关键词热度等，调整网站内容和优化页面结构，从而让搜索引擎更快地找到和收录相关内容。

(三) 社交媒体广告投放

未来，跨境电商平台将使用社交媒体广告投放，以吸引更多目标客户，并帮助企业提高品牌曝光度和知名度。通过智能算法和定向投放，可实现广告投放效益的最大化。

(四) AI 客服机器人

未来，跨境电商平台将采用 AI 客服机器人来满足用户日益增长的服务需求，提高售前售后服务效率。此外，通过 NLP 技术和图像识别技术，可实现更加智能的客服体验。

(五) 跨境社交媒体营销

未来，跨境电商平台将通过社交媒体平台与海外用户进行互动和交流，以获取更多的市场信息和用户反馈。此外，通过精准定位和创新内容推送，可提高用

户忠诚度和转化率。

总之，在智能技术和数字化趋势的推动下，跨境电商平台的市场营销正在不断创新和升级。只有抓住这些机遇并及时采取行动，企业才能在激烈的市场竞争中占据优势地位，实现可持续发展。

第三节 智能跨境电商行业链整合展望

智能跨境电商行业链整合，是指通过整合产业链上游和下游的企业资源和服务，构建完整的产业生态系统，提高行业效率和竞争力。未来，智能跨境电商行业链整合主要表现在以下几个方面。

一、产业链上下游合作

未来，一些中小型跨境电商企业将与国内外的供应商、物流企业、支付机构等实现更加紧密的合作关系，从而构建起完整的产业生态系统，实现信息共享和资源整合，提高整个产业链的效率和质量。

二、智能化技术整合

未来，跨境电商平台将通过技术整合（如大数据、AI、区块链等技术的应用），实现对供应链、物流、风险控制等环节的智能化管理和管理优化。同时，将整合各种智能化工具和 App，为用户提供更加便捷、高效的购物体验。

三、跨境支付整合

未来，跨境电商平台将与金融机构、支付公司等合作，引入跨境支付解决方案，以实现不同货币之间的快速转换和安全结算。这有助于提高跨境电商交易的安全性和效率，降低企业运营成本。

四、物流服务整合

未来，跨境电商平台将与物流企业合作，开展全球化的物流服务。通过整合全球范围内的物流资源和优势，实现货物从发货到收货的全程监控和跟踪，从而提高整个物流环节的效率和质量。

五、跨境智能综合服务平台

未来，跨境电商平台将整合各种资源和服务，构建起跨境智能综合服务平台，为用户提供一站式的购物体验和全方位的服务支持。这有助于提高用户满意度，促进跨境电商行业的可持续发展。

总之，在智能化趋势的不断推动下，跨境电商的行业链整合已经成为当前跨境电商平台提升竞争力和市场份额的重要手段。面向未来，企业应积极寻求合作机会，通过资源共享、技术整合等方式，构建完整的产业生态系统和智能化综合服务平台，从而实现跨境电商产业的长足发展。

本章知识点

1. 跨境电商市场规模：跨境电商是指消费者在国外购买货物或服务，并以跨境电子商务交易方式完成的行为。跨境电商市场规模不断扩大的主要原因包括全球化趋势、数字技术创新和物流服务升级等。

2. 智能跨境电商技术分类：智能跨境电商技术主要包括大数据分析、AI、机器学习、NLP、视觉识别、区块链等。这些技术有助于提高跨境电商平台的效率和服务质量。

3. 跨境电商风险管理：跨境电商面临的风险主要包括支付风险、物流风险、合规风险、知识产权侵权风险等。对此，企业应采取一系列措施来降低和规避这些风险。

4. 跨境电商市场营销：跨境电商平台可以通过多种渠道实现市场营销，如社交媒体广告投放、SEO、电子邮件营销、联盟营销等。个性化营销和社交媒体营销是未来跨境电商市场营销的重要趋势。

5. 智能跨境电商创新趋势分析：智能跨境电商的创新趋势主要包括人工智能技术应用、AR/VR技术应用、整合物流服务、精细化运营管理和社交媒体营销等。这些趋势有助于提高智能跨境电商平台的运营效率和用户体验。

6. 智能跨境电商行业链整合展望：智能跨境电商行业链整合主要包括产业链上下游合作、智能化技术整合、跨境支付整合、物流服务整合和跨境智能综合服务平台等。这些措施有助于提高跨境电商产业的效率和质量，促进可持续发展。

本章思考题

1. 智能跨境电商技术的应用和发展趋势是什么？未来它们将如何帮助跨境电商平台提升用户体验、降低成本和风险？

2. 跨境电商面临的风险有哪些？企业应如何利用智能技术管理并规避其风险？

3. 传统跨境电商营销方式的局限性是什么？未来跨境电商平台如何利用智能化技术创新实现更加精准和个性化的营销？

4. 如何对智能跨境电商进行监管和规范？政府机构应该如何协调各方合作，促进跨境电商行业的健康发展？

5. 智能跨境电商的发展与可持续发展之间是否存在矛盾？如果存在，应该如何平衡两者之间的关系？

6. 如何利用智能跨境电商技术推动国际贸易和经济全球化？在这一过程中，需要注意哪些问题？

第十四章　跨境电商实践案例研究

第一节　易贝、亚马逊等六大跨境电商平台分析

一、易贝

（一）基本介绍

易贝是一个在线拍卖和购物网站，允许世界各地的人在网上购买和出售物品。易贝于1995年9月4日在美国加利福尼亚州圣何塞市成立。易贝每天销售数百万件物品，涉及数千个类别，是全球最大的电子市场之一。

2021年8月20日，2021年胡润世界500强发布，易贝排名第384位，企业估值299.6亿美元。

（二）目标市场

易贝主要针对美国和欧洲市场中的中产阶级客户。作为最早的线上拍卖和购物网站，易贝在欧美有很高的人气。如果从事汽摩配行业、二手产品交易、艺术品收藏和拍卖等，易贝是不错的交易平台选择。

（三）经营模式

易贝是平台型模式，以拍卖形式存在是易贝区别于其他平台的一大特色。现在，易贝主要有拍卖、一口价和综合销售这三种交易形式。卖家账户通常分为一般账户和企业账户，一般账户又分为个人账户和商业账户。

二、Wish

（一）基本介绍

Wish是2011年成立的一家高科技独角兽公司，也是北美和欧洲最大的移动

电商平台，该平台上有90%的卖家来自中国。

Wish 旗下共拥有6个垂直的 App：Wish，提供多种类别的产品；Geek，主要提供高科技设备；Mama，主要提供孕妇和婴幼儿用品；Cute，专注于美容产品、化妆品、配饰和服装等；Home，提供各种家居配件；Wish for Merchants，是专门为卖方设计的移动 App。

（二）目标市场

Wish 主要面对北美的移动端客户，是一个基于手机 App 的跨境电商平台，当然其在澳大利亚等地也有大量买家。目前，该平台所售卖的商品主要集中于低重量、客单价低的时尚类、消费类冲动购买型产品。

（三）经营模式

Wish 采用移动端平台型模式，支持个人卖家及企业卖家入驻，一般企业流量相对会多一些，不过个人卖家的产品价格则相对会低一些，所以出单量也比较可观。该平台对发货的时效、有效的追踪，以及妥投率、退款率等都有非常严格的要求。

三、亚马逊

（一）基本介绍

亚马逊是美国最大的一家网络电子商务公司，由贝佐斯于1995年创立，总部位于美国华盛顿州西雅图市。

该公司名下有 Alexa Internet、a9、lab126 和互联网电影数据库（Internet Movie Database，IMDB）等子公司。亚马逊最开始为线上书店，后来其商品走向多元化，现已成为全球第二大互联网企业，并于1997年上市。

2021年10月28日，亚马逊发布了该公司截至2021年9月30日的第三季度财报。财报显示，亚马逊第三季度净营收为1 108亿美元，同比增长15%；净利润为31.56亿美元，同比下滑50%。

（二）目标市场

亚马逊主要针对欧、美、日地区中高端市场的中产优质客户，这些客户消费水平高，综合素质高，产品利润率有保证，且退货率低。另外，平台对退货率高的买家会采取永久拉黑措施，且对卖家的扶持力度较大。目前，亚马逊已覆盖100多个国家和地区，建立了十多个站点，每个站点都具备各自一定的特色和相对独立的运营的政策。

（三）经营模式

依靠"自营+第三方卖家+跟卖+亚马逊物流服务（FBA）"，亚马逊已发展成为一个综合性的市场，其超过40%的产品是自营，超过50%的产品来自第三方卖家；如果是同品牌同款式的商品，则可以跟卖，以最大限度地避免平台上商品同质化。亚马逊拥有自己的仓库和配送体系及客服支持体系，卖家只需要将货物发到亚马逊仓库，接下来的分拣、包装、发货、物流等环节都可以由亚马逊来处理。

四、Shopee（虾皮）

（一）基本介绍

Shopee是东南亚及中国台湾地区的电商平台。2015年于新加坡成立并在此设立总部，随后拓展至马来西亚、泰国、中国台湾地区、印度尼西亚、越南及菲律宾等市场。Shopee经营的商品种类包括电子消费品、家居、美容保健、母婴、服饰及健身器材等。

Shopee社群媒体的粉丝数量超3 000万，并拥有700万活跃卖家，员工超8 000人，遍布东南亚及中国，是东南亚发展最快的电商平台，也是国货出海东南亚地区的首选平台。

（二）目标市场

虾皮主要针对东南亚市场，覆盖中国台湾、印尼、马来西亚、泰国、菲律宾和新加坡等地，其在上述区域内的App下载量名列前茅。可以说，在东南亚这片蓝海市场中，Shopee是发展最迅猛的电商平台之一，其客户主要以年轻群体为主。

（三）经营模式

虾皮采用移动端平台型模式，具有高度社交性。我国用户只能以个体工商户或企业身份入驻。虾皮在我国国内建有仓库，卖家要自己将货物运输到仓库，然后统一打包、运输到目的地仓库。

五、全球速卖通（Aliexpress）

（一）基本介绍

全球速卖通（别称"国际版淘宝"）是阿里巴巴面向国际市场推出的在线跨境电商平台，于 2010 年 4 月上线。

它帮助中小企业接触终端批发零售商，业务覆盖 3C（指计算机、通俗和消费类电子产品）、服装、家居、饰品等多个行业，通过支付宝国际账户进行担保交易，并使用国际物流渠道运输发货，是全球性的英文在线购物网站。

（二）目标市场

全球速卖通主要面向俄罗斯、巴西以及南欧、东欧、南美等发展中国家和地区市场，服务对商品价格极为敏感的中低端消费人群，其在这些国家的市场占有率非常高。因此，如果是主要销售中低端产品的商家，不妨选择全球速卖通。

（三）经营模式

全球速卖通采用平台型模式+中国卖家资源，是依托阿里巴巴国际站的流量而发展起来，其商品、物流、海外仓等都由卖家和第三方提供。平台的卖家大多都来自中国，竞争激烈，所以该平台的价格战非常普遍。此外，全球速卖通也支持个体工商户在其平台上开店。

六、敦煌网（DHgate）

（一）基本介绍

敦煌网是全球领先的在线外贸交易平台，其 CEO 王树彤是中国最早的电子商务行动者之一。1999 年，王树彤参与创立卓越网并出任第一任 CEO，2004 年创立敦煌网。敦煌网致力于帮助中国中小企业通过跨境电子商务平台走向全球市场，从而开辟了一条全新的国际贸易通道，使在线交易不断地变得更加简单、更加安全、更加高效。

敦煌网是国内首个为中小企业提供 B2B 网上交易平台的网站。它采取佣金制，免注册费，只在买卖双方交易成功后收取费用。Paypal（一家国际知名的在线支付服务商）交易平台数据显示，敦煌网是在线外贸交易额中亚太排名第一、全球排名第六的电子商务网站，其在2018年、2019年、2020年的营收分别为1.18亿美元、1.79亿美元、2.3亿美元，毛利分别为5 143万美元、9 717万美元、1.06亿美元。

(二) 目标市场

敦煌网定位于服务国内中小企业和海外小采购商，而它们是被传统竞争对手忽视的中小客户。

(三) 经营模式

如前所述，敦煌网通过"企业免费注册，向买家收取佣金"的模式，为被传统竞争对手忽视的中小客户提供覆盖整个B2B产业链的综合平台服务。不同于传统"信息服务平台"的会员收费制模式，敦煌网采取的是向买家收取佣金的盈利模式，佣金的收取比例根据交易额的不同而有所变化，通常是交易额的3%~12%，也就是采取"动态佣金"模式。交易额越大，佣金比例越低。

第二节 网易考拉、小红书等跨境电商品牌研究

近几年来，国内电商在政策利好的形势下纷纷兴起，经过数轮洗牌，目前已处于相对稳定的局面。在上述电商平台中，既有天猫国际、网易考拉海购（以下简称"网易考拉"）、京东全球购等背靠大型集团公司的综合性跨境电商平台，也有小红书、唯品会等在激烈竞争中生存下来的创业型公司。

一、平台背景

(一) 平台概览

小红书比网易考拉早成立两年，但两者的经营模式和物流模式是一样的。最主要的区别是：小红书的自身定位是海外购物笔记分享社区。

自2013年上线至今，这一定位已成为小红书的重要核心竞争力，也是其他

平台无法复制和超越的地方。小红书从笔记分享逐渐演化出另一大板块，即跨境电商"福利社"（现已改名为更通俗易懂的"购买"），并通过非常高效的社交网络推广方法，吸引了大批量的用户。

网易考拉则更倾向于传统电商的做法，即利用其强大的集团背景和雄厚的资金支持，主打自营直采的理念，打造一个以跨境电商为主的综合型的电商平台。并通过网易游戏、网易新闻客户端等网易全系列产品做流量导入，同样吸引了大批量用户。

（二）目标用户

1. 用户属性

（1）网易考拉的用户属性。网易考拉的使用人群表现为：女性占比85.04%，男性占比14.96%；年龄段则主要来自19~40岁用户，其中24岁以下占比15.11%，25~30岁占比26.54%，31~35岁占比37.43%，36~40岁占比17.18%；使用区域方面，则主要为一二线城市及沿海发达省份。

（2）小红书的用户属性。小红书的使用人群表现为：女性占比89.55%，男性占比10.45%；年龄段则主要来自19~40岁用户，其中24岁以下占比21.78%，25~30岁占比29.83%，31~35岁占比34.98%，36~40岁占比12%；使用区域方面，则主要为一二线城市及沿海发达省份。

2. 用户群特征对比分析

可见，网易考拉的用户群性别特征和小红书类似，女性占比都远大于男性，但小红书的男性占比更低。这可能是因为男性在该类平台中大多数情况下只产生购买行为，拍照分享和"种草"行为则少之又少，而女性用户多对购物、时尚之类的话题更感兴趣，优质的购物分享很容易形成自发的传播。从使用人群年龄占比来看，小红书用户整体更显年轻化，其中19~24岁占比达21.78%，这部分年龄段的用户多处于大学阶段或大学刚毕业阶段，消费能力较弱，但购买欲却不低，且分享意愿远高于其他年龄段用户，小红书新增用户大部分来自该群体。网易考拉则不然，其36~40岁年龄段用户多于19~24岁，整体用户年龄比小红书高，整体消费能力也强于小红书，价格因素在这部分人群中可能不是那么重要，更多的因素是他们对网易的信任。可见，选择网易考拉的更多是拥有一定消费水平甚至消费水平较高的用户，而这也为网易考拉的交易规模提供了增长极。如前所述，从使用区域来看，上述两类用户群体都主要来自一二线城市及沿海发达省份，不论是就物质基础还是文化观念而言，这些地区的用户都更容易接触到海外商品。

（1）从地域角度来看。小红书和网易考拉的用户主要集中在上海、北京、江苏、广东、浙江等一线发达地区。由于小红书和网易考拉公司所在地等原因，用户分布在上述地区也有较为明显的差异。当然就总体而言，这些区域皆是中高端白领人群的重要分布区，相对程度上与产品定位吻合。

（2）从年龄角度看。小红书和考拉两者用户集中在18~34岁之间，占比高达70%，35~44岁之间的用户占比在15%左右。该两个年龄段的用户，一部分是处于事业稳定期的白领、公务员等，购买能力强，消费欲望高，追求生活品质；另一部分是相对低龄的刚开始工作的学生或在校生（留学生），他们接受新事物速度快，但收入水平有限，更愿意低价购买海外高质量商品。小于18岁或大于45岁的用户，或因购买能力有限，或因年龄较大，接受新事物能力较差、消费习惯较为传统等原因，其占比较低。

此外，因为网易考拉在发展前期以母婴类商品为主打产品，其在25~34岁的区间中用户占比比小红书高。小红书则是主打时尚女性喜爱的美妆护肤类产品，因此在18~24岁区间用户占比较网易考拉更高。

（3）从性别角度看。两者用户多以女性为主，小红书的女性用户占比为89.55%，考拉的女性用户占比为85.04%。女性对逛街购物的热衷度比男性更高，且更倾向于在国外购买比国内更便宜的奢侈品与高品质商品。

综合而言，小红书与考拉的用户皆有共性，以18~34岁的一线城市女性为主，主要特点是爱吃爱逛爱美，乐于分享，追求高品质生活，对高品质商品有强烈欲望，且收入能力较强，具有较高的忠诚度。

（三）需求分析

海淘刚兴起时，多数用户是通过个人代购或个人海淘购买海外商品的。但这些方式都存在通关速度慢、物流时效长等痛点，购买一件个人物品从下单到签收往往需要一两个月漫长时间，极大降低了用户的消费体验。此外，个人代购需要寻找信任的买手，而个体间交易的不规范性也使代购需求很难得到良好的解决。通过个人海淘方式，则需要办理相关信用卡，同时需要一定的英文水平以便正常浏览国外网站，海淘过程比较麻烦。跨境电商平台的出现解决了海淘信息的不对称，进一步降低了海淘门槛，使更多用户能够自主、自由地购买海外产品，这就使通过跨境电商平台购买海外产品成为主流方式。但同时这种模式也存在另外一些痛点和难点，如保税仓和海外仓建设、供应链和正品保障等。

用户的海淘动机一般有这样三种情况：国内没有该类商品；国内同类产品质量不如国外；国内代理商的产品贵于国外。由此也产生了三类需求：

- 基本型需求：正品保障、品类丰富；
- 期望型需求：售后服务、物流配送；
- 兴奋型需求：限时折扣、内容社区。

为满足上述需求，网易考拉和小红书均进行了不同的探索和布局。

网易考拉于2015年入局，其产品一开始就定位为"网易自营+100%正品"的进口电商平台，又借助网易公司的信誉背书"正品保障，假一赔十"，采用最为基础且核心的信任模式，完善了电商平台的建设和促成交易。同时，网易考拉发力国际供应链的建设，如完善仓库、物流等建设，从而进一步保障了平台商品丰富度、售后保障、物流配送等，提升了用户的消费体验。

小红书于2013年入局，其产品一开始只是一本购物指南，后来越来越多的用户在上面主动分享购物笔记，于是小红书就开始做社区。当达到可观的海外商品口碑数据和用户量后，用户也产生了快捷购买的需求，继而小红书也顺水推舟做起了电商。所以，一开始小红书只是为用户海淘提供数据决策。在解决了海淘用户关于商品的需求动机等方面的问题后，小红书又不断演变成购物社区、社区电商等。如今，由丰富的 UGC 构建起的内容社区已成了小红书最大的核心优势。

对比发现，两家产品在解决用户海购的需求方面都发挥了各自的优势。其中，网易致力于从品牌、供应链等方面加强电商平台的建设；小红书则主要从内容社区等方面提供交易决策和交易服务。

(四) 产品架构分析

1. 产品结构（见图 14-1 和图 14-2）

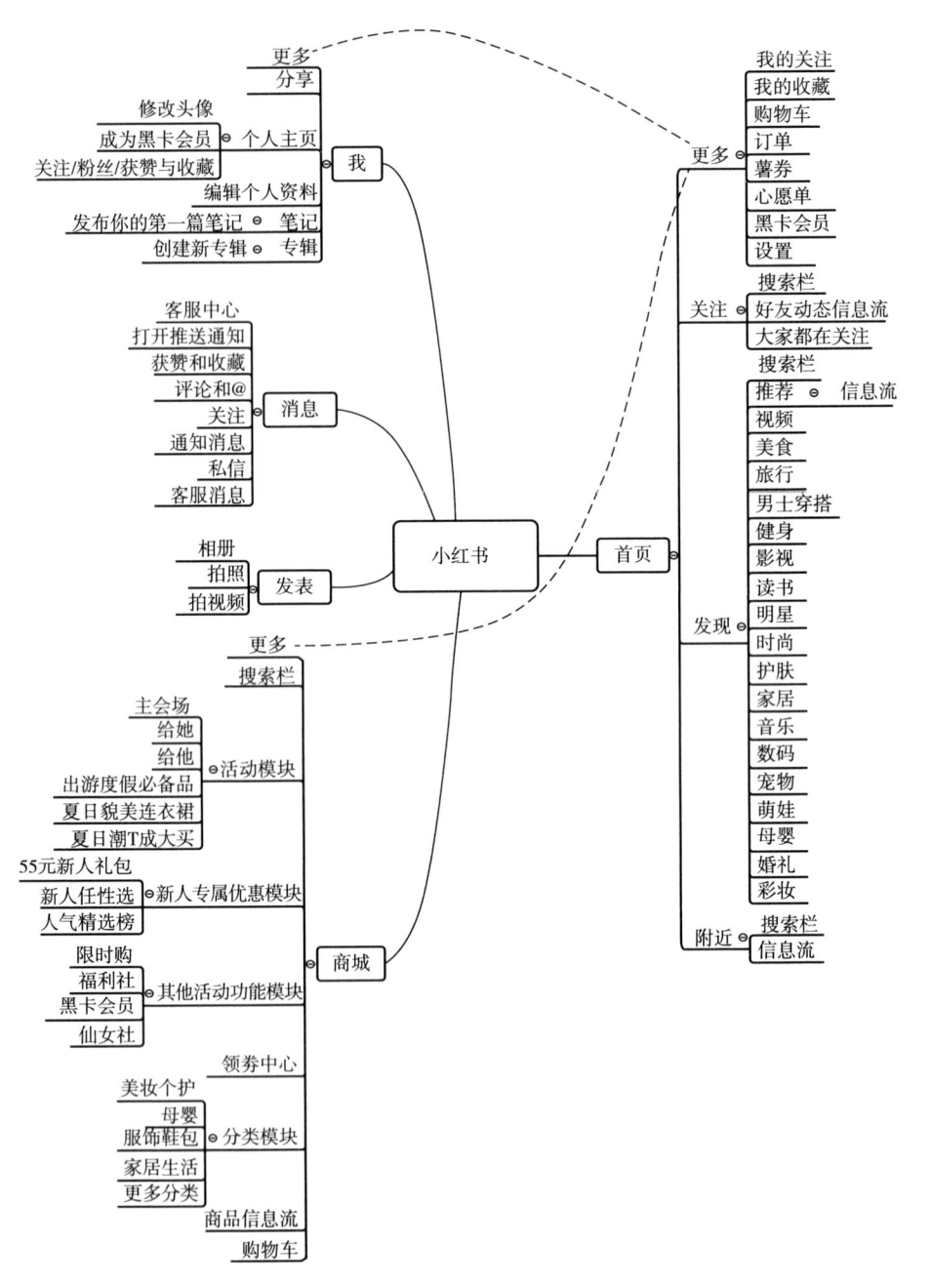

图 14-1 小红书的产品结构

第十四章 跨境电商实践案例研究

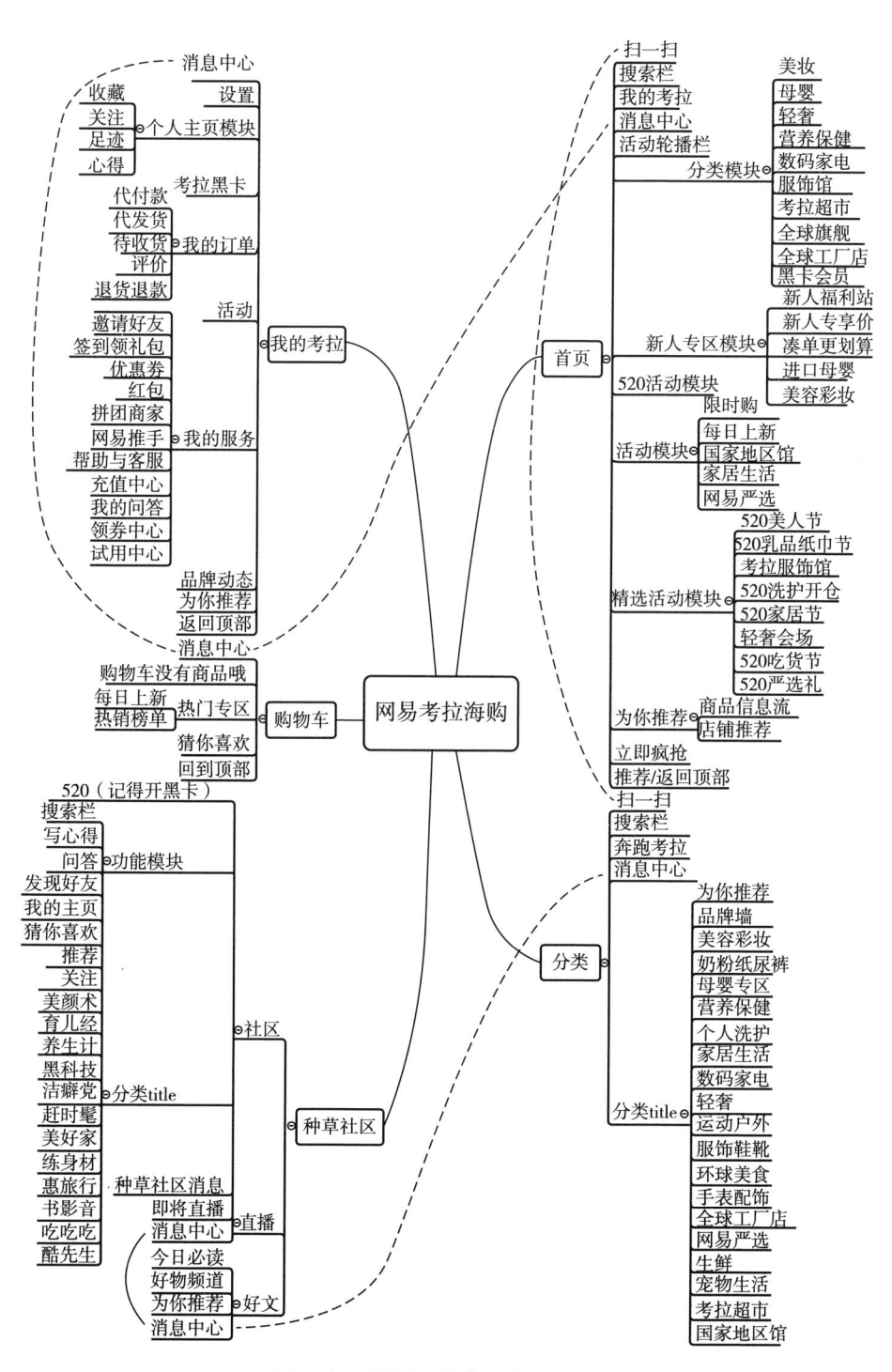

图 14-2 网易考拉海购的产品结构

产品定位决定了产品结构。对比两者的产品结构可知，网易考拉遵循了一般自营电商的结构设计。其中，分类和购物车标签（tab）对于电商而言十分重要。同时，网易考拉还添加了"种草"社区的设计，分为社区、直播、媒体文章等形式。小红书的标签结构依次为首页、商城、发表、消息、我，并默认首页为社区，其社区的结构设计优于网易考拉，其发表按钮也是一个独立的购物车标签。

2. 信息架构（见图14-3和图14-4）

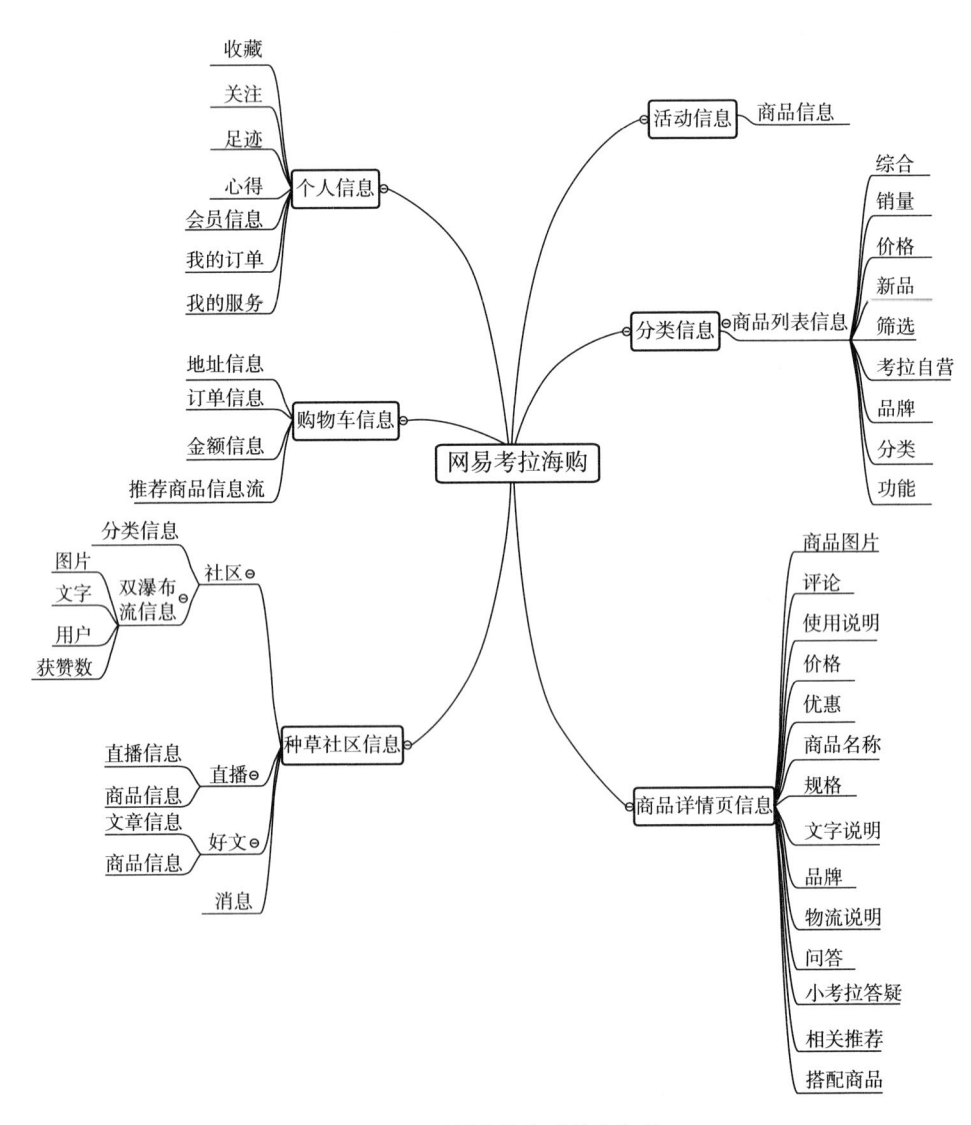

图14-3 网易考拉海购信息架构

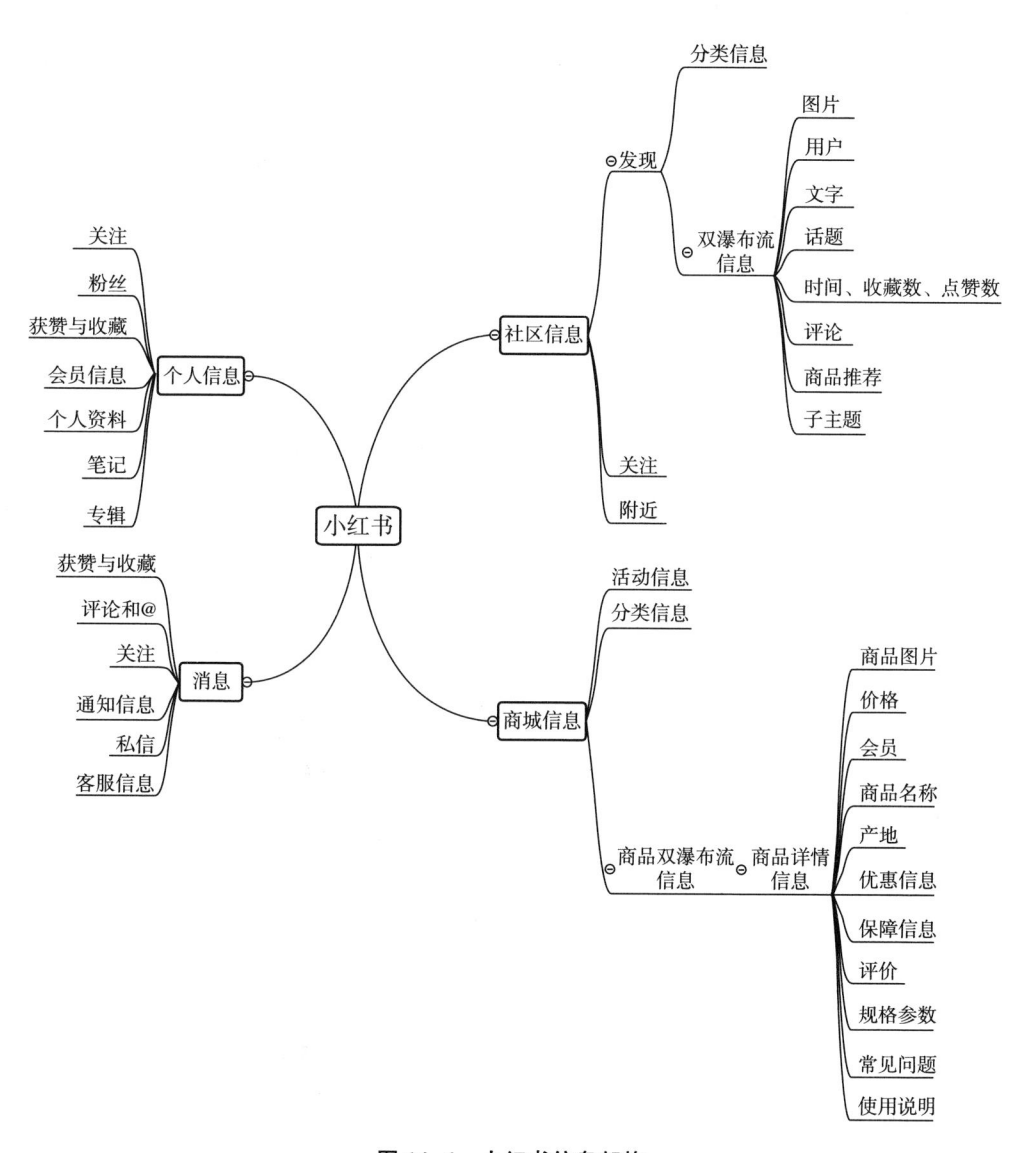

图 14-4　小红书信息架构

产品信息的呈现随产品结构功能的变化而变化。网易考拉的信息主要集中于商品信息和购物车信息。小红书的信息主要集中于社区，且社区的高质量内容是整个小红书产品的核心。对比社区信息的布局可知，两者显示的内容比较相似，不过网易考拉方面显示了更多的文字，且信息分类类别有所不同。信息流方面，则小红书的"千人千面"推荐方式和精细化运营远胜网易考拉。对比两者的商品详情页可知，其商品信息布局相类似，唯一不同的是小红书的商品详情页上会有推荐理由，而这也是基于其社区内容产生的运营数据，网易考拉则比前者多了一个优惠套餐的推荐。

二、平台现状[①]

（一）销售份额

艾媒咨询数据显示，2016年中国跨境电商零售进口销售额占比分布中，网易考拉以21.6%市场占比居于首位，而小红书占比仅为6.5%。

由销售份额可知，小红书和网易考拉的差距还是相对比较大的。其中有个很重要的原因，就是网易考拉的品类和商品丰富度远大于小红书，小红书一直主打"不要全世界，只要全世界的好东西"，两者的差别可以归纳为，网易考拉是大而全，小红书则是小而美。

网易考拉海购和小红书都属于独立跨境进口零售电商。其中，网易考拉海购在2018年第一季度的市场份额占比为66.9%，远高于小红书。虽然二者都采取自营保税仓+海外直采的供应链模式，但网易考拉在电商建设中投入了更多资金和流量，所以其市场份额会远大于小红书。

（二）正品保障信任

相比较而言，个人海淘、国内网店等形式存在缺乏有效监督、性价比较低、无正品保障等劣势，因此跨境电商平台的兴起有着较大的相对优势。前述艾媒咨询的研究报告显示，在用户选择跨境电商而非国内电商和实体店的重要原因中，正品保障是绝大部分用户首要关注的一点。

该报告显示，36.7%的中国手机海淘用户表示最信赖网易考拉海购，小红书则取得了25.2%的中国手机海淘用户信赖。

（三）用户满意度

该报告显示，在2016年中国跨境电商自营平台用户满意度（满分5分）的调查中，网易考拉海购得分3.99分，以微弱优势领先小红书。

[①] 资料来源：艾媒咨询（iiMedia Research）《2016—2017中国跨境电商市场研究报告》。

对此艾媒咨询分析师认为，用户满意度对跨境电商自营平台的盈利状况及健康发展产生了重要的影响。提高用户满意度有利于增强用户黏性、促进平台品牌传播。

综合而言，虽然小红书比网易考拉更早进入跨境电商市场，但网易考拉自进入以后，正以强势的姿态奋起直上。目前，网易考拉的市场份额、用户信任度和用户满意度都稍强于小红书。网易考拉能有如此卓越的成绩，离不开强大的网易公司；而小红书作为一个体量稍小的平台，能在众多平台中脱颖而出，占据市场第三的成绩，离不开其独特的社区型电商模式。

三、平台案例

（一）小红书：社区型电商

适时转型：工具—社区—社区电商

1. 工具型产品

2013 年 10 月，以专业生产内容（PGC）为主的小红书购物攻略产生，主要面向爱好出境旅游及购物的女性用户，为其提供购物指导，且主要以日本、韩国、美国等旅游人群为主。

2. 社区型产品

2013 年 12 月初，鉴于工具型攻略在反映境外潮流、打折等信息上存在一定的滞后性，"小红书购物笔记"应用上线，其定位于境外购物体验分享社区，面向具有境外购物习惯的女性用户，以文字+图片 UGC 为主。

3. 社区型电商

2014 年 10 月，小红书上线购物功能，将社区与电商相结合，采取品牌商授权、海外直采、保税仓保货等进口跨境电商自营平台模式，从而实现了信息和商品的流通闭环。

4. 小红书——社区运营

小红书凭借"优秀的社区功能"弯道超车众多跨境电商，相比网易考拉，小红书的内容质量与活跃度是其重要法宝。

（1）图片拍摄质量高且真实感强，皆以第三视角或自拍视角为主。从中可以看出小红书的运营主要从两个方面进行管理内容：真实完整（不包含广告）和图片精美（人美、物美、构图美）。另外从图片浏览发现，用户上传图片的质量也都不错，这大概是因为用户本身拍摄技巧较高或图片处理技术程序过滤了质量不佳图片。经笔者亲测，用户的每一篇分享都会被审核，质量不佳的会被打回，同时系统会提供拍摄出高质量照片的各种方法。

（2）统一"调性"，强化对内容的重要性，弱化用户的因素。小红书利用"去中心化"的思路，凭借用户的内容取胜，营造出一种高格调、令人向往的生活方式，并将以此作为推动用户消费欲望的动力。

(二) 网易考拉：媒体驱动型电商

网易考拉一直将自身定位于媒体驱动型电商的角色（这主要是因为网易是做新闻类产品的），将海外优秀产品介绍给国内消费者，并且利用其媒体属性帮助国外品牌商进入中国，以实现从销售商品到推广生活方式的转变。

和众多跨境电商平台不一致的是，网易考拉自成立之初就一直坚持自营为主的运作模式，这意味着考拉在国外众多"尖货"直供地设立分公司和办事处，直接与海外品牌商和大型商超合作，直采海外优质货品并带给国内用户。这种模式受到了用户的认可，也是网易考拉在用户信任度中排第一不可或缺的因素。

2016年下半年，网易考拉主打"跟着考拉买全世界"的口号，网易创始人丁磊和网易考拉海购 CEO 张蕾分别前往不同的国家，同不同的海外品牌商或大型商超签署战略合作协议，并通过视频的形式展示在网易考拉的 App 上。此举对用户产生了强烈的吸引力，提高了用户的信任感，为其在当年下半年几个"大促"中的出色业绩打下了坚实的基础。

很明显，小红书重内容，重需求。重视内容的口碑传播和挖掘女性用户的需求，而不是简单粗暴地输出。其去中心化的经验分享和以此为基础的商品选择有利于加快销售节奏和提升用户黏性。网易考拉海购则重媒体，重商品。其清晰的自身定位以及对上游供应链和中游仓储物流质量的把控，推动了整个平台的稳定发展。

综合而言，小红书和网易考拉海购的成功都是因为其清晰的平台定位。小红书在内容上的不可替代性使之始终在跨境电商领域占据一定份额。网易则一直主打正品保证，也向用户充分展示了其只做正品的雄心和能力。

第三节　巴黎欧莱雅等跨境电商营销案例

一、巴黎欧莱雅（L'OREAL PARIS）

巴黎欧莱雅是欧莱雅集团中知名度最高、历史最悠久的大众化妆品品牌之一，其出众的品质一直倍受全球爱美女性的青睐。

- 案例背景：在现今各种化妆品牌的冲击下，巴黎欧莱雅新品上市面临挑战。
- 推广目的：全面宣传新品，抢占市场先机。
- 整合策略：新媒体整案营销，通过微博话题、热门榜、微信大号等进行高强度曝光，通过 KOL 达人、短视频、红书、短视频等平台开展立体传播。
- 推广效果：社交媒体印象 3 800 万人次曝光，话题互动量 500 万人次，促进同期产品销售额提升 10%。

二、YSL 圣罗兰美妆

YSL 圣罗兰美妆是欧莱雅集团旗下高端美妆品牌。在战略定位上，总部对营销内容的控制性较强，诸如品牌全年营销大事件的规划、上新计划、产品营销方向等均由总部统一制定，再由中国分公司进行本土化调整。因此，YSL 圣罗兰美妆采取的是内容前置的社交媒体管理流程，先对总部下发的内容进行本土化改造，再根据各平台特性进行差异化的平台规划。

- 目标定位——品牌塑造为主。
- 内容定向——由产品营销部负责策划全年产品上新和营销内容。
- 平台规则——基于不同平台用户特性调整内容呈现形式。
- 执行落地——由数字营销部制定排期，由代理商协助日常运维。

● 分析改善——借助数字工具赋能用户分析与内容复盘,并提出代言人选择、新品上新方向、新品关键词方向、平台选择等平台规划。

● 协同规范——由产品营销部负责规划,数字营销部负责落地,品牌总部统一把控内容。

由于中国公司提出的各项重大决策都需要提交总部进行审核,决策周期较慢,因此YSL圣罗兰美妆品牌的社交媒体内容定位相对来说比较固定。长期以来,其主要作为中国市场的营销传播渠道之一,起到的是发布品牌及产品官方信息,对外展示品牌形象的作用,转化指标要求不高。

YSL圣罗兰美妆社交媒体以产品宣传为重点,因此在市场部下设产品营销部门,围绕不同产品线进行全产品营销。该部门会根据市场调研、社媒用户分析、竞品情况、品牌战略布局和研发能力等综合因素,提前确认每年的上新产品。例如,其于2023年推出的新品"粉气垫",和以前的产品相比更适合干性肤质,色号选择也更加丰富,适合亚洲人的肤色特征,防晒值更低,也更适合日常使用。这些产品画像的提出,就是将从市场调研、社媒用户分析中得到的洞察应用在了产品决策之中,同时也能完善YSL气垫家族的产品线。

在产品研发的过程中,YSL产品营销部门会根据品牌调性和产品特性设置统一的传播关键词、代言人以及全年的传播节奏。这些产品的相关内容将共同构成YSL圣罗兰美妆全年在社交媒体发布内容的主体。

同样以"粉气垫"为例,YSL本身的品牌调性是前沿的、反叛的,粉气垫又是其气垫产品线的一大创新,因此产品上新的话术"以超越之姿,革新底妆规则"。在视觉上,以气垫外观标识性的"冰川粉"为各社媒渠道的主色调,进一步强化产品主题,并延续YSL品牌简洁、有冲击力的视觉特点。听觉效果上,各社媒平台的视频配乐采取的也是YSL品牌一贯的强节奏感音乐,以突出其前卫的风格。

在平台规划上,YSL圣罗兰美妆主要考虑各平台用户属性和各平台在消费者旅程中的作用,以进行精细化分层。从平台用户属性来看,其微信用户多为该品牌的忠实粉丝,因而其公众号内容多以产品上新和品牌故事为主。表14-1为

YSL圣罗兰美妆自有媒体平台布局。

表14-1 YSL圣罗兰美妆自有媒体平台布局

自有媒体平台	粉丝数（万）	内容更新频率	主要内容
微博	127	3~4次/周	以产品推荐和品牌宣传为主，推送品牌大使/代言人信息
微信	101	1次/周	以产品上新和品牌故事为主
小红书	27	3~4次/周	以产品推荐为主，注重产品功效的展现
抖音	33	8~9次/月	以产品上新为主，注重视觉冲击和音乐的节奏感

具体到某个产品的多平台传播，各平台发布内容的差异性就不那么明显，这一点在"粉气垫"上新的案例中也有所体现。YSL社交媒体各平台都使用同一套内容素材，包括产品展示、明星代言、气垫家族合影和礼盒视频图片等四大类，只是在形式上有所区分，如微信采用长图文，小红书使用图片组合，抖音则使用竖版视频素材等。

通过对微博、微信、抖音、小红书等四大平台上粉气垫相关内容的词云分析可知，各平台出现频率较高的关键词有惊人的一致性。高频关键词包括高定、利落、细腻、精致等（微信和抖音的文字样本量较少，但其视频内容也反复强调了以上关键词）。这些关键词的反复使用，使观众多方位、更强烈地感受到了YSL之统一的品牌态度和产品特点。

从消费者旅程的角度考虑，产品上新时，YSL圣罗兰美妆会先利用微博和小红书等发布产品的软性露出，以形成好的口碑传播；再利用微信公众号和全网专题视频内容实现强露出，对用户进行全面覆盖；然后通过抖音直播带货，从而直接实现粉丝流量的变现。

例如，"粉气垫"的正式上新时间是2023年2月17日，而其微博和小红书分别在2月6日、7日和14日就已发布了产品图片、视频和代言人视觉素材，即提前两周引起了消费者的兴趣。2月17日上新当天，小红书、微博、微信都做了比较强的产品露出。

在具体执行环节，YSL圣罗兰美妆由数字化营销团队负责自有媒体的日常运维管理，并与代理商合作，由代理商协助进行用户洞察、内容汉化改编、内容发布和数据收集等工作。由于产品营销部门已经确定了不同产品线的大致营销排期，数字化营销部门需要做的是对排期进行细化和确认，同时保证不同产品线之间不会相互影响。针对当年的主推产品，YSL会在社交媒体重复发布相关内容，尤其是结合节日礼遇季和电商促销等节点，不断提高消费者的关注度。

在分析改善环节，由于YSL社交媒体不直接承担转化指标，因此该品牌更注重借助代理商持续跟踪"转赞评"等体现品牌声量的互动指标，并根据数据分析和内容复盘调整后续内容的发布。当其通过数据分析得出消费者相关洞察时，也可以向总部营销部门提出代言人选择、新品上新方向、新品关键词方向和平台选择等建议。

YSL圣罗兰美妆由产品营销团队负责全年营销规划和营销节奏，数字化营销团队则负责将整体营销计划细化至具体的社交媒体平台，代理商负责协助内容生产、日常运维和分析报告；市场部则负责统一管辖，以把控内容的统一性。此外，该品牌会开展月度部门内分享会和季度跨部门分享会，互相学习有亮点的营销案例，从而提升团队整体的创意能力。

三、麦当劳

麦当劳已进入中国市场30多年，拥有深厚的人群积淀，其品牌本身就是一个"超级符号"，这使得麦当劳得以在门店效率和扩张为底层逻辑的餐饮赛道方面获得领先他人的高覆盖率。因此，麦当劳在选择营销动作时更加追求转化效率。

然而，在餐饮行业竞争愈发激烈的当下，像麦当劳这样的传统巨头最担心的事情就是随着原有消费者的老去，新生的消费力量就会将其遗忘。因此，社交媒体就成为麦当劳实现年轻化转型的重要渠道。在内容定位上，麦当劳十分重视在不同平台通过更亲和的态度、更有趣和生动的内容来实现与不同用户群体紧密沟通的目的，从而牢牢抓住不同群体尤其是年轻人的注意力。

麦当劳在社交媒体管理上非常重视不同平台的特性，其认为只有根据平台的用户特征和内容偏好定制内容，才能最大限度地保证内容的传播性和影响力。

麦当劳的社交媒体主要承担两大功能定位：一是不同的社交媒体平台承担不同的品牌目标，有固定的内容风格和性格设定，通过有趣的内容与用户形成共振或互动；二是配合高频率的新品上新营销，吸引用户的关注和喜爱，引发市场热潮。

品牌塑造方面，最典型的就是微博平台。微博具有泛娱乐化、强曝光导向等特点，因此麦当劳侧重于通过互动活动拉近与用户的关系。例如，开设"偷偷告诉你"专栏，向用户传达麦当劳品牌冷知识；"深夜开麦"互动专栏则发布"梦到吃麦当劳，被吵醒后你会＿＿＿？""在麦当劳，你想实现＿＿＿自由？"等互动话题。

再比如，在小红书平台，麦当劳主要塑造高颜值和会玩的品牌形象，以收获年轻人的喜爱。例如，其账号推出"麦麦隐藏吃法"栏目，教用户如何用麦当劳不同的产品自己动手制作（DIY）出与众不同的美味。小红书的整体视觉形象更加高端化，加之麦当劳在其中还推出了拍照技巧等内容，从而迎合了年轻人的用餐习惯。

麦当劳主要通过代理商来合作完成整个营销传播动作。在产品上新营销方面，其市场部会专门为不同的产品营销活动立项，评估并选择最合适的外部代理商，代理商接到策略简报后，会针对目标消费人群的属性，确定消费者画像和用户触媒习惯等信息，然后基于传播调性和主题等选择不同渠道，再进行有针对性的内容打造。此时，品牌社交媒体平台会成为代理商重点考虑的渠道资源之一，并根据不同平台的风格和调性来设计适合的内容形态。

以 2022 年 8 月的麦当劳经典产品"麦麦脆汁鸡"新口味和"芭比 Q"口味上新为例，由于微信公众号具备呈现综合性、故事性内容的优势，因此麦当劳的微信公众号会从更全面的视角对新品的概念和卖点进行介绍。其公众号在 8 月 10 日和 8 月 16 日分别发布了两篇介绍。其中，第一篇主打上新主题，即以夏季系列上新为主题，通过天气太热引出"脆汁鸡芭比 Q 了"，用一个玩梗式的概念获取年轻人的注意力和好感度。紧接着介绍新品酥脆多汁的卖点，再利用与脱口秀演员呼兰合作的短视频，提出"用量子力学做炸鸡"的概念，以突出表现其脆汁鸡系列的制作方法将给消费者带来美妙的味觉体验。

第二篇推文则以揭秘的视角展示麦麦脆汁鸡制作过程中使用的黑科技，突出"量子力学"的概念，即其帮助炸鸡实现多汁入味、紧实香脆的特点，从而在介绍产品的同时达到让消费者"种草"的目的。在微信推文文末，则直接跳转点单小程序，再用新品优惠激励用户下单，由此直接完成了从了解到"种草"再到转化的闭环。同时，微信平台作为其官方渠道中最主要的发声窗口，也和微博进行了联动，以引导消费者在微博参与打卡互动。

微博平台更侧重于和用户的互动，因此麦当劳在微博创建#脆汁鸡芭比Q了#等话题。用户手持新产品拍照发图带话题即可参与抽奖，麦当劳官方微博会转发其中效果比较好的打卡照片，同时也会发布一些轻量级的互动型博文，如引导大家讨论选择原味还是"芭比Q"新口味，说说你们那有多热等。微博文末都会附上抽奖活动，以激励用户参与互动，提升品牌和产品的声量。

麦当劳还充分发挥了抖音平台的直播电商和短视频优势，主推与呼兰合作的短视频，并邀请呼兰在抖音上担任"首席知识官"，进行新品宣传直播，并于直播期间推出优惠力度较大的现金券，以吸引用户囤券并到线下转化。

麦当劳在小红书平台上则充分利用了用户"种草"和"薅羊毛"的心理。以"芭比Q"口味上新为例，其在小红书上主要是同原有内容系列紧密结合，如在新品预告中出现"芭比Q"产品、在"薅羊毛"攻略中提供免费吃的"芭比Q"脆汁鸡的方法，在隐藏菜单中使用"芭比Q"口味产品等。

在具体的执行落地阶段，代理商也会深度参与内容的制作，从而保证社交媒体平台上的内容排期和整体营销项目之间的有效配合，实现最优效果。

例如，"芭比Q"口味于8月10日正式上新，麦当劳在8月8日的"薅羊毛"攻略中就已展现了该产品，并于8月9日通过微博发布预告，以提高消费者对新品的期待。8月10日，其又在微信、微博共同宣发该产品上新信息，并对8月10日的上新微博进行了热度助推，以提升新品的曝光量。8月11日，麦当劳通过抖音发布其与呼兰的合作视频并预告12日的直播，从而在抖音内部形成了营销闭环。"薅羊毛"攻略内容和微博上的用户互动则一直持续到9月份，前者与营销节奏相一致，后者则最大限度利用长尾流量对新品进行持续曝光。

在分析改善阶段，麦当劳的数据监测分为品牌建设和营销转化项目这两大方向。品牌建设通常时间周期较长，因此会根据品牌目标（如提升品牌知名度、品牌年轻化转型等）拆分影响因子，在代理商的协助下确定具体的定性指标，并基于季度和年度追踪指标的变化情况。

营销转化项目则更关注即时跟踪的定量效果指标，如内容发布后会跟踪粉丝量变化、互动情况、转化率和销售量等指标，也会考虑后续长尾发酵的数据变化。这些数据反馈到麦当劳市场部后，可赋能市场部调整平台规划和内容方向，代理商自身也会根据数据分析优化具体内容的制作和排期。

在规范协同上，麦当劳通过整合不同代理商的内容优势和资源优势，借助外部力量产出适应不同平台、不同场景的营销内容。目前，平均每个麦当劳项目都有2~3家代理商支持，这就要求品牌对代理商有强大的管理能力，并在维持品牌核心概念的前提下向代理商授权，以最大限度发挥其优势。为此，麦当劳会专门设置专业代理商来负责统筹，以协调其他代理商之间的分工合作。

四、蜜雪冰城

说起利用合理的组织架构和流程设计，赋能品牌社交媒体的内容产出，其中最典型的例子就是蜜雪冰城的"自下而上"。

蜜雪冰城围绕雪王IP大量产出有趣、接地气的视频内容，体现出该品牌高效的内容产出的能力和对网络流行趋势的敏锐追踪水平。雪王IP的成功体现在两大方面，一是雪王所处的场景、经历的故事和用户具有高度相似性，用户可以在消费雪王内容的同时获得自身的代入感；二是雪王的出现往往伴随着具有节奏感的音乐、可重复的舞步动作和魔性表情包，极易引发"病毒式"传播和模仿，令用户获得很强的参与感。

上述效果的实现，得益于蜜雪冰城强大的门店网络，其可以使品牌大量布局内容账号，从而实现自下而上的内容打造。

在组织架构上，蜜雪冰城通过地区分公司管理大量加盟门店，同时总部鼓励地区和门店大量开设抖音账号，并按照重要性分为三类。其中，一类即品牌官方账号，二类主要为地区账号，三类则通常是门店和员工个人账号，总部和分公司都有负责社交媒体内容的部门，同时员工也可以自己创作内容。此外，该集团内部还设置"商学院"，通过培训来提高员工的短视频脚本创作能力。

在内容创作流程上，初期由门店员工自发撰写创意视频脚本，员工创作的视频会先投放至三级账号进行小范围测试，效果较好的内容则可以入选集团的作品名单，经过精细化拍摄和制作后再投放至品牌主账号。

这样的组织和流程能最大限度地发挥员工的创造性和主观能动性，其内容本身也更能做到"引发人们的共鸣"和"让人们自发传播"。正因为如此，蜜雪冰城才能够将雪王 IP 做到极致，不断打造出圈内容。同时，社交媒体内容和 IP 打造相辅相成，通过共同作用形成了正向循环。一方面，自带流量的雪王 IP 帮助蜜雪冰城的社交媒体增加了内容的曝光度；另一方面，内容本身也有助于塑造更加丰富、立体的雪王形象，加深用户对雪王的记忆，从而使蜜雪冰城的品牌人设深入人心。

五、耐克（Nike）

在数字化工具应用方面，耐克可以为我们提供一个很好的范例。

作为国际化大品牌，耐克内部针对品牌官方社交媒体管理有一套成熟的标准作业程序（SOP）：先由整合营销团队负责整体营销策划，再由数字化营销部门负责指导各社交媒体平台团队进行具体的社媒管理，并对接外部代理商，从而共同完成社交媒体的精细化运营。

整合营销团队会提前制定全年营销计划，基于品类（如跑步、训练、篮球、足球、网球、时尚等）拆解成不同主题，并最终将计划拆分到季度、月度和每周等维度。

数字化营销部门下设平台核心团队，负责各平台社交媒体账号的运营及管理，团队以社交媒体平台为划分为抖音（2人）、微博（3人）、小红书（2人）、微信（6人）等四个模块，各模块均有负责人对接外部代理商。代理商会协助执行每周的社交媒体推广计划，同时定期追踪数据与品牌方并进行报告呈现。

为了保证标准作业程序的顺利推进，不同部门之间需要顺畅的沟通和协同。为此，耐克在社交媒体管理过程中使用了社交媒体管理工具（SMM），以实现团队之间的界面共享、实时协作。同时会借助社交媒体管理工具进行更细致的数据分析，其中重点关注的是内容发布的时间点、消费者阅读的时间点、消费者与品牌互动的内容等维度，并通过工具抓取消费者的数据标签（如城市、性别、消费行为等）以进行后续的数据追踪分析，从而实现对内容方向、运营策略等决策的数字化赋能。

第十五章　跨境电商营销创业实践案例

第一节　跨境电商平台运营模式和成功案例

在亚马逊平台上做跨境电商运营确实比较难，但是收益也很高。在这种利益面前，大部分卖家都能够接受挑战，顺着亚马逊铺设的路线前进。

一、注册亚马逊店铺的形式

注册亚马逊店铺分为两种形式：一是个人注册店铺，二是招商经理进行注册。二者的区别就在于，自己注册通过的概率较低（约为50%），且一旦注册失败，一套注册材料就失效了，就不能再在注册亚马逊店铺了。浪费了一套材料也就相当于少了一个注册店铺的资本。如果通过招商经理进行注册，则一般通过率在95%以上。所以，新手一定要多注意这些，以免注册失败。

二、避免同别的亚马逊店铺产生关联

在亚马逊平台上，一个人、一套资料只能注册一个亚马逊店铺，而不能一人开多个店铺，一旦被亚马逊平台检测到一人操作多个店铺，轻则封多出来的店铺，重则店铺全封。所以，亚马逊卖家在注册店铺的时候，一定要保证其电脑之前没有注册过亚马逊店铺，以确保注册安全。总而言之，要确定这台电脑设备上此前没有登录过亚马逊账号，千万不要尝试去挑战亚马逊平台的规则，一旦被发现是多个店铺操作，就会产生对卖家关联。这是新手一定要注意的。

三、亚马逊上架产品方式

亚马逊上架产品方式有两种：自建和跟卖。

自建：自建产品页面（listing），也就是我们常说的使用通用产品编号（UPC）、国际物品编码协会制定的商品用条码（EAN）等自己上传新产品。同一款产品，如果重复上传，可以增加曝光率。当然，其前提是要在搜索栏（search term）里填写不同的搜索关键词，但最好不要是重复的。

跟卖：对于新卖家来说，如果发现一款搜索排名或者销量比较高的产品，那么就可以对这个产品类目进行销售了。跟卖产品可以提高产品的曝光率和成交量，也是新卖家快速出单的重要方式之一。其前提是，卖家跟卖的产品不是侵权产品。如果跟卖了侵权产品，轻则收到邮件警告，重则直接封店处理。所以，卖家跟卖产品的时候一定要特别小心，记住千万不要跟卖有品牌专利的产品。否则，后果是很严重的。

四、了解亚马逊平台规则

想做好亚马逊，一个非常重要的前提就是熟悉亚马逊的各种规则并加以充分利用，提高产品的排名，从而提高销售额。不了解亚马逊平台规则的结果就是很容易出现封账号、移除销售权等问题。当账号表现良好时，也就是在没有超标或者违反政策的情况下，所有指标都显示为绿色。应重点关注的有三大指标[①]，这些指标决定了产品是否能够吸引客户和提高产品流量。只要能充分掌握亚马逊的平台规则，然后去合理利用的，就是赢家。每一个指标、每一条规则都很重要，不要抱任何的侥幸心理，即认为亚马逊不会发现违规行为。平台规则的本质，就是用更多的订单来保护自己的产品。

亚马逊有两大运营模式。

（一）FBM（亚马逊自发货模式）

FBM 模式就是指亚马逊仅作为销售平台，卖家有自己的货源渠道，当客户下单后，卖家通过国际快件包裹送到其手中。FBM 模式的速度较慢，一般 10~

---

① 指有关亚马逊销售业务的三项指标：点击量（clicks）、页面浏览量（page views）和会话量（sessions）。其中，点击量代表点击链接进入页面的次数，即只针对点击这个"动作"的次数。页面浏览量代表客户浏览商品详情页面的次数，客户可以多次浏览亚马逊上的商品详情页面。会话量代表客户在 24 小时内访问商品详情页面的次数，24 小时内的多次访问算一次。

20 天后客户才能收到货。

FBM 模式的优点：

- 可以完全控制库存储存和履行过程，如果业绩不错，可以大大降低成本；
- 向亚马逊支付的费用更低；
- 卖家开展多渠道销售，自己负责交付，更容易备货和跟踪库存；
- 包装商品完全取决于卖家自己，其可以在这方面发挥创意，进一步巩固品牌形象。

FBM 模式的缺点：

- 当产品不符合 Prime 标准（指亚马逊的一种类似 VIP 的收费会员制度）时，想要竞争 Buy Box（指亚马逊中的"黄金购物车"）可能会变得很困难；
- 免费送货并不总是可行的，因此卖家需要为买家提供多种运输选择；
- 可能因交易周期过长而失去买家。

（二）FBA（亚马逊配送模式）

所谓 FBA 模式，就是提前备货至海外亚马逊仓库，店铺出单后由亚马逊那边的仓库直接发货到客户的手里，这与京东入仓的操作模式基本差不多，时效快，客户体验度高。

FBA 模式的优点：

- 提高产品页面排名，帮助卖家成为特色卖家，抢夺购物车，提高客户的信任度，提高销售额；
- 仓库遍布全世界，智能化管理；
- 强大的落地配渠道资源，配送时效很快（因仓库大多靠近机场）；
- 每周 7 天 24 小时在线的亚马逊专业客服；
- 处理因 FBA 物流引发的差评纠纷；
- 对单价超过 300 美元的产品免除所有 FBA 物流费用；
- 特殊货行的单品配送优势明显，如超大件、超重货等。

FBA 模式的缺点：

- 一般来说其发货费用与国内相比偏高，特别是非亚马逊平台的 FBA 发货；

- 灵活性差。平台联系客户可能回复不及时，且反馈较慢；
- FBA 仓库不会为卖家的头程发货提供清关服务；
- 如果前期工作没做好，标签扫描出问题会影响货物入库，甚至出现入不了库的问题。

五、亚马逊的运营特点

（一）高流量

亚马逊的网站平均每月能吸引近 2 亿用户的访问量，这意味着在亚马逊销售，你可以接触很多在其他渠道见不到的顾客。

（二）物流优势

亚马逊有自己的物流仓储服务体系，亚马逊 FBA 海外中转仓可提供多样化、个性化的头程服务。

（三）营销模式多样化

亚马逊主要有三种不同的营销模式。第一种即第三方卖家供货发货；第二种有点类似易贝的模式，可以售卖二手货品；第三种主要是和工厂合作的代销（Vendor）模式，类似于 B2B 模式。

（四）算法优势

亚马逊采用一套其自己设计的 A9 推送算法，其目的是让卖得更好的产品得到更多展示的机会，同时也挖掘新品的潜质，帮助优质的产品扩大销量。该算法可持续更新，且推送效率高，能使重点产品获得大量流量及交易转化。

（五）广告成本低

随着亚马逊关闭了第三方广告系统，其自有的 PPC 模式的广告体系的转化率会更高。只要用户的关键词匹配度高，出价合理，产品有优势，一般都能得到较好的转化。

（六）覆盖广

亚马逊已经覆盖了全球主要国家，如美国、英国、德国、法国、西班牙、意大利、印度、日本、加拿大、澳大利亚、墨西哥、巴西等。亚马逊已经成为全球用户数量最大的零售网站，远远超过了沃尔玛、苹果、易贝以及中国的电子商务巨头阿里巴巴。

（七）品牌保护意识强

亚马逊平台还有一个重要的品牌保护规则。由此可见，亚马逊的企业文化也鼓励创新，甚至可以放弃短期利益来实现创新。

第二节　跨境电商平台运营模式创业实践

本节结合三则案例中虚拟成立的跨境电商公司和产品，分析其营销策略和创新实践。考虑到不同国家、不同文化背景下用户的差异性，本节重点关注如何制定跨境网络营销国际化战略，以满足不同国家和地区的市场需求和消费者行为。

本节的教学要求是，结合智能跨境电商营销的各类指标，分析各案例目标的各项KPI，指出营销效果的得与失并提出改进之处，包括：①重新确定商业目的。②明确每个目所包含的目标。③重点考察KPI，并设置成功的指标要求。

案例一

主题：高端彩妆销售

虚拟公司名称：娇点（focus）跨境电商有限公司（以下简称"娇点公司"）

一、背景介绍

我们的公司销售一系列小众且独特的彩妆，不追求标新立异或绚丽的色彩堆叠，而是致力于提供成套的妆容解决方案。客户可从其最终妆容的风格出发去选择彩妆套装，而不必自己从头开始进行搭配（当然，客户可以在此基础上进行替换）。整个购物体验是这样的：产品设计成功后就分成几个大类，客户进店后可先和营销人员聊聊自己的期望的妆容（就好比和理发师聊聊自己期望的发型），然后营销人员会选择一个大类并在此基础上根据客户需求进行搭配，客户再在营销人员给出的方案基础上进行选择和调整。

也就是说，一套化妆品从生产到使用经过三个阶段：

- 公司的顶层设计：雇用大牌设计师设计3~5个系列风格的化妆品；
- 营销人员的调整：营销人员根据客户需求进行妆容搭配；
- 客户的微调：客户在营销人员给的方案上进行调整。

使用市场细分、目标市场、市场定位（STP）战略，我们可以开展细分市场、市场定位和市场营销策略的制定等工作。

在细分市场时，我们需要确定潜在客户群体。我们的客户目标是初学者和对搭配不够自信的顾客，因此可以将客户分为以下两个细分市场：

- 年轻的初学者：这些客户可能是年轻女性，她们对彩妆的搭配和使用不熟悉。需要指导和建议来帮助自己获得理想的妆容。
- 对搭配不够自信的顾客：这些客户可能已经有了一些经验，但仍需要专业人士帮助她们搭配化妆品以达到最佳效果。她们需要更多的自信和指导，以确保其所选的妆容最适合自己。

在市场定位方面，我们的目标市场是年龄在18至60岁之间，喜欢时尚和美容，对产品品质和细节有较高要求的消费者。这些消费者通常需要一种全面的彩妆解决方案来满足自身的需求。为此，我们将自身定位为一家提供高品质、高质量和时尚的彩妆解决方案的公司，可以让消费者获得完美的妆容和购物体验。

关于目标市场，现在的市场上提供琳琅满目的彩妆品，而应如何搭配却令人颇费琢磨，这让初学者难以即刻上手。我们公司能提供高效的实体服务，且能够输入较多的情感价值。因此，我们公司的目标市场主要针对初学者和对搭配不够自信的顾客群体，以帮助其搭配化妆品，达到令人满意的效果。

二、宏观环境和市场分析

发展现状、趋势和竞争格局（采用波特五力分析）如下。

- 竞争对手的威胁。日本化妆品市场竞争激烈，有很多本土和国际品牌参与。其中，液体唇膏/口红是日本化妆品市场的热门产品之一，存在很多强有力的竞争对手，如资生堂（Shiseido）、肌肤之钥、嘉娜宝（Kanebo）、圣罗兰（YSL）等。这些品牌在日本市场上有很高的知名度和市场份额，对于娇点公司来说，它们明显具有竞争威胁。

- 新进入者的威胁。日本化妆品市场是一个成熟的市场，进入门槛高，且需要面对诸多的挑战和障碍。此外，新进入者需要具备相当的资金和资源，以建立品牌知名度和推广渠道。对于娇点公司来说，来自其他新进入者的威胁相对较小。

- 供应商的议价能力。由于日本化妆品市场的规模庞大，涉及的供应商数量也很多，而口红这一产品的制造过程较为简单，供应商议价能力相对较弱。对此娇点公司可以通过多渠道的采购和谈判，以获得更加优惠的供应价格。

- 顾客的议价能力。日本消费者对化妆品的需求量很大，但是市场上提供的产品种类也很多，因而消费者的购买决策相对较为理性，对价格的敏感度也较高。对此娇点公司可以通过多种方式提高客户忠诚度，如提供更具性价比的产品、更加个性化的服务等。

- 替代品的威胁。液体唇膏/口红在日本市场上有很多替代品，如传统唇膏、唇彩等。随着技术的发展和创新，可能会出现更加创新的替代品。对此娇点公司需要保持敏锐的市场洞察力，及时了解市场变化，提供更加具有差异化竞争力的产品和服务，以防止来自替代品的威胁。

以下是目标市场及其容量、客户增长趋势、消费习惯和需求变化等因素对娇点公司的影响。

- 市场容量。对于跨境电商公司来说，市场容量直接影响公司的发展前景。根据日本的官方统计数据，2019年日本的人口为1.26亿人，而女性占到51.5%。女性是娇点公司的主要消费群体，因此娇点公司的市场容量取决于日本女性消费者群体。

- 客户增长趋势。日本的互联网普及率很高，特别是在移动设备方面，越来越多的人使用手机购物。换言之，在日本，网购是一种越来越普遍的购物方式。根据日本统计局的数据，2020年日本的网购市场规模达到20.4兆日元，同比增长11.5%。这意味着，随着网络普及率的不断提高，娇点公司的潜在客户群体会不断扩大。

- 消费习惯。日本女性对美容和护肤非常注重，同时也非常喜欢尝试新产品。因此，娇点公司的个性化彩妆套装方案可以满足这一群体的需求，特别是初学者或者不善于搭配的消费者。

- 需求变化。随着日本女性对健康问题的日益重视，她们对无添加、天然、有机、环保等产品的需求也不断增加。娇点公司应该加强这些方面的产品研发，并将其作为市场定位的一部分，以满足日本消费者的需求。

综上所述，目标市场容量大、客户增长趋势好、消费者注重个性化和健康等因素对于娇点公司而言都是有利的。同时，随着日本市场竞争的加剧，娇点公司也需要不断提升自己的竞争力，以保持市场地位。

三、竞争对手分析

根据之前的分析，我们认为本公司的主要竞争对手是欧莱雅、雅诗兰黛等彩妆品牌以及一些日本本土品牌。下面我们来分析这些竞争对手的品牌定位、产品特点、服务质量、价格策略等方面，并总结本公司的竞争优势。

欧莱雅是一家拥有多个彩妆品牌的跨国公司，其品牌定位是高端、时尚，注重品牌形象和产品的科技含量；其产品特点是色彩丰富、品质优良；服务质量方面，其在自营渠道和授权店方面可提供较好的服务体验；价格策略方面，其主要走高端路线。

雅诗兰黛是一家高端彩妆品牌，其品牌定位是高端、奢华，强调品牌形象和产品的科技含量；其产品特点是色彩丰富、品质优良、保养效果明显；服务质量方面，其在自营渠道和授权店有很好的服务体验；价格策略方面，其主要走高端路线。

资生堂是一家日本的化妆品品牌，成立于1872年，是全球最老牌的化妆品公司之一。该品牌在日本市场上的品牌定位为高端奢华，拥有多款知名的口红产品，如红姬口红系列、ELIXIR Superieur 系列等。其产品特点是使用高品质的材料和科技，以保证产品的效果和舒适度。其服务质量也非常高，拥有自己的化妆师团队，能够提供专业的化妆咨询和服务。价格策略上，资生堂的口红价格相对较高，定位于中高端市场。

Addiction 是资生堂旗下的化妆品品牌，成立于 2009 年。在日本市场上的品牌定位为大众化高端，主要产品为口红和眼影。其产品特点是价格相对较低，但所使用的材料和科技仍然保证了产品的效果和舒适度。服务质量方面，Addiction 的化妆师团队能够提供专业的化妆咨询和服务，但相比资生堂和嘉娜宝的服务质量则还是稍逊一筹。价格策略上，Addiction 的口红价格相对较低，定位于中端市场，但质量仍然能够满足大部分消费者的需求。

综合来看，我们公司的主要优势有以下几方面。

- 创新的产品设计理念和营销策略。娇点公司以"成套解决方案型的彩妆"为核心理念，通过与客户的深入沟通，根据客户需求进行妆容搭配，使客户能够更加方便、快速地完成彩妆搭配，从而极大提升了客户体验和购买满意度。同时，我公司聘请大牌设计师设计 3~5 个系列风格的化妆品，从而进一步增强了产品的独特性。

- 优质的产品品质和服务质量。娇点公司注重产品品质和服务质量，从源头上严格控制产品的生产和质量，同时提供专业的客户服务和售后服务，使客户能够更加信任和满意公司的产品和服务。

- 充分挖掘日本市场的潜力。娇点公司通过深入分析日本市场的特点和需求，提供符合市场需求的产品和服务，并且积极拓展市场份额，未来具有较大的发展潜力。

- 优秀的管理团队和运营团队。娇点公司拥有一支优秀的管理团队和运营团队，其具有丰富的行业经验和专业的管理能力，能够有效地组织和管理公司的生产、营销和运营等方面，为公司的发展提供有力支持。

四、用户画像

- 年龄：女性，18~60 岁。

- 基本特点：对时尚和美容有较高的兴趣和追求，具备一定的消费能力和知识。
- 地域：主要面向日本市场，尤其是日本的一、二线城市（如东京、大阪）的消费者。
- 行为：初学者或者对化妆品搭配不熟悉的消费者，她们希望能够通过购买整套的彩妆套装，省去自己搭配的麻烦和时间，同时也能够根据自己的需求进行微调。
- 价值观：注重外表形象和颜值，追求时尚和潮流，同时对化妆品品质、品牌信誉和环境保护等方面有较高的要求。

简短的描述：主要面向日本市场女性，年龄18~60岁，注重时尚和美容，是初学者或对化妆品搭配不熟悉的消费者，注重品质和品牌信誉。

五、用户行为分析

日本互联网普及率高，网购人数也多。据2022年的数据调查，有70%的人在一个月内进行过网上购物，只有8%的人表示从未进行过网上购物。同时由于前几年的疫情改变了日本消费者的购物习惯，越来越多的人开始在网上购物。图15-1展示了2016~2022年日本网购销售额及其占比。

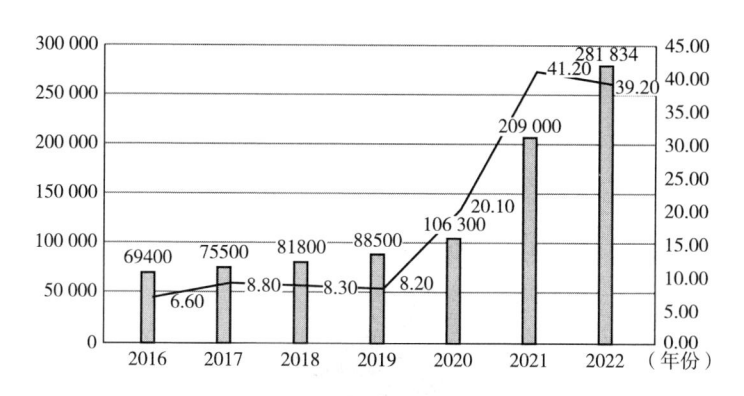

图15-1 日本网购销售额及销售额占比（单位：日元,%）

针对日本客户在网络购物时间方面的特点，我们了解到大多数消费者会在11点到13点（第一个购物高峰）和20点到22点（第二个购物高峰）访问购物网站并进行购买。中午前后的第一个高峰是由于学生和职员处于午休时间，而第二个高峰则是人们处于放学回家后和下班后的休息时间。在休息日，上学或工作的人比平日少，所以没有明显的高峰，购物者较多的时间往往在21点到23点（见图15-2）。

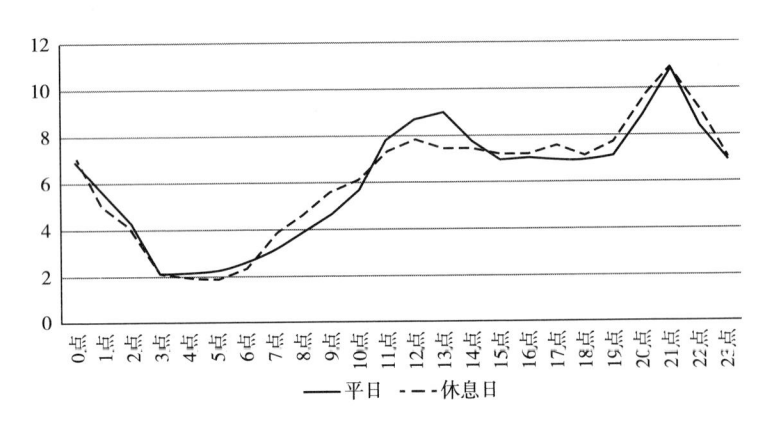

图15-2 在日本平日与休息日的网购时间分布

随着日本客户网购意愿的增强，他们在网上浏览与消费商品的种类也变得各式各样，而销售占比最大的电商类别是时尚类和家电类，美容个护类也呈增长趋势（见图15-3）。

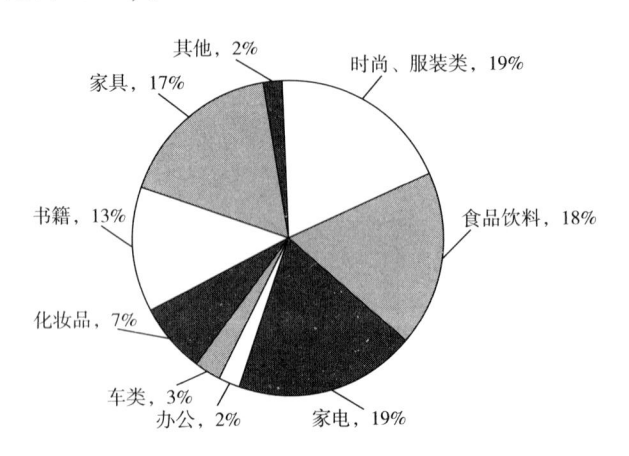

图15-3 在日本的电商销售产品分类

针对我们公司的女性客户而言，其在不同年龄段有着不同的网购金额上下限。如图15-4所示，日本女性网购化妆品消费量普遍较大，消费金额大多在4 000元（人民币）以上，非常符合我们高端消费的水平。日本女性消费金额随着年龄的增加而增加，不同年龄段的消费金额不同，在消费品牌和其他方面的偏好也不同。

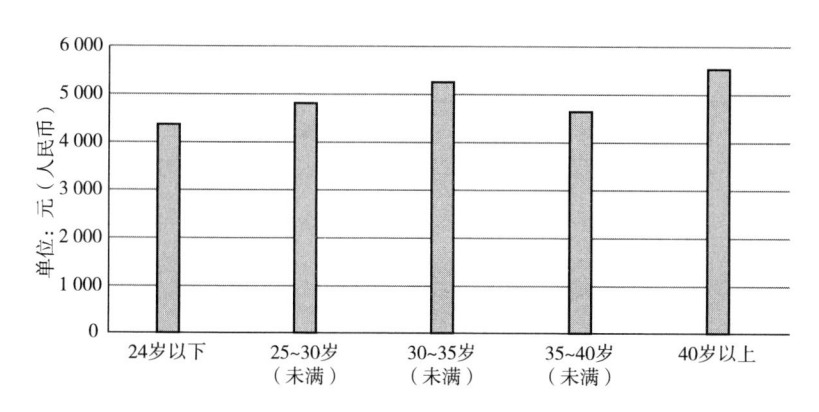

图15-4 日本女性的化妆品单次消费金额

六、用户偏好分析

根据我们对日本客户的了解，未婚或者结婚时间较短的年轻人，如"90后""00后"等愿意花费时间和金钱打扮自己的消费群体会更喜欢平价产品。

对于一些需要长时间保持妆容的女性来说，产品的质量是她们最大的要求。同时，这类消费人群也会时刻注意自己的妆容，需要的补妆产品比较多，价格空间也比较大。

就客户的风格而言，日本社会中女性的化妆比例很高，从小学一年级的小女孩到80岁的老奶奶，都会在出门前精心打扮，所以大多数消费者会根据出门通勤（日常淡妆）或约会吃饭（精致女妆）以及姐妹聚会（流行妆）等风格选择不一样的产品。并且由于二次元、洛丽塔这种文化在日本盛行已久，日本女性更喜欢可爱包装的化妆产品。

七、用户价值分析

通过 RFM 模型（见表15-1）对目标客户进行分层，将最近有下单、购买频率高、消费金额高的客户设为第一优先级客户，并对此类客户推荐品质好、价格高的产品。通过对客户进行分层，可以制定有针对性的运营策略，如对买过口红的客户推荐口红类的优惠券等。

表 15-1　RFM 模型

客户类型	最近交易距离当前天数（R）	累计单数（F）	累计交易金额（M）	用户精细化管理
重要价值客户	↑	↑	↑	RFM 值很大，属于优质客户。需要重点维护
重要唤回客户	↓	↑	↑	交易金额和交易次数大，但最近无交易，需要唤回
重要深耕客户	↑	↓	↑	交易金额大、贡献度高，且最近有交易。需要重点识别
重要挽留客户	↓	↓	↑	交易金额大，属于潜在的有价值客户。需要挽留
潜力客户	↑	↑	↓	交易次数大，且最近有交易。需要挖掘
新客户	↑	↓	↓	最近有交易，属于新客户。有推广价值
一般维持客户	↓	↑	↓	交易交多，但是贡献不大。一般维护
流失客户	↓	↓	↓	F 值和 M 值均低过平均值，最近也没再发货。相当于已流失客户

注：最近一次消费（R）值越大，说明发生交易时间越久；消费频率（F）值越大，说明交易频繁；消费金额（M）值越大，说明客户价值越高。

由此可见，娇点公司应先该将自己的品牌推广出去，营造良好的品牌效应；再通过高质量的产品和独特的营销方式扩大品牌的影响力；在此基础上，结合日本传统观念实现产品本土化以满足日本消费者的需求。

八、总结与展望

总结客户画像：主要面向日本市场的女性，年龄 18~40 岁，注重时尚和美容，主要是初学者或对化妆品搭配不熟悉的消费者，注重品质和品牌信誉。

展望前景：

- 日本作为世界第三大化妆品消费国，市场规模经换算达 1 400 亿元人民币；
- 日本财团型机构的资源或合作介入将促进日本美妆市场的加速发展；
- 以摩柯自主跨境电商平台为代表的新型落地平台的出现，会推动美妆行业整体的发展。

总体而言，中国美妆品牌出海日本前景广阔。目前，中国其他品牌出海日本仍处于早期阶段，并没有做出实实在在的成绩，这对我们娇点公司来说也是一次机会。

建议和措施：

- 打造品牌效应，制定独特的营销策略，与其他品牌形成差异；
- 结合日本当地风俗，实现产品的本土化，以满足日本消费者的需求；
- 严格把关产品质量，提供优质的服务，创造优质口碑；
- 健全自身品牌在日本的供应商体系，控制成本。

案例二

主题：至臻公司用户分析

虚拟公司名称：至臻科技跨境电商公司

一、背景介绍

随着移动互联网终端的大量普及，信息科技企业、智能制造业迎来了高速发展的历史时期。科技配件生产厂商在面临发达国家的技术打压以及发展中国家的成本挤压的同时，亟待通过"走出去"来更多地参与国际竞争，开辟新市场，创造新增长动能，促进企业向高端化转型升级，中国至臻科技跨境电商公司（以下简称"至臻公司"）于2023年在江苏无锡正式成立，是一家中小型电子运动手表经销商，致力于为消费者提供便利的智能手表与智能电子产品。

二、宏观环境与市场分析

在行业和市场方面，至臻公司与整个东南亚市场的整合是成功的。

根据PESTEL模型，在政治方面，我国与东南亚（以及南亚）地区近年来关系的总体方向趋于和平、稳定和发展。在技术方面，促进5G落地已成为东南亚各国的目标，随着科技的发展，其对配件的要求也逐渐上升。在社会方面，新冠疫情期间我国支援了许多该地区国家，帮助它们渡过难关。在经济方面，至臻公司的收益预测也是盈利的，该地区市场规模巨大，其主要原因是超过13亿的人口以及经济和科技的高速发展，其中，印度2021年的国内生产总值（GDP）为3.17万亿美元，同比增长8.3%，全球排名第六，经济发展的基础使该地区的消费者对科技配件的渴望越来越强烈。在环境方面，对于该地区的国家来说，至臻公司的进入能够为该地区的国家提供不低于两万个就业岗位，有效地拉动当地的经济。在法律方面，因该地区的各国与我国一样都是发展中国家，所以其法律体系也非常适合至臻公司在此开展经营活动。

利用波特五力模型进行分析可知，目前智能手机的技术发展正在放缓，竞品之间的差异已经减弱；处理器和屏幕等移动电话的重要组成部分掌握在一些核心公司手中，制造商与供应商的议价能力较低；新冠疫情对整个行业的影响也很大，导致供应链生产受阻。然而，至臻公司已经积累了丰富的库存控制和资源整合经验，在工业设计和相机技术等方面都有足够的技术储备，并已建立起特定芯片供应代理商体系。从竞争角度而言，华为、欧铂（OPPO）和维沃（VIVO）等行业内竞争对手都已进入该地区市场，产品价格战也在该地区开始。这意味着客户的议价能力正在逐渐增强。当然，高性价比的形象是至臻公司继续向该地区出口产品的基础，也是其竞争优势所在。

三、竞争对手分析

根据波特五力模型中的行业内竞争者的竞争能力来分析，首先，我们应当识别竞争者；其次，确定竞争对手，分析竞争对手的目标及策略；再次，分析竞争者的优势与劣势，对竞争者的反应进行评估；最后，制定相应的竞争者策略。

至臻公司的经营产品是运动电子手表，行业内的竞争者有颂拓（Suunto）、佳明（Garmin）、博朗（Braun）等品牌，其中主要的品牌竞争者是佳明。

佳明主要定位于中高端人群，主要领跑体育爱好者和专业运动员市场，其产品分类有跑步专用和智能穿戴等。

产品特点包括：①搭载太阳能黑科技及智能电源管理；②精确定位；③运动及生理健康数据监测分析；④强大的生态圈；⑤智能化服务。

佳明的价格普遍偏高，其掌握了大部分人的心理，即"贵有贵的道理，贵的东西质量也肯定是好的"。

佳明的优势是其专业优势以及可供利用的用户心理份额。该公司在1989年就已经成立，并且形成了一定的品牌效应，所以在提到运动手表时大多数人想到的品牌就是佳明。

相比之下，至臻公司的竞争优势首先是价格低廉，因为至臻公司的市场定位是面向前述地区的中低端消费群体，定价低廉能抓住大部分消费者心理；其次是服务质量，至臻公司可以在消费者购买前、购买后都对其进行服务，如可以在消费者购买前根据需求为其提供适合的产品。

四、用户画像概述

用户A

姓名：Lili

性别：女

年龄：25 岁

职业：模特

用户特点：由于职业需要，要保持身材，时刻注意食物热量、每天记录体重。

用户 B

姓名：Lihua

性别：男

年龄：35 岁

职业：银行职员

用户特点：工作压力大，需要释放情绪，平时喜欢跑步，锻炼身体。

用户 C

姓名：Lina

性别：男

年龄：60 岁

职业：退休人员

用户特点：年纪大了，平时注重身体健康状况。

五、用户行为分析

当前，东南亚地区的经济发展表现为两个特点：一是逐渐摆脱了金融危机的阴影，开始进入持续稳定的增长阶段；二是该地区的区域经济一体化正在向更深和更广的方向迈进。当然，一方面，海啸、泥石流、气候异常等自然灾害和恐怖主义等外部因素对部分依靠电子出口的该地区国家产生了不利的影响。另一方面，逐渐走高的国际石油价格也影响了该地区的经济增长。尽管如此，该地区国家还是克服困难，使本地区国内生产总值保持5%的年增长率。

以泰国为例，其地处中南半岛，是东南亚地区著名的旅游国家。旅游业的发展使得泰国电子产品发展迅速。另外，泰国整体电子手表普及率相对较低的社会现状也为外国电子技术企业提供了机遇。

东南亚地区在"一带一路"中占有举足轻重的地位，是中国与沿线国家开展贸易合作的主要区域。2016年，中国与东南亚地区贸易额为4 554.4亿美元，占中国与沿线国家贸易总额的47.8%；就出口而言，中国向该地区的出口额最大，达2 591.6亿美元，占比为44.1%。图15-5展示了东南亚11国人口、GDP和进出口额。

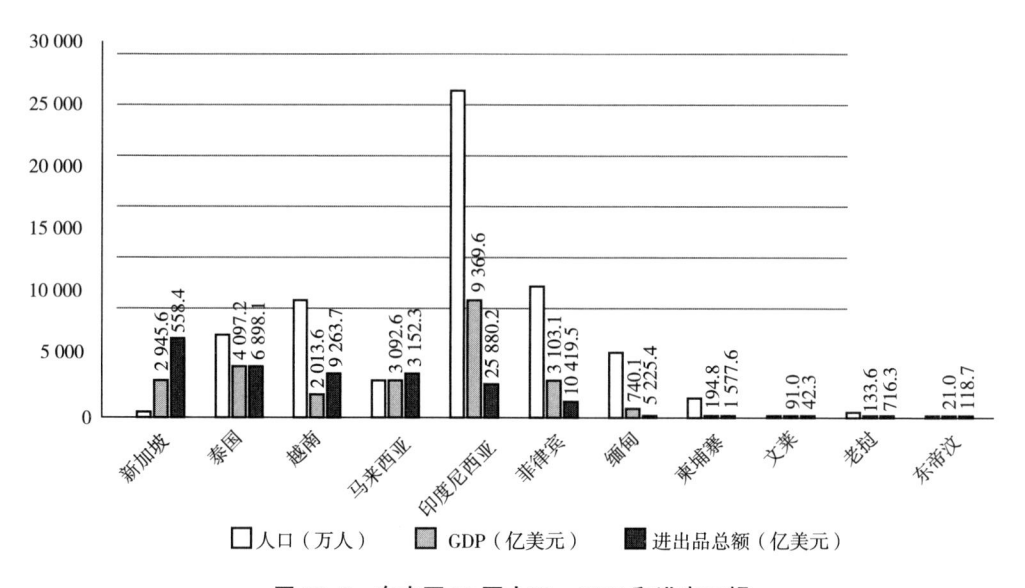

图15-5 东南亚11国人口、GDP和进出口额

随着跨境电商时代的来临，东南亚电商是下一颗闪耀新星，除了电商销售成长空间大之外，其成长速度也十分惊人。新加坡最早迈入成熟国家行列，中产阶级正在快速崛起；若以4 000美元人均GDP为迈向消费社会的指标，则泰国、印度尼西亚成长最快；此外越南有60%人口在30岁以下，具有庞大的消费力。

六、用户偏好分析

我们先来看一下东南亚各主要国家电商的基本概况。我们选取泰国、新加坡、印度尼西亚、马来西亚、越南、菲律宾这6个东南亚国家，并通过艾瓦特网络公司（Idvert）后台获取的广告数据做出统计分析。

从电商广告投放比例（见图15-6）来看，泰国的占比较大，菲律宾较小，其他四个国家相对来说都比较均衡。从广告投放的占比不难看出，泰国的电商市场表现最佳，接下来是印度尼西亚、马来西亚和越南。

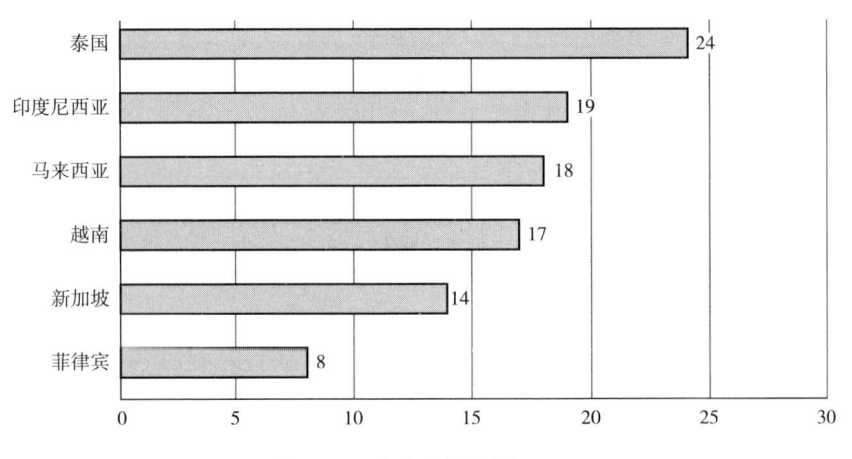

国家	比例
泰国	24
印度尼西亚	19
马来西亚	18
越南	17
新加坡	14
菲律宾	8

图15-6　电商广告比例（%）

从艾瓦特网络公司所获取的广告受众数据来看，除了马来西亚外，其他国家的受众都以女性为主导（见图15-7）。

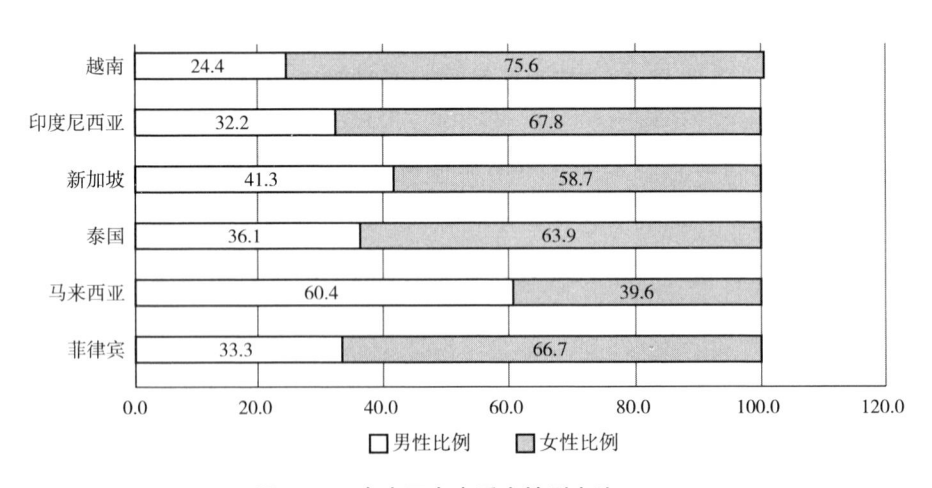

国家	男性比例	女性比例
越南	24.4	75.6
印度尼西亚	32.2	67.8
新加坡	41.3	58.7
泰国	36.1	63.9
马来西亚	60.4	39.6
菲律宾	33.3	66.7

图15-7　东南亚电商受众性别占比（%）

(一) 新加坡

由于新加坡没有午休，大部分消费者选择在晚间购物，卖家们可以考虑在这个时间段进行广告投放。新加坡人比较热衷的产品包括包袋、服饰、家居用品、美容产品等（见图15-8）。

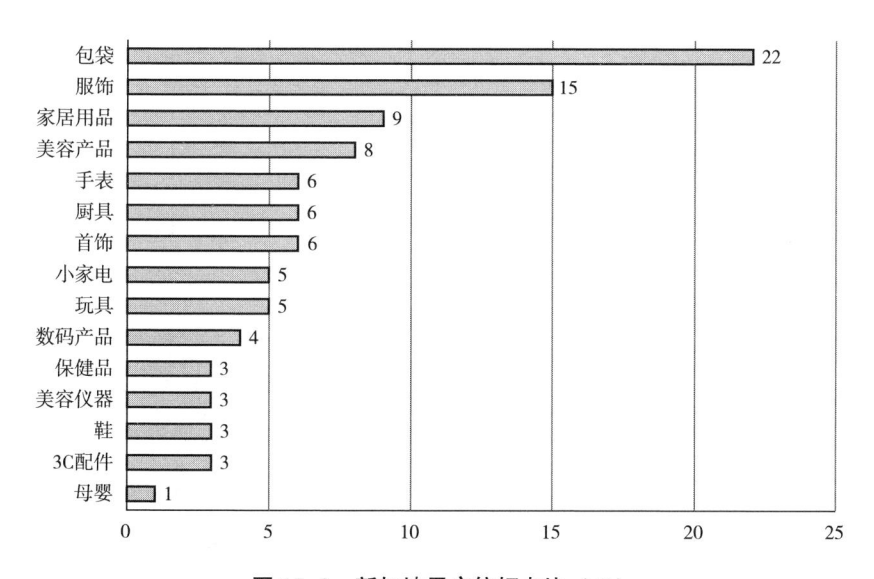

产品	占比
包袋	22
服饰	15
家居用品	9
美容产品	8
手表	6
厨具	6
首饰	6
小家电	5
玩具	5
数码产品	4
保健品	3
美容仪器	3
鞋	3
3C配件	3
母婴	1

图 15-8 新加坡用户偏好占比（%）

同时，卖家也可以考察当地比较出名的电商网站，以便更多地了解当地电商特色。

(二) 马来西亚

从艾瓦特网络公司收录的热度广告来看，手表、服饰、运动户外等产品都是比较受马来人欢迎的（见图15-9）。

与半岛马来西亚西部用户相比，马来西亚东部地区的在线购物者花在搜索产品上的时间要多75%。尽管马来西亚西部有更多的在线购物者，但他们花在网购上的时间却少了11%。这证实了电商平台11街（11street）的一项调查，即马来西亚东部地区的消费者在线购物的可能性比西部地区的消费者更高。

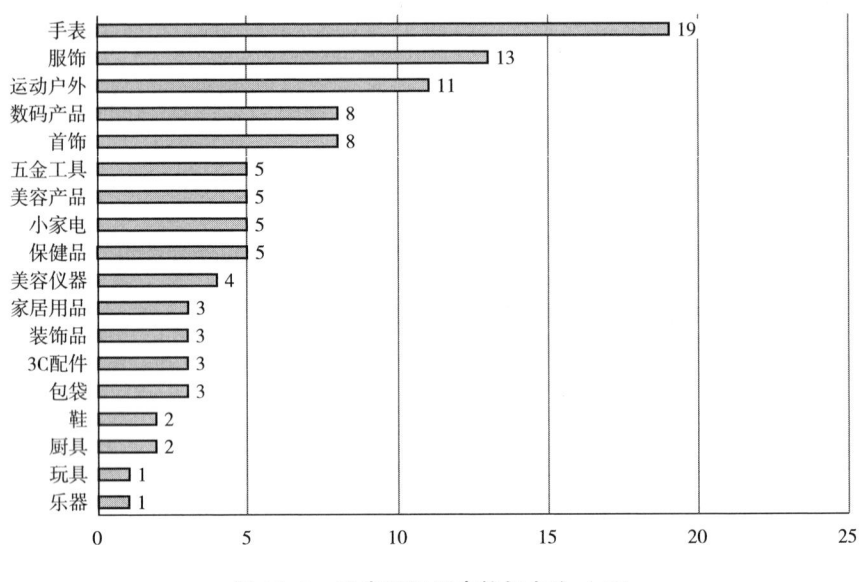

品类	占比
手表	19
服饰	13
运动户外	11
数码产品	8
首饰	8
五金工具	5
美容产品	5
小家电	5
保健品	5
美容仪器	4
家居用品	3
装饰品	3
3C配件	3
包袋	3
鞋	2
厨具	2
玩具	1
乐器	1

图 15-9 马来西亚用户偏好占比（%）

(三) 菲律宾

菲律宾互联网用户 6 700 万（见图 15-10），其中有 3 775 万电子商务用户，占比达 56%，预计 2023 年用户数量将超过 5 320 万。菲律宾人每天在社交上花费近 4 个小时，在全球范围内，菲律宾已经连续三年是在社交媒体上花费时间最多的国家。

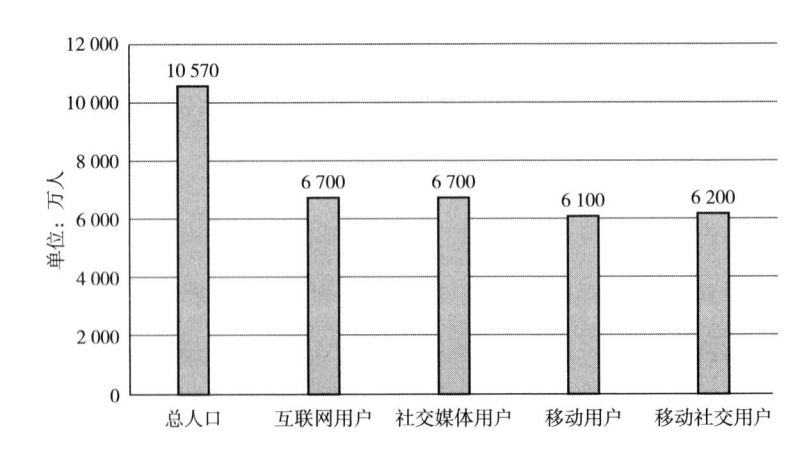

类别	数量（万人）
总人口	10 570
互联网用户	6 700
社交媒体用户	6 700
移动用户	6 100
移动社交用户	6 200

图 15-10 菲律宾人口及互联网用户规模

我们通过艾瓦特网络公司后台广告数据，整理出了菲律宾目前畅销的产品。其中，手表、鞋、包袋、美容产品、家居用品、服饰都是不错的选品方向（见图15-11）。

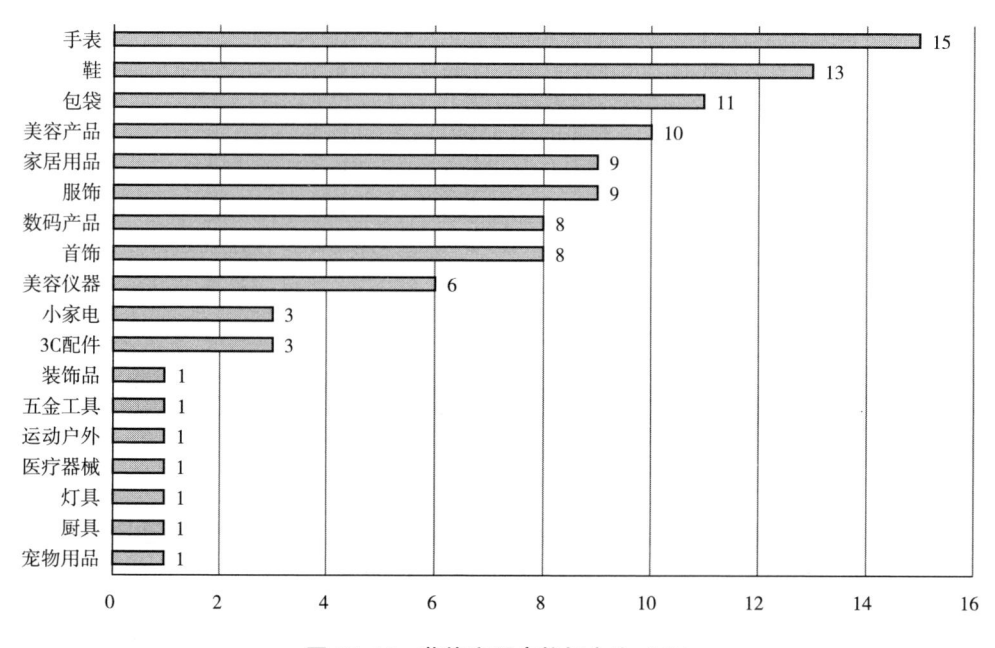

类别	占比
手表	15
鞋	13
包袋	11
美容产品	10
家居用品	9
服饰	9
数码产品	8
首饰	8
美容仪器	6
小家电	3
3C配件	3
装饰品	1
五金工具	1
运动户外	1
医疗器械	1
灯具	1
厨具	1
宠物用品	1

图 15-11 菲律宾用户偏好占比（%）

从价格区间来看，大多数商品在20~30美元，所以低价也是卖家们选品需要考虑的因素。

如前所述，菲律宾的消费者在社交媒体上十分活跃，平均每天花费4小时。因此，菲律宾消费者在社交媒体上很容易接触到他们感兴趣的品牌。很明显，社交媒体的普及对于电商和独立商户来说是一个巨大的机遇。

（四）印度尼西亚

印度尼西亚拥有超过1.3亿互联网用户（见图15-12），正在成为亚洲最大的智能手机市场之一。随着人们的消费习惯继续向在线转移，预计到2025年，印度尼西亚的电子商务市场将产生460亿美元的在线零售额，于亚洲地区排在仅次于中国和印度的第三位，具有较大的市场空间。

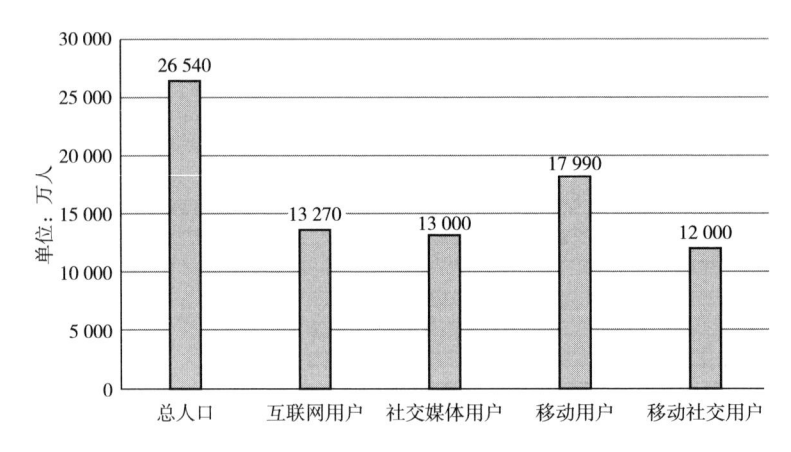

图 15-12　印度尼西亚人口及互联网用户规模

产品方面，鞋、包袋、服饰、家居用品等都是印尼人所感兴趣的（见图 15-13）。

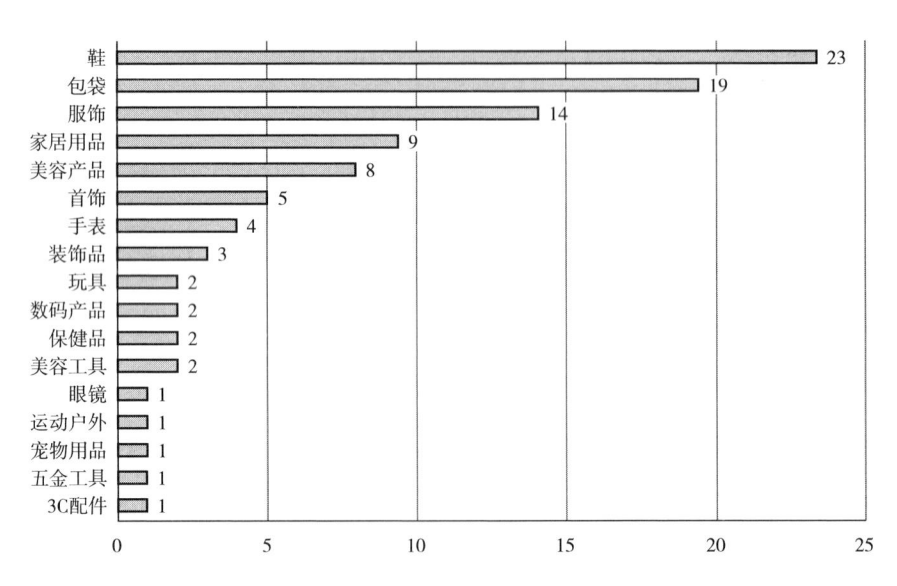

图 15-13　印度尼西亚用户偏好占比（%）

(五) 泰国

作为东南亚第二大经济体，泰国是该地区互联网用户数量最多的地区之一，该国约有 6 900 万人口，其中有 5 700 万互联网用户（见图 15-14），占总人数的82%，不断增长的互联网用户群使泰国成为电商市场的理想增长环境。2018年，泰国的电商市场规模达到35.4亿美元，2018~2022年的年均复合增长率为13.2%，并于2022年达到58.3亿美元。

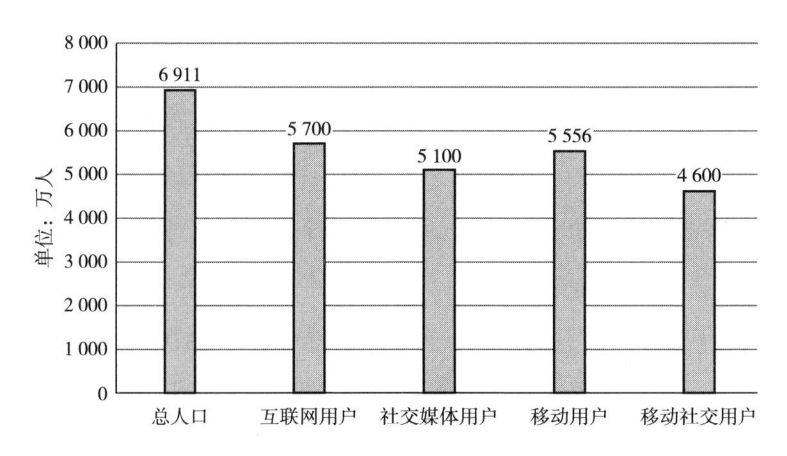

图15-14 泰国人口及互联网用户规模

除了服装、美容产品占比较多外，其他诸如手表、保健品、包袋等商品的比重都相差无几（见图15-15）。所以在泰国除了服饰和美容产品，其他商品都可以多元试水。

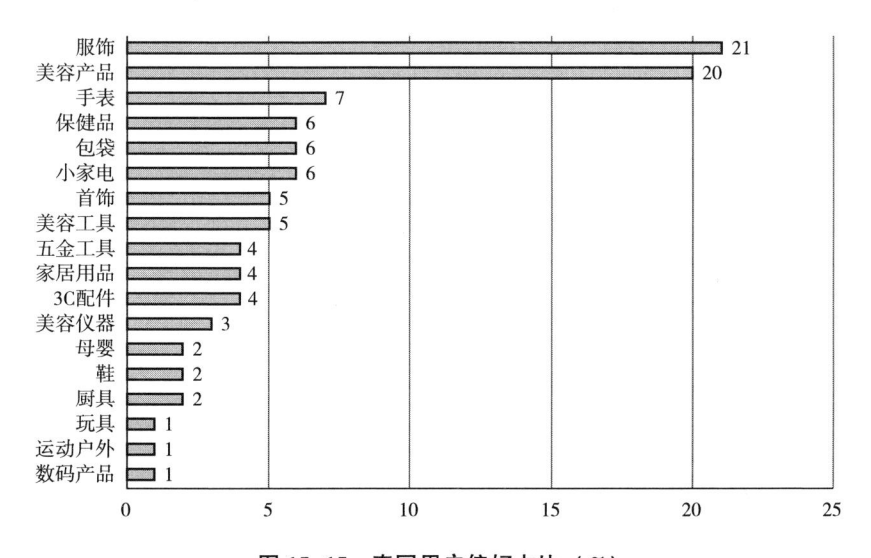

图15-15 泰国用户偏好占比（%）

(六) 越南

越南是东南亚主要国家中最易被忽视的电商市场之一，但实际上该地区的电商市场发展前景很大。Statista（一家全球知名的研究型数据统计公司）数据显示，越南2018电子商务市场的收入达到27.33亿美元，并预计该项收入将呈现13.5%的年增长率；其2022年的市场交易量达45.43亿美元。

此外，在2016年的时候，越南有6%的城市家庭在网上购买快速消费品，并且比线下购买时多花3~4倍。而到了2017年，越南已经有23%的高收入家庭计划更频繁地在网上购物，因为他们负担得起因享受电子商务的便利性而要支付的费用。

越南人在线购物时，也更倾向于选择国际和进口品牌而非本土产品，因为他们相信进口品牌会提供更高质量的服务和产品。

从艾瓦特网络公司的数据结果来看，服饰、小家电、手表、美容产品、厨具等是越南的消费者所乐于采购的（见图15-16）。

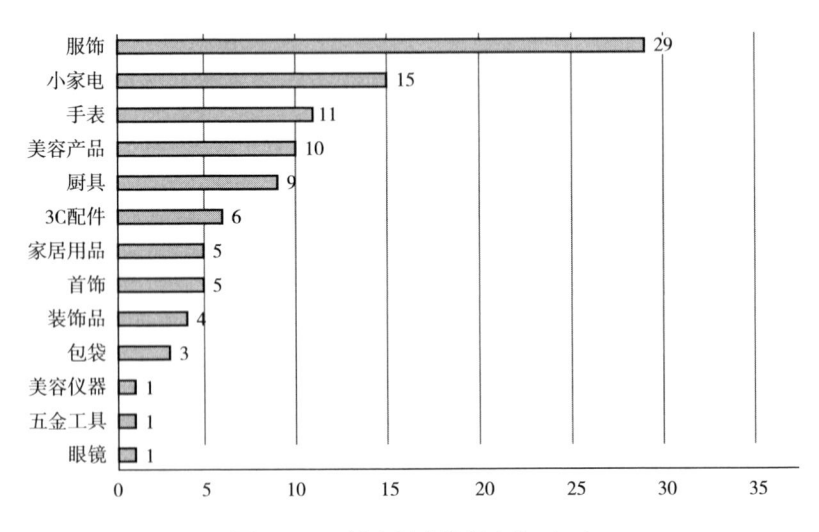

类别	占比(%)
服饰	29
小家电	15
手表	11
美容产品	10
厨具	9
3C配件	6
家居用品	5
首饰	5
装饰品	4
包袋	3
美容仪器	1
五金工具	1
眼镜	1

图15-16 越南用户偏好占比（%）

七、用户价值分析

智能手表作为当下热门的智能穿戴设备，正在成为越来越多年轻人运动和健康监测的标配。随着各大手机厂商的布局，该产品已进入百花齐放的阶段，功能丰富，价格也更加亲民，相信不少消费者都想趁着这一时机，入手一款各方面都很出众的智能手表。目前市面上高人气的智能手表并不少见，光是主流的品牌就有苹果、华为、欧铂、小米等。

（一）价值属性

1. 饰品

在这个"颜值至上"的年代，外观自然是第一生产力。不过这点更多地取决于个人的审美，毕竟"一万个读者眼里就有一万个哈姆雷特"。但不可否认的是，方形和圆形表盘都有其不同的优点。例如，方形表盘能够显示的内容也更多，更具有时尚和科技感；圆形表盘整体则更有机械感，也更加传统一些。

2. 健康和运动

说到用户体验，肯定是多方面的，但是健康和运动这两方面毫无疑问才是智能手表的核心价值。智能手表具有可全天候佩戴的属性，能采集佩戴者更全面的健康数据，帮助人们主动管理自己的健康状况。就其对人体常见的监测功能而言，现在比较常见的是心率和血氧监测。

3. 便捷

所谓便捷，其实相当于智能手表的智能程度。若论哪家智能手表在单独使用或者不依靠手机互联的情况下也有不错的体验，则在大家比较关注的App数量方面，Apple Watch（苹果手表）无疑"碾压"所有竞品。毕竟苹果公司智能产品的应用生态可以说是有目共睹，不仅用户基数大，而且应用适配难度不算高，其中Apple Watch S8支持的应用数量算是最多的。

（二）影响因素

在淘宝和天猫平台上，智能手表设备（智能手表+智能手环）的销售额和出货量都在逐年增加，商品数也呈明显上升趋势。智能手表和传统手表互为替代品，随着智能手表设备功能的不断进化和完善及其销售情况的向好势头，传统手表市场必然会受影响。以"女+手表/腕表"为关键词搜索小红书平台上的相关推文发现，除了表带、表盘等手表自身部件，以及不同的手表品牌之外，"礼物""配饰""百搭""搭配"等标签的出现频率也较高，这表明在当下的网络语境中，"礼物"和"装饰品"是与手表最强相关的两个属性。

目前各行各业的竞争都趋于白热化，对于手表而言，"弱化功能属性，强化社交属性"或成为未来手表行业的潜在趋势。

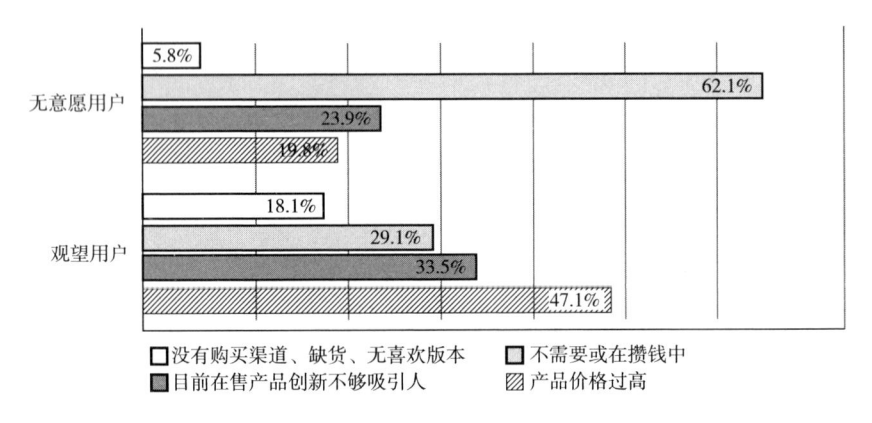

图 15-17 购买意愿阻碍因素分析

1. 电池容量

通常，电池容量与电池组的物理尺寸成正比，智能手表对紧凑性的追求限制了其内部电池的尺寸。目前，市面上几款主流智能手表的电池容量在 130 mAh 到 410 mAh 之间，运行时间从不足一天到几天不等。

2. 温度效应

温度的影响主要表现在两个方面：一是温度的变化会影响游丝的工作长度，同时摆轮的惯量也会发生变化，这直接影响了计时精度；二是温度的变化会影响润滑油的黏度，从而影响传动效率，进而影响计时。

3. 功耗能力

智能手表的电池续航能力会受到多个因素的影响，如电池的容量、电路板（PCB）组件的功耗以及用户的使用习惯等。在所有的这些因素中，电池的容量无疑起着决定性作用。通常情况下,电池容量与电池组的物理尺寸成正比,而智能手表所追求的小巧精致更是限制了其内部电池的尺寸。

八、总结与展望

如今,智能手表行业已经进入快速发展时期,行业渗透率较高。不少用户使用智能手表来查看身体的一些重要指标和参数,在疫情居家健身的情况下,智能手表更是成为用户记录相关数据的重要工具。

如今,用户更加关注智能手表外观设计、品牌、价格。艾媒咨询分析师认为,年轻一代是目前消费市场的主力军,该群体在购买商品时倾向于选择适合自己生活方式的产品,更加讲究美观和设计感。就当前产品而言,受访用户对电池充电速度以及数据/健康监测等准确性的满意度较高,对价格的满意度较低(见表15-2)。

表15-2 2022年中国智能手表用户满意度

指标	得分
电池充电速度等	4.04
数据/健康监测等准确性	4.04
操作系统易用性	4.02
手机匹配情况	3.99
屏幕	3.94
电池寿命	3.90
价格	3.74

注:满分为5分。分数越高,满意度越高。

在智能手表各项功能中,消费者常用的功能是健康监测,他们对智能手表能够监测血压、心电图等健康参数这一点比较满意。智能手表价格的下调也能够吸引更多潜在消费者。电子手表行业研究靠的是专业人员的精心分析以及强大的数据。研究中应以客户需求为导向,以电子手表行业为主线,全面整合安全手表行业、市场、企业等多层面信息源;应依据权威数据和科学的分析体系,在研究领域上突出全方位特色,并着重从行业发展的方向、格局和政策环境等方面帮助客户评估行业投资价值,使之准确把握安全手表行业发展趋势,寻找最佳投资机会与营销机会,也使研究具有相当的预见性和权威性。

(一) 智能手表行业存在的问题

智能手表在底层硬件创新逐步成熟的情况下,能够为用户提供更加精准的数据参考,对于提升用户使用满意度具有重要作用。然而,目前智能手表的价格还是较高的,不少用户对价格并不是特别满意,如何将价格定在合理的区间是众多品牌厂商需要考量的问题。此外,智能手表还存在以下一些问题。

1. 安全性保障度低

与其他智能产品特点类似,由于内置操作系统和各类应用,智能手表的接口存在安全性保障度低的问题。例如,智能手表使用者可能被黑客监控,从而泄露用户的声音和行动轨迹等数据信息,且可能存在私人数据被远程调取和非法利用的风险。

2. 续航能力不足

从智能手表的续航能力方面来看,有较多的使用者反映智能手表产品的续航能力不足。由于产品内部集成了心率监测、通信等多种使用功能,同时在智能手表的外形和重量等因素的限制之下,该产品无法配置更大容量的电池,加之产品的能耗比较高。因此,续航能力是智能手表产品发展的制约因素之一。

3. 市场同质化程度高

由于智能手表是手机的相关配套产品,其技术参数和配置等方面与智能手机的相似度较高,其产品功能偏向于智能手机的功能,在多数应用场景中起到了智能手机配件的作用。目前,市场中的大多数智能手机产品同质化程度较高,在使用功能上尚未有较大的突破性创新。

4. 售后服务

大多数高档钟表品牌，就国内而言只在北京和上海等地设有指定的维修中心，主要处理相对比较严重的售后问题。其他诸如消磁、更换表带、清洗等简单的售后服务，则基本都是在各地的品牌门店解决。门店又分为品牌直营店和经销商店铺。对于品牌直营店而言，只要是本品牌的手表，即便是在境外购买，也能在直营店享受免费的店内售后服务。经销商店铺则是另一种情况，除了少数对经销商有很强约束力的强势品牌能够要求经销商提供无差别售后服务之外，大多数钟表品牌的经销商只对自己售出的手表提供店内售后服务。

(二) 解决措施

1. 构建相关行业标准

对于当前智能手表产品续航能力差等方面的问题，相关部门可以就此进行分析讨论，建立相关行业统一标准，重点解决智能手表产品在安全性、续航能力和功能服务等方面的问题，为使用者提供合格的服务和产品；并从政策的角度来对行业发展进程进行规范，以提升我国智能手表行业的规范化运行程度，同时提供政策支持和指导。

2. 提高技术研发水平

由于传统的智能手表行业准入门槛低，生产过程中的问题较多。随着互联网与智能手表等产品的结合和发展，AI、大数据和5G等技术逐步普及，在一定程度上提高了智能手表行业的技术水平，实现了产品使用功能范围的扩大和效率的提高，从而提升了我国智能手表行业的运行效率。由此可见，未来我国智能手表行业将更加注重提高技术研发水平，优化整个产品生产环节的信息化管理，为用户提供高性价比的产品和服务。

3. 加强和完善智能手表的各种功能

未来智能手表的各种功能将日益完善，消费者会越来越喜欢功能多样 (如屏幕清晰易读、界面友好、显示时间和形象独立等) 的产品。多样化的功能可以更好地服务于广大的消费者。

4. 实现平台化的可持续发展

智能手表可以较大程度地融入大数据平台，能够实现平台的可持续发展。为此，希望智能云和人工服务早日结合，建立人人保护、保护人人的安全体系，一旦出现意外，能够马上调查数据。

5. 安全保障

和其他智能产品相似，智能手表的内置操作系统和各种应用也存在安全隐患。例如，接口越权漏洞、使用者被黑客实时监控、泄露日常的日常轨迹等。因此，各大厂商必须做好相关的安全信息维护工作。

案例三

主题：AILA 跨境电商公司用户画像分析

虚拟公司名称：AILA 跨境电商公司

一、背景介绍

AILA 是一家新成立的专注于辣条出口的跨境电商公司，目标客户为新加坡中低端消费者，主打价格实惠、原材料安全健康、符合国外消费者味蕾的辣条。本公司计划前期从新加坡市场入手，后期在东南亚扩大市场规模。

二、宏观环境与市场分析

（一）政治因素（P）

- 政府支持跨境电商产业的发展；
- 政局稳定；
- 税基窄、税种少、税法简单的自由贸易通商国家，低税；
- 注重与亚洲国家特别是中国发展合作关系

（二）经济因素（E）

- 人均 GDP 高达 9.41 万美元，其中人均电商消费金额为 1 222.4 美元，比世界平均水平高 126.4%；

- 人均消费购买力强。

(三) 社会文化因素 (S)

- 华人占比接近3/4；
- 新加坡人喜欢辣，爱吃牛肉和咖喱；
- 把黑色、白色、黄色、紫色当成不吉利的颜色；
- 新加坡人喜欢大象和红双喜图案，喜欢吉祥语。

(四) 技术因素 (T)

新加坡是世界上数字基础设施最发达的经济体之一。其拥有高质量的固定电话网络，宽带普及率为200%，移动电话普及率为160%。

(五) 环境因素 (E)

新加坡环境政策的三大目标：保护、培养、珍惜。

(六) 法律因素 (L)

- 新加坡网络安全立法主要涉及网络内容安全、垃圾邮件管控和个人信息保护等方面；
- 自2021年6月起，氢化油被禁止使用在所有的出售食品上。

三、市场分析

- 当地的银行卡普及率很高；
- 在新加坡电子商务中，信用卡已成为最受欢迎的支付方式，占比达42.2%；
- 随着互联网的发展，数字钱包的增长速度同样引人注目，截至2021年，新加坡的数字钱包与去年相比增长了47%和29.2%。

四、竞争对手分析

- 供应商分析：辣条加工厂的议价能力较弱。
- 进入者分析：国内众多零食品牌进军国外市场，产品竞争压力大。
- 替代品分析：从杂牌替代的角度看，面筋和素肉的竞争格局分散；从瓜子的竞争格局的角度看，可以借鉴瓜子目前的竞争格局作为辣味食品的竞争终局。

- 竞争者分析：以卫龙食品公司为例。
- 购买者分析：由于跨境电商的不断发展，零食类行业竞争越来越大，消费者有更多的选择，供给大于需求。

在做竞争对手分析时，应注意竞争者（如卫龙食品）的核心竞争力，例如：

- 注重产品创新，产品研发体系强大；
- 清晰渠道定位，强大的渠道管理体系；
- 行业领先的供应链体系，质量保障严格；
- 市场份额方面，卫龙作为国内的辣条知名品牌，其市场份额远远高于其他的品牌。

五、本公司竞争优势

- 注重本土化：一方面，结合新加坡当地的文化特点来进行产品包装设计，以求符合当地的文化习俗；另一方面，根据当地的市场调研研发适合当地消费者味蕾的辣条。
- 价格优势：优先采用低价策略进入海外市场。
- 新奇的营销方式：在当地采用街头采访、辣条挑战等活动，同时利用海外社交媒体等方式进行品牌宣传与营销。

六、用户画像概况

姓名：Leyah

年龄：21

所在地：新加坡

教育情况：研究生在读

家庭情况：中产家庭

用户特点：

- 休闲娱乐时间较多；
- 年轻，有活力；
- 接受新事物能力强；
- 心态开放、包容；
- 热爱网络生活；
- 主要社交网络：脸书、瓦次艾普（whatsApp）、油管（YouTube）；
- 零食爱好者；
- 喜欢网上购物；
- 喜爱尝试新鲜事物；
- 爱看美食播报和零售点评；
- 影视爱好者。

七、用户行为分析

- 喜欢看吃播、零食开箱等节目；
- 通常在晚上八点到之后的四个小时下单购物；
- 在网上购物热情较高，多频次下单小金额商品。

八、用户偏好分析

- 喜欢购买国外品牌；
- 喜欢颜色鲜艳的包装，不喜欢白色、黑色；
- 购买的多是小金额商品。

九、用户价值分析

- "精打细算"：耐心且果断，寻求最优性价比；
- "品牌忠粉"：高忠诚度，用户黏性极强；
- "边逛边买"：看得多买得多，经常冲动"剁手"；

- "赏金猎人"：实惠与新品全都要。

十、运营措施

- 创新产品多样性；
- 产品要实惠；
- 提高广告曝光率；
- 运营好品牌，注重信誉。

本章思考题

试对比本章所列三个公司跨境电商营销实际操作案例，指出每家公司做法的优劣，并提出建设性完善方案。

附 录

1. 四大搜索站长平台地址

百度站长平台：zhanzhang.baidu.com

360 站长平台：zhanzhang.haosou.com

搜狗站长平台：zhanzhang.sogou.com

谷歌站长平台：www.google.com/webmasters

2. 四大竞价搜索平台地址

百度推广平台：www2.baidu.com

360 推广平台：e.360.cn

搜狗推广平台：p4p.sogou.com

谷歌推广平台：www.google.com/adwords